延安时期
青年理想信念教育研究

本书出版受教育部人文社会科学研究规划基金项目『延安时期党在青年中开展理想信念教育的基本经验和当代价值研究』（项目编号：18YJA710063）资助

郑敏　李志雄　方朝阳　著

WUHAN UNIVERSITY PRESS
武汉大学出版社

图书在版编目(CIP)数据

延安时期青年理想信念教育研究 / 郑敏, 李志雄, 方朝阳著.
武汉 : 武汉大学出版社, 2024. 9. -- ISBN 978-7-307-24432-0

Ⅰ.D432.62
中国国家版本馆 CIP 数据核字第 2024144R1A 号

责任编辑:聂勇军　　　责任校对:鄢春梅　　　版式设计:马　佳

出版发行:**武汉大学出版社**　（430072　武昌　珞珈山）
　　　　（电子邮箱: cbs22@ whu.edu.cn　网址 : www.wdp.com.cn）
印刷:武汉中科兴业印务有限公司
开本:720×1000　　1/16　　印张:17　　字数:257 千字　　插页:2
版次:2024 年 9 月第 1 版　　2024 年 9 月第 1 次印刷
ISBN 978-7-307-24432-0　　　定价:68.00 元

序　言

理想信念是人们所追求、所向往的目标，是世界观、人生观、价值观的集中体现，是一个国家、民族或政党及个人生存发展的精神支柱。习近平总书记指出："青年兴则国家兴，青年强则国家强。青年一代有理想、有本领、有担当，国家就有前途，民族就有希望。"①青年正处于理想信念生成的关键时期，科学而崇高的理想信念，是引领青年成长成才的指路明灯。教育广大青年树立远大的理想信念，关乎着国家的未来，民族的希望。青年作为社会主义现代化建设的主力军，肩负着推进中国式现代化建设和实现中华民族伟大复兴的历史重任。从这一意义而言，立足新时代的历史方位，开展新时代青年理想信念教育尤为重要。

中国共产党历来重视青年的理想信念教育工作。延安时期是中国共产党开展理想信念教育的一个重要时期，此13年极其艰难困苦，以毛泽东为核心的中国共产党人十分重视"从思想上建设党"，始终把理想信念教育放在重要位置。特别是这个时期，先后有一大批优秀青年抱着满腔的爱国热情和"爬也爬到延安城"的决心来到革命圣地延安，极大地充实了延安的革命力量。我们党为满足革命事业及青年全面发展的需要，非常重视在青年中开展理想信念教育，创办了30多所各类高校和干部学校，帮助青年树立科学的世界观，坚定其为共产主义奋斗的信念，使其自觉担当起民族先锋的责任，迅速成长为党和国家的栋梁。今天认真研究、总结和继承这些历史经验，对新时代青年理想信

---

① 《习近平谈治国理政》第3卷，北京：外文出版社2020年版，第54页。

念教育仍然具有极其重要的理论和现实意义。

郑敏教授，作为一名高校思想政治理论教育工作者，始终认为自己所担任的角色应当是大学生理想信念追求的指路者，心理困扰的排解者，正确世界观、人生观、价值观的引导者。课堂内外，郑敏教授始终不忘肩负着对大学生进行思想政治教育的重任，在平凡的工作岗位上做出了不平凡的成绩。她曾先后荣获教育部全国高校优秀思想政治理论课教师择优资助者、湖北省"五一劳动奖章"、湖北省"十佳思想政治理论课教师"等荣誉，参与的科研成果获得第十一届湖北省社会科学优秀成果奖一等奖和教育部第八届高等学校科学研究优秀成果奖(人文社会科学)二等奖等。本书也是郑敏教授主持的教育部人文社会科学研究规划基金项目"延安时期党在青年中开展理想信息教育的基本经验和当代价值研究"(项目编号：18YJA710063)的最终成果。

这部专著共有六章，包括延安时期青年理想信念教育研究概述，延安时期青年理想信念教育的形成和发展，延安时期青年理想信念教育的内容，延安时期青年理想信念教育的方法，延安时期青年理想信念教育的特点，延安时期青年理想信念教育的历史作用及当代启示等，史料比较翔实，立论有理有据，客观总结了延安时期青年理想信念教育的历史经验。同时，这部专著也理论联系实际，分析了当前青年理想信念教育存在的一些问题和现实困难，如在理想信念教育的实际工作中，确实存在着一定的强制灌输现象；社会思潮特别是西方错误思潮如拜金主义、享乐主义、极端个人主义和历史虚无主义等的流行，极大消解了理想信念教育的成果；在教育过程中缺乏与受教育者的沟通与交流，时常出现"学"和"用"两张皮，学用脱节的情况；信息技术不断迭代升级，对理想信念教育形成一定的挤压；受教育者对理想信念的认知和认同还存在一定的不足等。针对这些现状，本书提出新时代青年的理想信念教育必须把"回望过去"和"展望未来"结合起来，在继承延安时期党的理想信念教育优良传统的基础上，把用初心砥砺信仰与用信仰守护初心结合起来，不断从党史、新中国史、改革开放史、社会主义发展史中汲取思想之光、精神之钙、力量之源；注重教育任务的接续，突出青年理想信念教育的方向性；注重教育内容的适配，突出青年理想信念教育的实效性；注重教育方法的创新，提升青年理想信念教育的实效性，着力提升理想信念教育的亲和性、针对性、实效性，推动新时代青年理想信念教育常态化、制度化等，这些观点显然具有一定的创新性和较强实践指导意义。

当然，这并不是说这部著作就完美无缺了，就我所知，虽然目前关于青年理想信念教育研究的成果汗牛充栋，但专门详尽研究延安时期青年理想信念教育的专著尚不多见，因此难免有这样那样的不足之处，如一些史料有待深入挖掘，由于出自不同作者之手，文笔不太一致，延安时期青年理想信念教育的当代启示尚需进一步凝练等，但我相信这部专著的出版，将会对延安时期青年理想信念教育的广泛深入研究起到积极的推动作用。

李资源

2024 年 4 月 25 日于汤逊湖畔玉龙斋

前言：百年大党与青年

在古老而广袤的中华大地上，青年，作为国家的未来、民族的希望，始终承载着推动社会进步、引领时代潮流的重任。党的二十大报告指出："青年强，则国家强。当代中国青年生逢其时，施展才干的舞台无比广阔，实现梦想的前景无比光明。全党要把青年工作作为战略性工作来抓。"①1921 年 7 月，中国共产党一大在上海召开，出席大会的 13 位代表平均年龄只有 28 岁，那一年，毛泽东的年龄刚好也是 28 岁；根据中组部 2021 年的最新数据，35 岁以下的青年党员占党员总数的 24.9%。百年来，中国共产党的骨子里始终流淌着青春的血液，保持着蓬勃向上的朝气；自成立之日起，党无时无刻不关注着青年、厚爱着青年，激励着青年担当有为。历史和现实共同印证，中国共产党是一个始终保持着青春活力的政党，始终是青年人可信赖和可追随的政党。

一、觉醒之路：星星之火，可以燎原

鸦片战争后，帝国主义列强的侵略与压迫、封建势力的腐朽与剥削，使国家四分五裂，人民苦难深重。一群志向远大的青年知识分子昂着不屈的头颅，怀揣救亡图存、民族复兴的梦想，开始探索新的救国道路。陈独秀、李大钊等先驱者，以笔为剑，以文会友，通过创办《新青年》杂志、翻译马克思主义著作等方式，努力唤醒国人的思想觉悟，点燃青年心中的革命火种。五四运动的

---

① 《习近平著作选读》第 1 卷，北京：人民出版社 2023 年版，第 58 页。

爆发，如同一场青春的风暴，席卷全国，激发了广大青年的爱国情怀和革命精神，推动马克思主义在中国的广泛传播，为中国共产党的成立奠定了思想和组织基础。

自中国共产党诞生之日起，青年工作便与党的初心和使命紧密相连。在中国共产党的领导下，1922年5月，中国社会主义青年团正式宣告成立，成为党联系广大青年的重要桥梁和纽带，也成为中国青年接续奋斗的先锋力量。无论是在艰苦卓绝的斗争一线，还是在困难重重的根据地后方，共青团在地方各级行政区和红军队伍里建立起健全的组织架构，通过委员会或专门的青年工作部门凝聚青年革命力量，不断为革命队伍注入新鲜血液。

面对国民党反动派的疯狂围剿，共青团没有退缩，引领广大青年怀揣满腔热血和坚定信仰，投身轰轰烈烈的"扩红运动"，全体团员身先士卒，积极动员广大青年参加红军，成为保卫根据地的重要力量。1933年，共青团中央决定创建"少共国际师"，1万多名平均年龄约18岁的青年组成了一支党团员占比超过70%的特殊部队，成为保卫根据地的尖刀。面对苏区的重重困难，共青团勇担大任，动员广大青少年一同投身经济建设，积极从事生产劳动，为前线提供后勤支援，形成了"共产青年团礼拜六"等特色支前活动，彰显着广大团员青年的忠诚与奉献精神，更为苏区的发展注入了强大的青春活力。

思想引领和组织引领激发着青年的革命热情，党的教育引领则让点点星火呈燎原之势。随着革命根据地的稳固与发展，中央苏区制定并实施《中华苏维埃共和国宪法大纲》，党和苏维埃政府确立了以共产主义精神教育广大劳苦民众的工作目标，将推行义务教育、开展社会教育、扫除文盲作为工作的中心，各级党团组织相应地积极开设列宁学校，鼓励成立夜校、阅览室和青年俱乐部，为青年农民和士兵提供文化知识教育，宣传革命理论。1932年，为了培养更多的青年干部，团苏区中央局在瑞金开设列宁团校，毛泽东亲自讲授了如何将马列主义与中国革命的实际情况相结合的重要内容。1933年，兴国县建立了各级识字运动组织，吸引了数万名青年参加，全县35岁以下不识字的青年都能接受夜校教育，此举被毛泽东誉为"模范兴国"。在党的坚强领导下，青年们茁壮成长，革命精神在青年心中深深扎根，这种精神的滋养，使得广大青年在面对艰难险阻时，能够坚定不移、一往无前，最终凝聚成长征队伍，并让长征成为革命的宣言书、宣传队和播种机。

二、探索之路：延安精神 滋养初心

"'五四'以来，中国青年……起了某种先锋队的作用……就是站在革命队伍的前头。中国反帝反封建的人民队伍中，有由中国知识青年们和学生青年们组成的一支军队。"①当全面抗战的烽火燃起，毛泽东再次肯定青年的先锋队作用，广大青年如同激流勇进的浪花，在党的领导下迅速汇聚成推动时代前行的磅礴力量。

这是一支直面铁血战场考验的先锋队。在根据地，中国共产党领导建立民先队、青年救国联合会等各种抗日青年组织，积极带领青年投身抗日游击战争、发展生产、参与根据地的政权建设和文化建设之中。1937年9月20日，周恩来、彭德怀与阎锡山经过多次谈判，最终在山西成立具有战时政权性质的革命组织——第二战区民族革命战争战地总动员委员会（简称"战动总会"），在晋察绥3省68县的广阔地域发动群众，组织抗日武装和建立抗日根据地。"战动总会"通过政治宣传唤醒了青年的民族意识和抗战热情，并组织了自卫队、游击队等抗日武装直接参与抗击日军的战斗，在短短一年内就动员了七万多名新战士加入八路军、游击队和其他抗日部队，极大地增强了抗日力量。随着中共中央《关于土地问题的指示》和《中国土地法大纲》的颁布实施，封建土地所有制被彻底废除，中国农民千百年来"耕者有其田"的朴素梦想得以实现。广大青年农民的革命热情空前高涨，他们纷纷响应党的号召"到前线去、到主力去"，积极参军，以实际行动支援革命。1946年底全面内战爆发时，人民解放军兵力为127万人，到1948年秋则增至280万人。解放战争期间，仅山东

---

① 《毛泽东选集》第2卷，北京：人民出版社1991年版，第565页。

解放区就有 58 万人入伍。

　　这是一支勇挑敌后斗争重担的先锋队。日伪的黑暗和国民党的独裁,一度让广大青年陷入迷茫与无助之中,是中国共产党以其智慧和勇气带领青年在敌后开辟了一片新天地。在暗无天日的沦陷区,中国共产党领导建立秘密青年抗日团体,巧妙地利用敌人的内部矛盾来扩大抗日力量,派遣党员深入汪伪反动政权的重要青年组织和学校中,与进步青年紧密合作,共同打击汪伪反动势力,在敌人的心脏地带燃起抗争的熊熊烈焰。在危机四伏的国统区,中国共产党广泛地团结和争取各类青年学生,开展形势任务教育、阶级教育、隐蔽的思想政治教育,帮助青年认清战争形势和国民党的反动本质,唤起青年对民主自由的向往,成功点燃了青年的爱国激情、阶级觉悟和斗争意志,使广大青年踊跃投身推翻"三座大山"的革命斗争之中。

　　在延安的峥嵘岁月里,中国共产党在斗争中求生存,在斗争中图发展,在斗争中形成了以"实事求是,理论联系实际,全心全意为人民服务,坚持自力更生、艰苦奋斗"为核心的伟大延安精神。中国共产党以民族未来为己任,一手拿枪、一手拿笔,一边大力发展学校教育,一边大力创办革命刊物,青年教育与文化传播双管齐下,建立宣传马克思主义和抗日民强统一战线的有力平台,也为中华青年的铮铮铁骨赋予了民族精神之魂。在斗争与传承中,延安精神滋养着青年学子的心田,青年的力量持续萌发、生长……

三、挑战之路:进京赶考 斗志冲天

　　"历史周期率之问"言犹在耳,中国共产党已然踏上"进京赶考"的征程。毛泽东向全党发出振聋发聩的号召:"务必使同志们继续地保持谦虚、谨慎、不骄、不躁的作风,务必使同志们继续地保持艰苦奋斗的作风。"①青年作为"早晨八九点钟的太阳",如何"答卷",将直接关乎能否成为"又红又专"的接

---

① 《毛泽东选集》第 4 卷,北京:人民出版社 1991 年版,第 1438~1439 页。

班人。

答好思想之卷。青年的思想如同晨曦中的第一缕阳光，决定着青年的世界观、人生观和价值观，照亮着青年前行的道路，直接关系到党和国家的命运。1950年，青年团发布《关于加强团的宣传教育工作的决定》，要求完善宣传工作组织体系，创办各类报纸、期刊等宣传刊物，开发团课、教材等教育资源，在团员中开展马列主义毛泽东思想的教育。在社会主义改造和社会主义建设的过程中，党确定了辩证唯物主义、历史唯物主义、集体主义、艰苦奋斗精神等青年思想政治教育基本内容，完善了青年思想政治教育理论体系；各级党团组织围绕国家中心任务，紧密结合当地的生产活动，根据青年特点，创造性地开发出多种符合实际的教学方法，如火如荼地开展扫盲运动，提升青年的文化素养，推动青年"德智体全面发展"；党领导构建了面向学龄人口、劳动人民、工农干部，涵盖大中小学教育及成人教育的比较完整的国民教育体系，广大青年以全日制、业余和半工半读形式系统接受知识学习和思想熏陶。在"忆苦思甜""学雷锋""上山下乡"中，广大青年深入田野、工厂锻造自己，在改造客观世界的同时改造主观世界，塑造彻底的共产主义价值观，涌现了一批批新时代好青年。

答好行动之卷。毛泽东曾深刻指出："如果只是口头上讲联系，行动上不实行联系，那末，讲一百年也还是无益的。"①思想是行动的先导，行动则是思想的体现。新中国的工业建设和农业发展百废待兴，中国共产党将青年工作深度融入经济、科技、教育、文化、宣传等社会主义建设事业的各个领域，青年团、全国青联、全国学联三大组织成为党领导青年工作的中坚力量，引领广大青年积极投身于国家建设热潮，用实际行动诠释"青春是用来奋斗的"这一时代主题。广大青年积极响应号召，"把青春献给祖国""一切为了社会主义"，青年工人、工程技术人员、手工业和私营企业中的青年积极参与重点工业项目建设和经济改革，彰显出非凡的担当和勇气。大量城市青年"到祖国最需要的

---

① 《毛泽东选集》第3卷，北京：人民出版社1991年版，第820页。

地方去"，一手拿枪，一手拿锄，屯垦戍边，保卫边疆，建设边疆，仅 1955 年，就有 20 万名青年志愿参加各地的垦荒队，建立集体农庄，通过艰苦奋斗，短时间内就实现了显著的粮食增产。新中国青年"向现代科学技术进军"，第一炉不锈钢、第一座抗生素生产厂、"两弹一星"、杂交水稻、华东农业科学研究所的水稻插秧机、湖南省祁阳红壤实验站的低产田改良研究和实践……从一穷二白到科技繁荣发展，青年的创新实干、行动担当，成为新中国建设发展的重要推动力量。

弹指一挥间，那份"进京赶考"的"答卷"，中国共产党和中国青年已经用思想和行动答了 75 年。这张"答卷"，是历史的见证，也是时代的缩影，记录了中国共产党的奋斗历程和辉煌成就，也向世界展示了中国青年的担当精神和创新力量。民族复兴奋斗不息，奋笔疾书永无止境，未来已来，新的答卷徐徐展开……

四、顿悟之路：春天的故事 百花齐放

邓小平指出："改革是中国的第二次革命。"①改革开放让中华民族站上新的历史起点，中华大地经历了一场深刻的社会变革。伴随着改革的春风，青年一代成为最活跃、最有创造力的力量，他们以实践作为检验真理的唯一标准，勇敢地"摸着石头过河"，闯出了一条充满挑战与机遇的"顿悟之路"。

解放思想，党赋予青年放飞梦想的翅膀。中国共产党鼓励青年"大胆地试、大胆地闯"，以青年为本，想青年之所想，畅通青年发展的路径，创造青年学好知识技能的渠道，搭建青年施展大好才华的舞台。高考的迅速恢复，为青年打开了通向知识的大门，全国科学大会和全国教育工作会议的召开，为青年科学素养的培育揭开了新的篇章。为了提升青年的专业技能和岗位能力，1979 年，共青团发起"争当新长征突击手活动"，指导青年在劳动实践中学习、在技能竞赛中学习。党领导启动中国青年创业行动，加强对青年的就业引导、培

---

① 《邓小平文选》第 3 卷，北京：人民出版社 1993 年版，第 113 页。

训和服务，对接岗位开展技能培训、设立青年创业基金、打造创业园区、推出青年创业培训计划，全方位扶持青年创业就业。环环相扣、细致入微的服务举措，为青年提供了施展抱负的平台，让他们在改革开放的进程中实现了自我价值。

高举精神旗帜，党赋予青年永不迷失的信念。改革开放的深入使人民的思想观念、价值取向和生活方式都发生着深刻变化，各种思潮和文化相互激荡，如何确保青年在多元化的冲击下坚守社会主义理想，保持正确的奋斗方向，成为一个新的课题。邓小平提出坚持四项基本原则，加强精神文明建设，成为党回应这一问题的有效法宝。共青团在党的指引下，首创"五讲四美三热爱"的群众性活动，号召青年争做"四有"新人。进入 21 世纪，党启动"青年马克思主义者培养工程"，用马克思主义中国化最新成果来培养青年，宣传社会主义核心价值体系和社会主义荣辱观，引导青年在时代的大潮中坚定共产主义理想信念。

擎起科技火炬，党赋予青年勇攀高峰的力量。中国共产党提出"科学技术是第一生产力"，强调科技和人才对社会主义现代化建设的重要性。20 世纪 90 年代，国际形势日益复杂严峻，国与国的竞争越来越呈现为前沿科技的竞争。中国共产党积极倡导爱国主义精神，激发青年勇闯科技前沿的使命感和责任感。为了培养跨世纪青年学术带头人和技术带头人，1995 年党提出并实施科教兴国战略，树立"尊重知识、尊重人才"的重要思想。伴随高考制度的完善，党优化成人教育、继续教育，设立博士后科研流动站，建立突出贡献中青年专家选拔制度、政府特殊津贴、院士制度等系列扶持和激励制度，努力创造有利于青年优秀科技人才脱颖而出的环境，为青年提供宝贵的发展机会，使一大批优秀青年实现人生理想、勇攀科技高峰。

在这条解放思想、实事求是的顿悟之路上，中国社会的深刻变革成为青年成长与进步的有力见证，青年们勇做时代的弄潮儿，担当时代的引领者，以坚定的信念和不懈的奋斗，克服了无数艰辛与困难，为中华民族伟大复兴注入源源不断的活力。

五、奋斗之路：中国梦 走向复兴

新时代，面临百年未有之大变局，注定是一个波澜壮阔的时代，中华民族迎来了从站起来、富起来到强起来的伟大飞跃，中华民族伟大复兴进入了不可逆转的历史进程，青年一代被赋予前所未有的历史使命，他们要有滚石上山、爬坡过坎的韧劲，更要有勇攀高峰、锐意进取的闯劲。

落实党管青年，锤炼攻坚克难的韧劲。自党的十八大以来，党对青年的引领和培养工作进入了新的历史阶段。2013 年 6 月 20 日，习近平总书记在中南海与团中央新一届领导班子成员的集体谈话中，着重强调了团组织应成为联系和服务青年的坚强堡垒，这为青年工作指明了方向。为了响应这一号召，共青团于 2016 年 8 月推出了《共青团中央改革方案》，标志着共青团全面迈入了"改革进行时"，随后，《全国青联改革方案》等文件的相继发布，进一步推动了共青团的深化改革，使其更加贴近青年，更好地服务于青年的成长和发展。2017 年 4 月，党中央、国务院颁布实施《中长期青年发展规划（2016—2025年）》，这是我国首个国家级青年发展专项规划，首次明确提出了"坚持党管青年原则"，强调了青年优先发展的理念，在规划的执行过程中，各级党委和政府出台了 240 余项青年发展政策，极大地促进了广大青年在思想道德、教育、就业等各领域的发展。为了深化青年的思想政治教育，团中央围绕解读习近平新时代中国特色社会主义思想，创新性地推出了"青年大学习"网上主题团课，实施"青年讲师团"计划，至 2020 年 6 月，各级共青团通过"青年马克思主义者培养工程"已经培养了 200 余万名青年政治骨干。党对青年的思想政治引领，成功引导广大青年树立了爱党爱国、向上向善的良好风尚，让青年以更加饱满的热情投身于新时代中国特色社会主义建设的伟大事业之中。

寄托复兴希望，激发勇往直前的闯劲。2022 年 5 月，习近平总书记在庆祝中国共产主义青年团成立 100 周年大会上寄语："青年犹如大地上茁壮成长的小树，总有一天会长成参天大树，撑起一片天。青年又如初升的朝阳，不断积聚着能量，总有一刻会把光和热洒满大地。党和国家的希望寄托在青年身上！"①青年强则国强，在新时代的征途上，青年一代肩负着民族复兴的希望。在党的领导下，新时代的青年是脚踏实地的一代、勇攀高峰的一代，也是无私奉献的一代，他们正以年轻人特有的热情和闯劲，展现堪当民族复兴大任的精神内核。

回望百年，无限感慨，中国共产党百年风雨里不忘初心，托举青年未来，铸就了青年工作的光辉历程。新时代，我们当继承和坚守"青年强则国强"的信念，持续深化青年工作，深入推进青年理想信念教育，激发青年的创造力和热情，共同为实现中华民族伟大复兴的中国梦贡献力量。

---

① 习近平：《论党的青年工作》，北京：中央文献出版社 2022 年版，第 12 页。

目　录

第一章　延安时期青年理想信念教育研究概述　　　　　　　　/ 001

一、理想信念教育的内涵及其作用　　　　　　　　　　　/ 002

二、延安时期青年理想信念教育的社会背景　　　　　　　/ 018

三、延安时期青年理想信念教育的重要作用　　　　　　　/ 030

第二章　延安时期青年理想信念教育的形成和发展　　　　　　/ 037

一、党的创立和大革命时期青年理想信念教育的

　　探索与起步　　　　　　　　　　　　　　　　　　/ 037

二、土地革命时期党对青年开展理想信念教育的

　　形成和确立　　　　　　　　　　　　　　　　　　/ 046

三、抗日战争时期党对青年开展理想信念教育的

　　深化和巩固　　　　　　　　　　　　　　　　　　/ 057

四、解放战争时期党对青年开展理想信念教育的

　　丰富和完善　　　　　　　　　　　　　　　　　　/ 066

第三章　延安时期青年理想信念教育的内容　　　　　　　　　/ 073

一、用辩证唯物主义的世界观武装青年　　　　　　　　/ 074

二、用共产主义远大理想引领青年　　　　　　　　　　/ 090

三、用人民至上的根本理念教育青年　　　　　　　　　/ 102

第四章　延安时期青年理想信念教育的方法　　　　　/ 110

　　一、灌输教育　　　　　　　　　　　　　　　　/ 111

　　二、实践教育　　　　　　　　　　　　　　　　/ 125

　　三、批评与自我批评教育　　　　　　　　　　　/ 131

　　四、示范教育　　　　　　　　　　　　　　　　/ 146

第五章　延安时期青年理想信念教育的特点　　　　　/ 152

　　一、理想信念教育对象覆盖广泛　　　　　　　　/ 153

　　二、理想信念教育内容丰富多元　　　　　　　　/ 162

　　三、理想信念教育形式持续创新　　　　　　　　/ 174

　　四、理想信念教育制度日趋完善　　　　　　　　/ 184

第六章　延安时期青年理想信念教育的历史作用及当代启示　/ 193

　　一、延安时期青年理想信念教育的历史作用　　　/ 194

　　二、延安时期青年理想信念教育的当代启示　　　/ 206

附录　延安时期中国共产党对青年开展理想信念教育大事记

　　（1935 年 10 月至 1948 年 3 月）　　　　　　　　/ 226

后记　　　　　　　　　　　　　　　　　　　　　　/ 252

第一章
延安时期青年理想信念教育研究概述

一个民族的进步，离不开青年人的努力；一个国家的未来，寄望于青春的力量。中国共产党自成立之日起，就强调国家的希望在青年，民族的未来在青年，始终高度重视青年工作，努力倾听青年声音，积极了解青年需求，切实解决青年问题，全面促进青年发展，注重发挥青年在各个时期的重要作用，以强大的政治优势和组织优势汇聚和引领青年，使党的事业薪火相传、继往开来。抗日战争爆发后，中共中央所在地——延安，成为抗日青年向往的地方。延安的青年运动是投奔革命、追求真理、团结民众、抗日救国的运动，是近代中国青年运动史上最活跃、最生动的一个发展阶段。曾访问延安并见到毛泽东的欧洲记者瓦尔特·博斯哈德，在回忆这段旅程时，感慨地写道："沿途的乡村越来越破败，田里的庄稼稀稀拉拉，偶尔有羊群在小河边吃草。然而我们越接近红色首都，就越能看到大量年轻中国人的身影，个个背着简单的行李徒步走到这里，希望能加入梦寐以求的八路军。这条路就是一条朝圣之路，延安就是下一代心目中的麦加圣城。这一代人被战火从学校里赶出来，背井离乡，期望在延安找到新的信仰归宿。"①当时国内外的进步青年像百川汇海一般，分别从沦陷区、国统区，从异国海外，越过敌人封锁线，无视日寇的轰炸，拒绝国民党的诱惑，怀着抗日救国的高度热忱，寻求革命真理的渴望，以及对中国共产党的无比信任，长途跋涉，奔赴延安。他们脱去旗袍西装，换上土布军装，尽管历经艰难困苦，冒着生命危险，遍体鳞伤，衣衫褴褛，但人人心怀"割掉皮肉

---

① 王纪刚：《延安1938》，西安：太白文艺出版社2018年版，第142页。

还有筋，打断骨头还有心，只要有一口气，爬也爬到延安城"的豪情壮志。延安时期的青年运动在中国革命的历史长卷中留下了浓墨重彩的一笔，以集体行动的方阵，义无反顾地走在新民主主义革命斗争的前列，为争取民族独立、人民解放而前赴后继、浴血奋战。早在 1980 年邓小平就指出："一定要努力恢复延安的光荣传统。"①"我们还要大声疾呼和以身作则地把这些精神推广到全体人民、全体青少年中间去，使之成为中华人民共和国的精神文明的主要支柱，为世界上一切要求革命、要求进步的人们所向往，也为世界上许多精神空虚、思想苦闷的人们所羡慕。"②

一、理想信念教育的内涵及其作用

习近平总书记强调："理想信念就是共产党人精神上的'钙'，没有理想信念，理想信念不坚定，精神上就会'缺钙'，就会得'软骨病'。"③理想信念是人精神上的"钙"，一个人精神"缺钙"，人的精神世界就会坍塌，就不可能感受精神生活的丰盈充实，更不可能承担时代所赋予的历史使命。

(一)理想信念的含义

"理想信念"作为一种观念形态，关乎的是世界观、人生观、价值观问题，决定着人活着为实现什么目标而奋斗以及人生怎样度过才有意义，才有价值等。

1. 理想的内涵

古往今来，可以说凡是为人类进步事业做出贡献的人，都是有理想，有抱负的。苏轼曾说："古之立大事者，不惟有超世之才，亦必有坚忍不拔之志。"在我国古代，理想被称为"志"，即志向，是一个人对未来的向往、追求和所

---

① 《邓小平文选》第 2 卷，北京：人民出版社 1994 年版，第 260 页。
② 《邓小平文选》第 2 卷，北京：人民出版社 1994 年版，第 368 页。
③ 《习近平谈治国理政》，北京：外文出版社 2014 年版，第 15 页。

要达到的目标。马克思在论述理想的范畴时，将理想和实践结合起来，认为理想是实践活动的一部分，同时，它又属于意识形态，是一种精神现象，是对社会存在的反映，是同一定的社会物质生活条件相联系的，是对未来的美好期待。《现代汉语词典》对"理想"的解释主要有两点：其一，将理想作为名词来解释，指的是对未来事业的想象或希望。其二，作为形容词来解释，指的是符合希望的，使人满意的。人生活在世界上，除了物质生活之外，还有精神追求，诸如道德、文化、修养等。在修养实践中，人们总是不满于现状，向往和追求更加美好的未来，确立奋斗目标，于是就产生了理想。可见，理想是一种人们超越自我、超越现实，追求远大价值目标的高度自觉。它不是凭空产生的，体现了人对真、善、美的自觉追求，是一定社会物质条件下的产物，也是一种精神现象，一旦形成，将会成为支配人活动的精神动力。因此，理想是人们在实践中形成的、有实现可能性的、对未来社会和自身发展目标的向往和追求，是人们的世界观、人生观和价值观在奋斗目标上的集中体现。理想包含三个基本要素：首先，人们的向往和追求，这是理想的内容。其次，有实现可能性，反映并符合现实生活的发展趋势，这是理想的科学性所在。最后，人们对未来发展的形象化构想，这是理想的表现状态。三个基本要素体现了真、善、美三方面的统一，三者缺一便不成其为理想。

2. 理想的特征

理想具有超越性。人们不仅生活在现在，而且生活在对未来的憧憬与期待之中，在现实生活中人们总会对现状有所不满，设想和追求更加美好的生活，并根据自己对未来设想的蓝图不断地改造现实，而理想正是人们的要求和期望最集中、最直观的表达。理想作为主体对未来的憧憬与希望，它在现实中产生，但不是对现状的简单描绘，而是在对现实认识、分析和总结的基础上，升华了现实，对未来提出的更高的目标要求。人类创造历史的各种活动，无不有一定的目的，理想是人与动物相区别的一个重要特征。人能够按照自己的需要去劳动，动物的存在则是直接的、给定的，它以本能的方式适应自然环境；动物不会为自己提出未来的设想，它总是生活在给定的环境之中，对于外界所给定的东西，动物对其没有好与坏、美与丑的区分。人则不同，不仅生活在现实之中，而且还生活在对未来美好生活的期待和向往之中。外界对于人来说，不是给定的而是待定的。人总是对自己的环境做出真与假、善与恶、美与丑的判断，总是根据需要不断地改变自己所处的环境，使外界适应自己的需要，同时改变着自身。富有理想是人类独具的特点，马克思在比较建筑师造房屋和蜜蜂造蜂房的不同之处时说："他不仅使自然物发生形式变化，同时他还在自然物中实现自己的目的。这个目的是他所知道的，是作为规律决定着他的活动的方式和方法的，他必须使他的意志服从这个目的。"①人的活动的这种目的性，就是理想。同时，理想又区别于现实，理想是关于未来"应怎样"的设想，而现实是现在实际"是怎样"，"是怎样"与"应怎样"之间总是有一定的差距。正因为理想与现实有一定的超越梯度，理想才引导着人们向着美好未来前行。如果实现了，就不为人们所追求，人们就不用为之奋斗了。正因如此，理想对人们具有巨大的感召力，它吸引着人们通过自己的奋斗，不断地改造现实，从而推动人类历史的进步。

理想具有实践性。理想是一种对未来的想象，但并不是任何想象都是理想。理想同空想和幻想有根本区别。空想虽然也是人们对未来的一种想象，也反映了人们一定的追求和目标，但它缺乏客观根据，纯粹是人们的一种主观臆想，是脱离现实的凭空想象，没有根据，是不切实际的想法。它不是建立在科学的基础上，又没有实现它的物质条件和手段，因此它永远不会变成现实。它虽然也能在人们头脑中呈现出光亮，会给人们以若干启示或鼓舞，可它毕竟如"海市蜃楼"，一晃即逝。幻想是与生活愿望相结合并指向未来的一种想象，与现实有很大的距离，但在将来有实现的可能性。有些幻想是完全不切实际的空想，有些则是符合现实发展的想象，随着科学技术的发展，一旦条件具备，就有实现的可能。可见，理想、幻想、空想虽然形式上都表现了它们的主观

---

① 《马克思恩格斯全集》第 23 卷，北京：人民出版社 1972 年版，第 202 页。

性，但在内容上却有完全不同的规定。理想的内容具有客观性，幻想的内容是对客观的超越，而空想的内容则纯粹是主观性的。从这一意义上来说，理想是合规律性与合目的性的，是实然性与应然性的统一，是可能性和现实性的统一，是能够实现的。正因为如此，人类根据自身的实际情况，树立正确的理想，通过实践的努力，就能够使理想得以实现，人类社会就会变得越来越美好。人们的实践程度决定着理想高度，同时，理想的确立也会引导着人们的实践不断向前发展。人有了理想，就会"不畏浮云遮望眼，只缘身在最高层"，始终保持清醒的头脑，向着追求的目标努力奋进。人类正是在理想的激励下不断地追求美好的未来，从而绘制出一幅又一幅绚丽多姿的理想蓝图。理想只有具备实践性，才能对人们产生巨大的引导鼓舞作用，为人们导航引路。因此，青年人应当树立远大而崇高的理想，可以有幻想，但必须抛弃不切实际的空想。

理想具有时代性。历史唯物主义认为，社会存在决定社会意识。一种社会意识的产生，总是同一定的社会物质文化条件相联系，同一定的社会实践相联系。理想属于社会意识形态的范畴，是对社会存在的反映，具有时代性和阶级性。理想的时代性表现在理想的内容、理想的实现受到经济、政治、文化条件的限制。在科技十分落后的古代，人们梦想过许多东西，如千里眼、顺风耳、飞毯、神枪之类，但像现代生活中普及的电话、电视、电脑等，是那时的人们连想都想不到的。① 同时，理想的时代性还表现在理想不是一成不变的，它将随着社会历史的发展而变化，不同的人会有不同的理想，而同一个人在不同阶段也会有不同理想。饥饿的时代，理想是温饱；温饱的时代，理想是文明；战乱的年代，理想是安定；安定的年代，理想是繁荣。理想的时代性还表现在，在阶级社会中，理想具有阶级性。任何一种理想的实现过程都是一种社会的活动，这是由人类活动的社会性直接决定的。同时，在阶级社会中，人的社会性表现为人的阶级性，人的阶级性又决定了理想的阶级性。不同的阶级，他们的

① 刘建军：《寻找思想政治教育的独特视角》，北京：中国人民大学出版社 2016 年版，第 181 页。

理想必然不相同。如奴隶主阶级把占有更多奴隶作为自己的理想，而奴隶以获得解放和自由为理想；封建地主阶级将广有宅田、家仆无数作为自己的理想，而农民阶级则以有"二亩地、一头牛，老婆孩子热炕头"为理想；资产阶级以获取超额利润作为自己的理想，而无产阶级则以消灭剥削，使人类共同富裕，实现共产主义为自己最崇高的理想。在艰苦的革命战争年代，这种崇高理想鼓舞和激励着无数共产党人和革命者抛头颅、洒热血。可见科学的崇高的理想是在正确把握社会历史发展客观规律的基础上形成的合乎社会发展要求、合乎人民利益的价值追求。

3. 信念的内涵

一方面，信念不是先天就有的，而是人们通过实践，体验到、认识到应当怎么想、怎么做，才能达到预期的价值目标，从而树立起来的对某种思想、现实、事物发展趋势的坚定的思维定势和行为模式。马克思在论述"信念"时曾指出："每个人眼前都有一个目标，这个目标至少他本人看来是伟大的，而且如果最深刻的信念，即内心深处的声音，认为这个目标是伟大的，那它实际上也是伟大的。"①信念是人们在生活实践中形成的。毛泽东说："胜利的信念是打出来的，是斗争中间得出来的。"②信念是人们在一定的认识基础上确立的对某种思想或事物坚定不移并身体力行的心理状态和精神状态。信念的形成必须依赖于对信念对象的一定认识，这种认识可以来自直接经验，也可以来自间接经验，也可以是以直接和间接经验为基础做出的推论。另一方面，信念也不单纯是认识，它还凝聚着人们深刻的情绪体验。信念作为人们所强烈认同的认识，是与人的感情紧密联系在一起的。也正因为如此，信念总是在感情的驱使下导致相应的行动。列宁就曾精辟地指出："大多数人是根据实际生活得出自己的信念的，他们不相信书本和空话。"③在信念中，"觉得对的感觉"，即主

---

① 《马克思恩格斯全集》第 40 卷，北京：人民出版社 1982 年版，第 3 页。
② 《毛泽东文集》第 8 卷，北京：人民出版社 1999 年版，第 426 页。
③ 《列宁全集》第 35 卷，北京：人民出版社 1985 年版，第 374 页。

体对某一对象的相信，居于核心的地位，是信念形成的关键；反之，即使是面对正确的理论、思想，如果主体不相信，甚至怀疑，就谈不上信念。可见，信念是以认识为基础，以情感为关键，以意志为保证，是建立在认识和情感基础上的一种思想意识，是人们在社会实践中形成的、自己认为正确并坚信不疑的观念。

4. 信念的特征

信念具有执着性。信念是一种固执而稳定的观念，是在认识、情感和意志的基础上形成的"非做不可"的欲念。认识不等于认同，只有在感情上接受这种认识，并认为它是正确的、符合自己需要的时候，才会产生对它的认同。对某种认识产生了认同之后，就会有亲身履行它的自觉要求。这种根据一定的认识自觉地确立目的，并采取行动的心理活动，就是意志。意志在行动中不断增强，从而使人形成坚定不移、稳定的信念。它是一种强大的精神力量，人们一旦确立某种信念，就一般不会轻易改变。信念融进了意志，才具有执著性。当一个人持有坚定的信念时，就会全神贯注于所定目标而不懈奋斗，精神上高度集中、态度上充满热情、行为上坚定不移。邓榕曾在《我的父亲邓小平》中写到她问父亲："长征路你是怎么走过来的？"邓小平深思片刻，简明而又坚定地回答："跟着走！""跟着走"就是一种坚定的信念。正因为这种信念，每一名战士都懂得为什么而战、为谁而战。古往今来，无数事实证明，强者与弱者、奋起与沉沦之间其实就是理想和信念的差别，一切强者都是为了自己的理想而奋起，一切弱者都是因为失去了信念而沉沦。正如著名作家丁玲说的那样："人，只要有一种信念，有所追求，什么艰苦都能忍受，什么环境也都能适应。"

信念具有支撑性。信念本质上是观念性的东西，属于思想意识范畴。从它的产生和存在形式来看，信念是在人们的生活实践中得出，进而内化为个体对某一方面或某一领域的认识，并在一定条件下表现出来。信念对个体的实践活动起着精神保证和思想动力作用，是一个人经受实践考验而始终坚守理想的精神力量。任何一种理想的实现都不是轻而易举的，会遇到各种各样的困难，人必须有坚定不移的决心和坚忍不拔的意志，才能不断战胜困难，把理想变为现实。有了坚定的信念，就会执着追求、永不言倦；有了坚定的信念，就会百折不挠、勇往直前。纵观人类社会发展史，共同的信念凝聚着一个国家、一个民族的集体意志，为社会理想的实现提供强大的精神力量。

信念具有多样性。由于人们受教育的程度、实践的经验和思维方式各不相同，因而作为对社会存在的反映，信念也就存在复杂多样的现象。首先，不同的人有不同的信念。如教育家的信念是无私奉献，为国家培育英才；科学家的信念是刻苦钻研，为科技进步作贡献；普通劳动者的信念则是在平凡的岗位上默默耕耘，为经济建设和社会发展添砖加瓦。其次，同一个人有不同的信念。每个人都会在社会生活的不同方面，产生相应不同的信念。当然，虽然信念的多样性要求我们不能强求信念的一致，但在一定的社会中，人们还是能够形成某种共同信念的。事实上，一个人所拥有的信念的层次是不同的，不同层次的信念之间也因其内在联系从而形成信念体系，有的是生活不同方面的基本信念，有的是具有统领作用的高层次信念，它们各安其位，形成有序的信念系统，其中，居于体系中最高层次支配其他信念，具有一定排他性的信念，就是信仰。信仰有科学和不科学的区别。恩格斯说："即便是最荒谬的迷信，其根基也是反映了人类本质的永恒本性，尽管反映得很不完备，有些歪曲。"[1]宗教迷信也是一种信仰，也是对人的本质的反映，不过是一种歪曲的反映。不科学的信仰就是对虚幻的世界、不切实际的观念、荒谬的理论等对象的迷信和狂热崇拜，是对人的本质的歪曲反映，它把人引向错误的道路，使人错误地发挥人的本质力量，造成错误的后果，甚至会毁灭一个人的一生。科学的信仰则来自人们对自然界和人类社会发展规律的正确认识。我们共产党人的信仰是对马克思主义的科学的信仰。这种科学性是建立在现代科学知识和人类文明成果基础上的，是经过革命和建设的实践反复检验过的。所以，信仰马克思主义、树立共产主义理想给人一种巨大的精神动力，它指引人们走上正确的人生道路，为实现人类崇高理想而奋斗。

---

[1] 《马克思恩格斯全集》第 1 卷，北京：人民出版社 1956 年版，第 651 页。

5. 理想与信念的辩证关系

习近平总书记指出："理想和信念是相辅相成的统一体。理想是人们追求的目标，信念是人们向着这个目标前进的意志和定力。理想崇高，才能坚定信念；信念坚定，才能坚守理想。"①理想、信念同属精神现象，都是指人的精神追求，理想以信念为支撑，理想的追求和实现体现并折射着信念的坚定性；信念以理想为方向和内容，有什么样的理想就有什么样的信念。它既包括一种对未来的畅想，也包括现在我们内心中所秉持和坚信的东西。理想是人们对未来可望实现的奋斗目标的憧憬、向往和追求，指出了行动的方向；信念是指人们对现存的或可能的事物、观念等的正确性和正义性坚定不移的确认和笃信，指明的是行动的价值性和意义感，能够坚定理想拥有者的信心。理想信念结合在一起，就形成了一个中国式特有概念"理想信念"。有理想没信念，理想变成了空想；有信念没理想，人生就缺少了奋斗的方向。崇高的社会理想和科学信念是人生成功的助推器，使人经得起任何困难的考验，始终向既定的目标奋勇前进。

(二)理想信念的基本类型

理想是具体的，有层次的，贯穿于人类活动的所有方面，呈现出许多不同类型。根据不同的社会领域，可以将理想信念大体划分为以下四个类型：

1. 生活领域的理想信念

日常生活离不开衣食住行。生活理想是指人们对一定生活方式和生活水准的向往，既包括对物质生活的向往和追求，也包含对精神生活的向往和追求，其实质是人们对物质和精神需要得到满足的希望。马克思主义从来主张个人要有生活理想，但这种生活理想必须符合社会的物质文明、政治文明与精神文明的发展规律，有利于人自身的身心健康和发展。这个日常生活的领域看起来似

---

① 习近平：《论党的青年工作》，北京：中央文献出版社2022年版，第35页。

乎层次很低，与理想信念扯不上关系，但实际上在这个领域中也有人的理想信念。渴望过上小康生活，是几千年来人们的梦想。特别是基层劳动群众，历史上长期过着吃不饱穿不暖的日子，因而许多人把衣食无忧看做自己的理想。在无产阶级所追求的共产主义理想中，也包括物质产品极大丰富这一条，确信这样的理想并为之奋斗，就是生活的信念了。随着社会的进步，特别是生产力的发展，人们不仅追求富裕的物质生活，而且追求有品质的文化生活。过去人们比较关注"有没有""缺不缺"，希望吃好、穿好、住好，现在人们更加关注"好不好""优不优"，期待天更蓝、水更清、空气更清新、社会更加安全和谐。文明、健康、科学的生活方式，日益成为人们追求的生活理想。在建构生活理想、确立生活信念方面，要把富裕的物质生活与高尚的精神生活结合起来，使二者相互促进，共同建设美好的未来。① 每个人都必须立足现实，根据自己的生活条件，树立正确的生活理想，注重创造、奋斗，做生活的强者。盲目攀比，不切实际地追求阔气、享受，就会成为生活的奴隶。只有通过自身艰苦努力得到的东西，才是真正有价值的，才能赢得幸福生活，实现生活理想。

2. 职业领域的理想信念

人们不但要生活，还要工作。人生的重要时光将在职业活动中度过，职业生涯是人们社会生活的非常重要的方面。职业理想是指人们对能从事一项适合自身条件和兴趣工作的希望，通过这一工作能充分发挥自己的聪明才智，与别人进行劳动交换，为社会作贡献而实现自身的价值。职业理想和成就事业有着重要的关系，是关系到个人前途的理想。要干一番事业，就必须有正确的职业理想并为之而努力。有了正确职业理想的人，就能乐于把自己的精力倾注到工作中去，对人们和社会做出自己的贡献。在现实生活中，职业理想与现实发生矛盾的现象比较普遍，尽管我们党和国家做出了很大的努力，创造了许多条件，但不可能让每个人都满意，这里既有实际问题，同时，也有个人认识问

---

① 刘建军：《寻找思想政治教育的独特视角》，北京：中国人民大学出版社 2016 年版，第 182 页。

题。因此，在树立自己的职业理想时，首先要考虑国家和社会的需要，同时还要考虑个人所具备的条件。国家和社会需要是我们树立职业理想的前提。个人的职业理想符合国家和社会的需要，才是现实的，才有可能得到很好的实现。同时，个人具备的条件也很重要。人需要理想，但人需要的是符合自然规律的理想，而不是超自然规律的理想，在选择自己的职业理想时，要从自己的实际出发，全面地理智地衡量自己的条件，不要好高骛远，脱离自己的实际。当代青年应当具有正确的职业理想，即在职业选择时把个人理想与社会的需要有机地结合起来，只有这样才能取得事业的成功。当然，职业理想也要符合自己的实际，并非只有热门职业才有资格成为人们的职业理想，多样化的平凡工作岗位也可以成为人们的理想所寄、信念所托。只要认定为社会所需要、为自己所喜爱的工作，并努力把它做好，不断取得更大成绩，就是在职业方面有理想有信念的表现。只有这样，才能使自己顺利地、尽快地实现自己的职业理想。树立崇高的职业理想，艰苦奋斗的创业精神，为人民服务的职业境界，无疑对个人有着极大的促进作用和现实意义。

3. 道德领域的理想信念

道德作为人类特有的精神现象，是人们社会生活的重要方面，也是理想信念发挥作用的重要领域。道德理想是作为社会主体的人们所向往的理想人格，是人们最高伦理标准的集中体现。一个人在道德观念上对理想人格的追求和期望，对自己将成为一个具有什么样道德品质的人的设想，这就是我们通常所说的道德理想。有道德理想就会知道什么是光荣，应该去做什么；有道德良知，就会知道什么是耻辱，不应该去做什么。一个社会或一个阶级的理想人格，必然是对当时的历史进程和社会关系自觉认识的产物。因而，共产主义道德理想是我们所追求和向往的最高道德理想。共产主义道德以共产主义的集体主义为原则，要求人们在处理个人利益与他人利益、集体利益的关系时，把集体利益、他人利益放在首位，个人利益服从集体利益，做到毫不利己，专门利人。以共产主义标准塑造的理想人格，其主要特征是大公无私，这是最高的道德境界。追求高尚的理想人格，使自己富有人格魅力，成为一个为社会所需要、为他人所喜欢的人，既是事业成功的关键，又是生活幸福的根本。

4. 社会领域的理想信念

社会理想信念是理想信念的最高层次，是指在一定社会里，人们对美好的社会制度和政治结构的追求和设想，包括对未来社会的预见。人们通常把社会理想称作政治理想。尽管不是每个人都从事政治工作，但每个人不可能完全与政治生活没有任何关系。每个公民都应该关心社会，关心政治，而这其实也就是关心自己。在这个过程中，人们自觉或不自觉地形成某种对于政治的看法和信念，形成关于政治和社会的理想。在不同历史时期，不同的阶级和政治集团往往有着不同的社会理想。封建地主阶级的社会理想往往是建立等级制封建国家；资产阶级的社会理想往往是建立以"民主""自由"相标榜的资产阶级共和国，以及用这一政治理念来改造世界；无产阶级及其政党的社会理想，就是建立社会主义制度，并在全世界实现共产主义。由于社会理想具有阶级性，因而不同的社会理想之间往往会发生尖锐的冲突。古往今来，社会理想一直都是有识之士和思想先驱用尽毕生之力去追求的，它体现了人们对于理想社会状态的向往和期待。中国民主革命的先行者孙中山先生为建立"天下为公"这样一个理想社会，提出了"驱除鞑虏，恢复中华，建立民国，平均地权"的口号，并领导辛亥革命推翻了两千多年的封建帝制。可见，人不仅应该有美好的个人理想，而且也要自觉地确立正确的社会理想。

上述四种理想是相互联系相互作用的。生活理想、职业理想和道德理想主要是个人理想，是微观的，而社会理想则是宏观的。社会理想往往比个人理想更为宏大和高远，它为个人理想的形成、确定提供社会理想的背景，并对个人理想的性质、内容以及实现起着决定性的影响。个人理想从属于社会理想，受社会理想决定、制约和指导。只有在一定社会理想的指导下，才能确定个人理想的标准和奋斗目标，社会理想的实现为个人理想的实现创造了条件。社会理想又贯穿于个人理想之中，只有符合绝大多数人的愿望，并且愿为之长期实践和奋斗社会理想才有可能实现。社会理想是综合性的，居于最高层面，其他理想是社会理想在不同方面的展开。在这诸多的理想中，社会理想是最高层次的理想，它对于其他理想来讲，起着"总开关"的作用，社会理想是识别一个人全部理想生活的"晴雨表"。

(三)理想信念教育的内涵

理想信念教育是人们形成正确理想信念的重要条件。列宁曾指出，对工人群众进行共产主义教育是无产阶级政党的重要任务，"它的任务是赋予自发的工人运动以明确的社会主义理想，把这个运动同合乎现代科学水平的社会主义信念结合起来"①。从列宁的这一表述中，可以总结出，理想信念教育是人类教育活动的一个特殊领域，它包含在思想教育范围内，是教育者对一定的社会成员进行的以树立某种世界观和社会理想信念为目的的教育活动。

准确把握理想信念教育的内涵要着重抓住三个方面：

第一，理想信念教育蕴含着客观的目标。这一目标是理想信念教育的出发点和落脚点。树立某种世界观和社会理想信念是教育的根本目的，教育者从自身所处的时代环境和阶级需要出发，设定世界观的内容和发展方向，采取多种教育手段来完成教育过程，最终实现教育目标。在我们国家，实现共产主义是理想信念教育的终极目标，国家通过在全社会树立辩证唯物主义和历史唯物主义的世界观、人生观、价值观，激发全中国人民为实现共产主义而不断奋斗。

第二，理想信念教育必须旗帜鲜明。每个人理想信念的形成是知、情、意、行长期相互作用的结果。每个人身处一定的社会环境中，必然会受到各种环境的影响，人的社会属性决定了理想信念教育的达成不可能一蹴而就，也不可能立竿见影，它需要一个长期的实践过程。要确保理想信念教育有效，就必须用初心砥砺信仰、用理论坚定信念、用实践增强信心，就必须旗帜鲜明、立

① 《列宁全集》第4卷，北京：人民出版社1984年版，第167页。

场坚定，通过各种渠道大力弘扬和宣传教育者想要实现的教育目标。

第三，理想信念教育是一种社会实践活动。理想信念教育的内容是属于社会意识的范畴，理想信念教育是传递思想、树立价值观的过程，但其本身是一种"教育活动"，是社会实践活动的重要组成部分。坚定理想信念的过程就是一个与现实相结合、与实践相结合的过程。理想的光辉只有和务实的精神交织在一起，才会灿烂夺目。

（四）人生需要理想信念

马克思主义认为，人的本质属性是社会性的，从某种意义上说，人不是活在物质世界里，而是活在精神世界里，活在理想与信念之中。雨果说："人有了物质才能生存，人有了理想才谈得上生活。"有无理想信念，在现实生活中表现为有无社会责任感、有无人生目标的设立与珍惜时光的勤奋拼搏。古人云："志不立，天下无可成之事。"习近平总书记也指出："坚定的信念，永远是中国共产党人的政治灵魂。"①

1. 理想信念是人生的精神向导

理想信念是人生的定向导航，是人精神世界的主心骨，它直接关系到一个人的发展方向问题。理想信念就是确立人生实践活动的目的，即确立人生的奋斗目标。李大钊同志告诫说："青年呵，你们临开始活动以前，应该定定方向，譬如航海远行的人，必先定个目的地，中途的指针，总是指着这个方向走，才能有达到那目的地的一天。若是方向不定，随风飘转，恐怕永无达到的日子。"②可见，理想信念的指引，既有理性的判断，又有意志的作用，还有情感的投入，从而使个体发展日益完善，始终充满生机活力。在纷繁复杂的社会生活中，在漫漫人生道路上，理想信念犹如航行的灯塔、远行的指南针，指引

---

① 《在纪念红军长征胜利 80 周年大会上的讲话》，北京：人民出版社 2016 年版，第 3 页。

② 《李大钊全集》第 2 卷，北京：人民出版社 2013 年版，第 437 页。

人们不迷失方向，沿着正确的人生道路前行，这种导向作用使行路者踏实，不徘徊迷茫或裹足不前，能勇往直前奔向个人和社会期望的目标。如果缺乏崇高理想或没有理想，就会像失去航标的小船，在生活的海洋里随波逐流，不是被大浪撞毁在礁石，就是被潮水搁浅在沙滩。目标和方向是密切联系的，目标规定了方向，方向保证目标的实现。有志者事竟成，立志是成就事业的前提。它一旦确立，就有了明确的方向和强大的精神动力，就有强烈的事业心和使命感，就不会在乱云飞渡的复杂环境中迷失方向，能在复杂的人生境遇中透过迷雾看到曙光，永不迷失前进的方向。

2. 理想信念是人生的精神动力

事物运动和发展需要推动力量，人的成长进步也需要推动力量，除了外在的客观推动力之外，个人内在的精神动力至关重要。理想作为思想观念形成以后，就变成人们自觉行动的动机，使人们在行动中产生一种强烈的意志和感情。这种意志和感情来自对理想目的的信仰和信心，是人们进行有目的的实践活动的一种强大的精神动力。崇高的理想能指导人们实践，给人以巨大的动力，对事物发展起促进作用。因为理想比现实更美好，它成为人的奋斗目标，会使人对未来充满希望，为实现理想而不畏艰难险阻，甚至做出牺牲。在历史上，崇高的理想曾经鼓舞和激励一代又一代仁人志士，为人类进步事业建立了丰功伟绩。一个树立了崇高理想的人，知道自己追求的目标必然会实现，就会激发实现理想的勇气和毅力，为理想的实现，坚忍不拔，在任何困难面前，都充满必胜的信心，甘愿为理想的实现牺牲一切。革命先辈在极端困难的物质生活条件下，艰苦奋斗，流血牺牲，那时靠的是什么？就是革命理想高于天，靠革命理想的鼓舞。理想在人生中占有极重要的地位，人有了崇高理想就变得坚强勇敢，就有无限的创造力，就能成就事业，做出贡献。人在顺利的时候需要有理想指引，在困难的时候更需要崇高理想的支撑。在人生道路上，总会遇到各种各样的挫折和考验，对于一个有远大理想信念的人来说，无论在什么样的境遇中都能充分利用有利条件，战胜种种困难险阻，驾驭人生的航船，绕过暗礁，乘风破浪，坚定地朝着既定的目标前进。理想信念给人以不竭的精神动力，是人生前进道路上的力量源泉。马克思在生活极其贫困的逆境中，为了工人阶级的理想，三次遭到反动势力的驱逐，却能战胜艰难困苦，致力于政治经济学研究，写成了被誉为"工人阶级革命的百科全书"的《资本论》。因此，理想信念一旦确立起来，就会成为人们前进、创新的强大推动力。理想信念把人的活动从现实导向未来，从较低的目标导向更高的目标，为人们追求真理提供指导，开辟道路。一般来说，理想的层次越高，所提供的动力就越大，反之则越小。崇高理想是人生拼搏进取的驱动力。人生道路上处处有逆境，每前进一步都要付出巨大的努力，而崇高理想则是人生前进中的力量源泉。历史上，凡成就事业、对人类有作为的人，都是由于那种造福人类、献身社会的崇高理想使他们在逆境中信心不减，百折不挠，奋发向上，从而战胜难以胜数的艰难险阻。1835 年 8 月 12 日，17 岁的马克思就读于德国特里尔中学，他的一篇《青年在选择职业时的考虑》的作文，让校长读后赞赏："此文以思想丰富和结构严谨而引人注目。"在这样一个充满梦想和希望的年龄，马克思已经对自己的人生和未来进行了深入的思考、规划。如果马克思没有选择将"最能为人类福利而劳动的职业"①作为自己的伟大理想，就不可能铸就《共产党宣言》这一充满光辉的思想篇章。可见，崇高的理想信念解决的是思想观念中深层次和精神境界中的高标准问题。志存高远，则力量无穷。伟大的目标产生伟大的精神，伟大的目标实现也需要有伟大的精神，精神的力量将鼓舞人们向着目标一步步前进，一步步靠近。

3. 理想信念是人生的精神支柱

理想信念在人的精神生活中起着支柱作用。首先，理想信念是世界观、人生观、价值观的体现，是人生的"主题""中心思想""总纲"。朱熹曾说："书不记，熟读可记；义不精，细思可精。惟有志不立，直是无着力处。"崇高的

---

① 《马克思恩格斯全集》第 40 卷，北京：人民出版社 1982 年版，第 7 页。

理想信念，使人在顺利时信心百倍，在逆境中百折不挠，在挑战面前奋勇拼搏。没有理想信念的支撑，人的精神世界就如同无根之木、无基之塔。理想信念之所以能为人提供一种精神的寄托和支撑，很重要的一点是它为人提供了一个希望。希望在任何时候都是一种支撑生命的安定力，尤其在人生处于困难和绝境的时候，这种希望更为宝贵。理想信念能够使人们在遭遇挫折、经受考验的时候，产生积极进取、奋发向上的力量和顽强拼搏的决心。其次，理想信念反映事物的本质，因而使人不会被错综复杂的现象所迷惑，也不会被暂时的困难挫折所动摇。方志敏在监狱里还能写下"敌人只能砍下我们的头颅，决不能动摇我们的信仰！因为我们信仰的主义，乃是宇宙的真理"①这样的至理名言。有了这个精神支柱，即使在面临死亡威胁时仍能看到光明，始终充满革命的乐观主义精神。在我党的历史上曾出现过多次严重的困难和挫折，可无数的共产党员因为有崇高的共产主义理想追求，困难吓不倒，挫折压不垮，在战场上冲锋陷阵，在刑场上视死如归。一个人如果胸无大志，仅仅追求物质的满足，那么他的人生将是不健全不幸福的，因为幸福生活是物质生活和精神生活的统一，物质生活能获得感官的快乐，但是难以产生持久的幸福感。正如马斯洛著名的需求层次理论所讲到的，只有成长性需要的满足才能产生高峰体验，产生持久的幸福感，没有精神的愉悦，即使物质生活再充裕也是痛苦的。再次，理想信念是崇高使命感和高度责任感的结晶。震惊世界的二万五千里长征途中，红军所遇到的艰难险阻是常人所无法想象、无法克服的。然而，红军靠吃草根皮带跨越了雪山草地，战胜敌人的围追堵截，创造了人类历史上的奇迹，取得了伟大胜利。这个胜利靠的是什么？就是红军对共产主义理想的坚定信念，就是红军肩上担负着的崇高使命和历史重任。一个人的理想越崇高，信念越坚定，精神境界和人格就越高尚。当然，理想虽是人的精神支柱，但不同的理想会产生不同的结果。远大的革命理想会给人以无穷无尽的力量；短暂的理想尽管也给人鼓舞，取得一定成就，但不能持久；卑微的理想则不会对人产生多大

①　《方志敏全集》，北京：人民出版社 2012 年版，第 141 页。

的动力。牛顿的前半生和后半生由于理想变化，就产生了不同的结果。他早年曾抱着"世俗的冠冕啊，我却视它如同脚下的尘土"的志趣和理想，勤奋学习，常常不分昼夜地工作，终于创造出牛顿力学，成为 17 世纪伟大的科学家。但是，有了成就以后，他却千方百计在宫廷谋了个国家铸币局大臣职务，当上了国王侍从，满足于荣华安乐，他 45 岁以后，尽管仍处于壮年时期，由于理想的变化，却再也做不出什么成就，智慧之光在牛顿身上就这样完结了，这说明理想会对人产生多么重要的作用。今天，像战争年代那种血与火的生死考验少了，但具有新的历史特点的伟大斗争仍然在继续，我们正面临着一系列重大挑战、重大风险、重大阻力、重大矛盾的艰巨考验，只有筑牢理想信念之魂，才能经受住各种考验，创造人生事业的辉煌。

二、延安时期青年理想信念教育的社会背景

延安时期的物质条件是相当艰苦的，有时候甚至连饭都没的吃，但是，为什么会有那么多的热血青年不惜放弃升官发财的机会，不怕牺牲生命，要到延安投身抗日革命呢？[①] 从国统区前往延安的路，可谓荆棘密布，每一步都是对理想信念甚至生死的考验。我们很难想象战火纷飞的年代，通往延安的路有多难？延安青年是怎样在革命斗争的洗礼中逐渐成长为坚强的无产阶级战士，尽自己能力报效祖国？贫瘠的土地，艰苦的环境，却孕育着战斗的集体，点燃着火热的生活，青年从全国走向延安，从延安走向全国，凝聚力、生命力的奥秘何在？

延安，对有理想有抱负的青年来说，乃是理想所在。青年是社会进步的上进力量，青年的命运，历来与祖国的前途、民族的兴衰息息相关；青年的发展，总是同所处时代的客观环境、历史背景紧密相连。延安时期青年理想信念教育的

---

① 雷俊等主编：《延安精神与大学生教育》，武汉：华中科技大学出版社 2005 年版，第 52 页。

社会背景主要是由三大要素构成的，一是国际环境，主要是由日本军国主义的疯狂侵略和扩张行为构成的险恶的外部条件；二是国内环境，即由国民党反动派严密的经济封锁和军事包围所构成的极度困难的内部条件；三是地域环境，也就是延安当地的政治、经济、文化、教育等因素构成的局部社会环境。

(一)延安时期青年理想信念教育的时代背景

中央红军在党中央和毛泽东的率领下，经过二万五千里长征，于1935年10月19日胜利到达陕北吴起镇(今吴旗县)，同年12月党中央进驻瓦窑堡(今子长县)，1936年7月移驻保安(今志丹县)，1937年1月进驻延安，1947年3月撤离延安，转战陕北，1948年3月东渡黄河，前往华北。党中央在延安和陕甘宁边区领导中国革命将近13年，这个时期统称为"延安时期"。在此期间，中国革命经历了从国内战争向民族战争的转变(1935年12月至1937年7月)，全面抗日战争(1937年7月至1945年8月)，全国解放战争的大部分时期(1945年8月至1948年3月)。这个时期的开始阶段国际政局存在着三种势力：以德、意、日为"轴心"的法西斯势力，以美、英、法为代表的西方帝国主义势力，以苏联为代表的反帝反法西斯的和平民主力量，这三种基本势力的对立和斗争日趋激烈。由于美、英、法等西方帝国主义国家对法西斯势力的妥协和怂恿，致使德、意、日侵略扩张的气焰甚嚣尘上，形成了东方和西方两个战争策源地。

1. 日本帝国主义的侵略扩张

日本发动侵略中国的战争，根源在于日本帝国主义的扩张要求和日本军国主义势力膨胀。自1868年明治维新开始，日本就制订了一个向外侵略扩张的计划，立足于用武力侵略和吞并朝鲜、中国等亚洲周边国家，这就是妄图称霸亚洲、征服全世界的"大陆政策"。1927年7月，日本首相田中义一在东方会议上向天皇呈送的密奏中披露了他们的征服战略计划，"惟欲征服支那，必先征服满蒙；如欲征服世界，必先征服支那，倘支那完全可被我国征服，则其他如小中亚细亚及印度南洋等，异服之民族必畏我敬我而降于我"，"掌握满蒙……乃是第一大关键也"。奏折还提出，"明治大帝遗策的第一期征服台湾，第二期征服朝鲜，均已实现"，"第三期是吞并满蒙、征服中国全土"①。

"九一八"事变后，日本帝国主义侵占我国东北，成立伪"满洲国"，攫取了东北许多权益。1935年加紧了在华侵略步伐，又制造了"华北事变"，阴谋策划华北五省自治，企图不损一兵一卒，得到华北五省。1935年6月，蒋介石政府和日本侵略者秘密签订了丧权辱国的《何梅协定》，这个协定有一个很重要的内容，就是同意成立一个"冀察政务委员会"，搞所谓"华北政权特殊化"，这样，继东北沦陷后，华北又成了日本的天下。同时，英、美帝国主义对中国抗战采取了两面政策，一方面援助国民党政府对日本的侵略进行一定程度的抵抗，以借中国的力量削弱日本，保护其在华利益，另一方面，对日本采取"绥靖"政策，企图借日本人之手消灭中国的革命力量。因而日本侵略者分南北两个战场大肆对华进攻，妄图很快灭亡中国。1937年"七七"事变，日本开始全面吞并中国的侵略行为，妄图变中国为其独占殖民地，中华民族危机空前严重，由国内战争向民族战争转变。特别是太平洋战争爆发后，日本为了把在中国的占领区变成其稳固的战略后方和兵站基地，集中侵华军主力向各抗日根据地进攻，对解放区进行疯狂的"扫荡"，实行烧光、杀光、抢光的"三光"政策，妄图摧毁解放区军民一切生存条件。

战争转嫁给中国人民的只能是灭顶之灾，日本野蛮侵略行为激起了全中国人民的觉醒，全国抗日救亡运动不断高涨。正是日本帝国主义对中国所进行的全方位的侵略和压迫，"造成了中国人对于帝国主义的仇恨，使中国人想一想，这究竟是怎么一回事，迫使中国人的革命精神发扬起来，从斗争中团结起来"②。可见，延安青年抗击列强的英勇斗争精神正是日本帝国主义者自身的侵略扩张行为所激发起来的，民族存亡的危机感正是这种伟大精神爆发的原

---

① 易显石等：《"九一八"事变史》，沈阳：辽宁人民出版社1981年版，第37页。
② 《毛泽东选集》第4卷，北京：人民出版社1991年版，第1484页。

动力。

2. 国民党的军事进攻和经济封锁

抗日战争进入战略相持阶段后，中国共产党坚持广泛发动群众，建立了大片的抗日根据地和抗日民主政权，严重威胁着日本侵略者的后方，迫使他们调整了对华政策，对国民党采取了"政治诱降为主，军事打击为辅"的方针，暂时停止了对国民党正面战场的战略进攻，逐渐地将其主要军事力量重点转向中国共产党领导的敌后抗日根据地，进行大规模"扫荡"、蚕食，全力对付中国共产党。从 1938 年 11 月到 1940 年底，日军仅在华北地区出动千人以上的大规模"扫荡"就有 109 次，使用兵力在 50 万人以上。日本侵华政策的改变，使得妥协空气弥漫开来，以蒋介石为代表的亲英美派，政策也随之变化，实行不要人民群众参加，单纯依靠政府和军队的片面抗战路线，采取消极抗日、积极反共的政策。1939 年 12 月至 1943 年 6 月，蒋介石先后发动了三次反共高潮。从 1939 年起，国民党仅在陕甘宁边区周围就陈兵 20 多万，修筑了由沟墙和9200 多座碉堡构成的 5 道封锁线，还有 20 多个飞机场，妄图困死根据地军民。从 1940 年冬起，国民党不但完全断绝了对中国共产党的抗日经费的接济，反而更加加紧了对中国共产党党中央所在地延安和陕甘宁边区的包围和经济封锁，给革命根据地造成了严重的困难，根据地军民几乎没有饭吃，没有衣穿。与此同时，国民党在政治思想上对共产党也发起了猖狂进攻。1939 年 1 月，国民党在重庆召开五届五中全会，通过了"限制异党活动办法"，公然宣扬"一个主义、一个政党、一个领袖"的反共宣传，把对付共产党作为重要议题，确定其政策的重点由对外转向对内，制定了"溶共""防共""限共""反共"的反动方针，并全面攻击毛泽东的新民主主义革命理论。会后，为换取日本的让步，巩固其统治地位，不仅大肆散布反共舆论，还频频制造反共摩擦事件，仅从1938 年 12 月至 1939 年 10 月，国民党先后制造摩擦事件 150 多起，大批中国共产党的干部、战士、革命群众被捕杀，全国团结抗战的局面出现严重危机。国民党还加紧开展对青年的反动的宣传教育，大量出版反动书报，大办军校、战干团、训练班等，集训青年，进行法西斯教育。1940 年 2 月 1 日，毛泽东在《向国民党的十点要求》中，严厉谴责国民党"近在西安附近有集中营之设，将西北、中原各省之进步青年七百余人拘系一处，施以精神与肉体之奴役，刑同囚犯，惨不忍闻"①。

在抗日战争的后期，美国政府的扶蒋反共政策上升到主导地位，美国支持蒋介石，帮助蒋介石"统一"全国，妄图变中国为它的附庸，这就加深了战后的中国内战危机。国民党召开的"六大"，奉行坚持独裁、准备内战的方针，并为抢夺抗战胜利果实作准备。蒋介石一面抢夺胜利果实，加紧进攻解放区，一面玩弄和谈阴谋，阶级矛盾上升为主要矛盾，由民族战争向国内战争转变。不难看出，摧毁国民党的使命感便是延安时期青年理想信念教育的催化剂。

3. 陕甘宁边区相对和平的地域环境和边区人民的革命传统

中共中央和中央红军到达吴起镇，陕北成为长征胜利的落脚点。正如毛泽东所指出的："陕北是两点，一个落脚点，一个出发点。"②这是对陕甘宁根据地历史地位和历史作用的高度概括。陕甘宁边区的前身是中国共产党领导下的陕甘边和陕北革命根据地。党中央在以延安为中心的陕北地区领导中国革命13 年之久，陕甘宁根据地是中国人民抗日战争的指挥中心和解放战争的总后方，绝大部分时间处于战略大后方，形势比较稳定，成为中国革命和全国抗战的稳定后方。

抗日民族统一战线初步形成后，国内战争基本停止，陕甘宁边区暂时脱离了以往险恶的斗争环境，尤其是到抗日战争的相持阶段，尽管国民党消极抗日，积极反共，先后两次调集武装部队对陕甘宁边区实行包围封锁，制造事端，以达到取消边区的目的。但是，由于中国共产党执行了有理有利有节的斗争原则。军事上，1935 年 11 月中央红军取得直罗镇战役的胜利，打破了国民

---

① 《毛泽东选集》第 2 卷，北京：人民出版社 1991 年版，第 723 页。
② 《毛泽东文集》第 3 卷，北京：人民出版社 1996 年版，第 297 页。

党对根据地的第三次"围剿";1936年1月至5月进行的东征,由彭德怀任总司令,毛泽东任总政委,采取稳扎稳打政策扩大了红军在陕北的力量。"红军扩大了新兵八千多人,筹款三十多万元,发展并壮大了红军和根据地的力量;在山西二十多个县开展群众工作,宣传党的抗日主张,建立一些抗日游击队和游击区,为以后开辟抗日根据地打下了基础。"①针对国民党对根据地新的进攻,1936年5月彭德怀率领部队开始西征,历时两个半月,开辟了横宽二百多公里的新区,陕甘边根据地发展为陕甘宁根据地,为迎接红二、四方面军北上打下了基础。政治上,1937年9月6日,陕甘宁边区政府成立,林伯渠任主席。陕甘宁边区拥有陕西、甘肃、宁夏的若干部分,下辖23个县约13万平方公里土地,150万人口。中共中央在边区进行了三次民主选举,使边区成为抗日民主模范建设区。针对广大农民认字不多的现实,采取了画杠法、画圈法、投豆法、投纸团法等生动鲜活的选举办法。中国共产党进一步提出在各抗日根据地建立"三三制"政权,即共产党员占三分之一,非党的左派进步人士占三分之一,中间派人士占三分之一。1941年边区第二次选举政府委员时,共产党员的数量超出"三三制"的要求,徐特立当即声明退出,由非共产党人士递补。组织上坚决保证参加政权的党外人士的职权,党与非党人士的相互信任在政策实际执行过程中不断加深。李维汉在《回忆与研究》中记述1944年中外记者团到延安的情况:"一个英国记者在谈话间问李鼎铭:'你是不是有职有权?'李鼎铭爽朗地笑着回答说:'我有职有权。'这位英国记者事后对我说:'李鼎铭副主席真正有职有权,他在回答我的问题时,面笑心也笑了'。"②陕甘宁边区的施政纲领与"三三制"把"所有各党各派无党无派的都看成一家人,同力合作,干抗战建国的事,自然就人人相信,人人相爱了"③。中国共产党

① 金冲及:《毛泽东传(1893—1949)》,北京:中央文献出版社1996年版,第384页。

② 李维汉:《回忆与研究》下册,北京:中共党史资料出版社1986年版,第523~524页。

③ 李维汉:《回忆与研究》下册,北京:中共党史资料出版社1986年版,第524页。

的坚决回击，迫使国民党不敢再挑起事端，使边区周围保持了相对稳定的和平环境，使得根据地军民能够在自己政权的领导下，集中力量从事经济建设，也就是开辟一条坚持在抗战中的自力更生的大道。这就使中共中央可以在比较安定的环境下坐下来总结中国革命斗争经验，深入调查中国实际情况，系统研究、商讨中国革命的一系列重大现实问题，认清了中国革命的历史特点和规律，认清中国革命阶段之间的正确关系，进而对新民主主义革命的一系列基本问题做出明确回答。史实证明，长期的相对和平环境，改变了在农村中长期分散的游击环境不利于进行政治教育的状况，为延安时期党对青年进行理想信念教育创造了有利的外部条件。同时，延安和边区人民在党的领导下，涌现出了以刘志丹、谢子长为代表的一大批优秀分子，他们组织革命武装，举行兵变和暴动，进行了轰轰烈烈的土地革命战争。边区人民在历次革命斗争中体现出的不畏强暴、不怕牺牲、英勇不屈的革命精神为延安青年理想信念教育奠定了良好思想基础。

4. 中国共产党的正确领导和延安重要的政治地位

中国共产党的延安时期(1935年10月至1948年3月)正处在第二次世界大战前后，国际国内形势异常复杂尖锐，民族矛盾和阶级矛盾交织。在这一历史背景下，党领导中国人民实现了由国内战争向民族战争的转变，而且胜利地领导了抗日战争和全国解放战争，取得了新民主主义革命的胜利。中国共产党肩负的革命任务、具备较高理论素养的中共领袖群体和陕甘宁革命根据地的巩固，为延安时期青年理想信念教育的顺利开展与推进提供了有利条件。

全面抗日战争爆发后，中国革命由国内革命战争转变为民族革命战争，国民党政府在空前严重的民族危机面前，鉴于自身统治面临的危机开始进行抵抗日本侵略的准备，但同时仍然没有完全放弃对日本的幻想，如希望把"七七"事变限制在"地方事件"的范围内等。总体来看，从"九一八"事变到"七七"事变，国民党政府对日本步步紧逼的侵华战争采取的基本上是一种妥协退让政策。"七七"事变后，对日本的进攻仍是若明若暗，或战或和举棋不定。面对这种复杂的局势，刚到陕北不久的党中央面对这种形势，科学地分析了中日战争双方的特点和民族矛盾与阶级矛盾的关系，一方面积极地进行抗日参战的准备，一方面努力促成蒋介石彻底转变政策，下定全国抗战的最后决心，把统一战线工作提上了议事日程。1935 年 12 月，党中央政治局在陕北瓦窑堡召开了为期 10 天的会议，科学地分析了时局的特点和阶级关系的新变化，提出建立抗日民族统一战线的总路线，"使全国人民有力出力，有钱出钱，有枪出枪，有知识出知识，不使一个爱国的中国人，不参加到反日的战线上去"①。

　　会后，为停止内战，中国共产党努力争取建立抗日民族统一战线，首先是争取南京国民政府停止内战。1936 年 8 月 25 日，中共中央公开发表《中国共产党致中国国民党书》，郑重地向国民党表示："我们愿意同你们结成一个坚固的革命的统一战线"，"只有国共的重新合作以及同全国各党各派各界的总合作，才能真正的救国图存"②。9 月 1 日，中共中央向全党发出《关于逼蒋抗日问题的指示》，明确指出："目前中国的主要敌人，是日帝，所以把日帝与蒋介石同等看待是错误的，'抗日反蒋'的口号，也是不适当的"，"我们的总方针，应是逼蒋抗日"③，在"逼蒋抗日"的方针指导下，毛泽东等 19 位红军将领致函蒋介石，提出停止内战、化敌为友、共同抗日的要求。其次是争取东北军和西北军停战。中共中央不仅发表了愿同东北军共同抗日主张的《致东北军全体将士书》，还专门成立了东北军工作委员会，对东北军和西北军这两支军队间的团结做了许多工作，达成局部停战协定，维护了团结抗战大局，在大西北形成了红军、东北军、西北军"三位一体"的抗日联盟，推动了抗日局面的有利发展。再次是和平解决西安事变。中国共产党以民族大义为重，多次真诚呼吁建立全民族的统一战线。国民党爱国将领张学良、杨虎城受到共产党抗日

---

① 《建党以来重要文献选编（1921~1949）》第 12 册，北京：中央文献出版社 2011 年版，第 536 页。

② 《建党以来重要文献选编（1921~1949）》第 13 册，北京：中央文献出版社 2011 年版，第 269 页。

③ 《建党以来重要文献选编（1921~1949）》第 13 册，北京：中央文献出版社 2011 年版，第 276 页。

民族统一战线政策的感召和人民抗日救亡运动的影响，采取军事行动扣留蒋介石，并通电全国，提出改组南京政府、停止一切内战等八项抗日救国主张。事变发生后，日本帝国主义企图挑起内战，南京政府中以汪精卫、何应钦为首的亲日派主张进攻西安，借机扩大事态，夺取蒋介石的权力，进一步对日妥协。中国共产党正确分析了形势，从民族利益出发，确定了和平解决西安事变的方针，派周恩来、秦邦宪、叶剑英到西安谈判，促蒋抗日，和平解决西安事变，粉碎了日本帝国主义和国民党亲日派的扩大内战阴谋。西安事变是党实行抗日民族统一战线政策和全国救亡运动蓬勃发展的结果。在此紧急关头，西安事变的发展可能有两种前途：一种前途是，杀掉蒋介石，导致全国更大规模内战的爆发，推迟全国抗战的实现。这是日本帝国主义和中国亲日派所欢迎的。一种前途是，迫使蒋介石接受我党"停止内战，一致抗日"的主张，释放蒋介石，使抗日民族统一战线早日形成，实现全国抗战。这是全国人民所希望的。根据这种分析，中国共产党以民族大义为重，不计宿仇旧怨，不计一党得失，尽管在过去的岁月里，共产党同国民党有 10 年的血战历史，但为了民族的利益，为了拯救中华民族的危亡，中国共产党仍以豁达大度的胸怀，使事变得到和平解决，结束了十年内战，成为国内革命战争走向抗日战争的转折点，国内和平基本实现。

正确地分析形势是确定正确路线和政策的基本依据和出发点。在这种复杂的斗争形势下，党中央坚持马克思主义与中国实际相结合的原则，保持了清醒的头脑，一方面利用英、美与日本之间的矛盾，联合英、美抗日；同时又坚决反对英、美牺牲中国的"东方慕尼黑"阴谋。另一方面，利用蒋介石政权和日本之间的矛盾，竭力联合蒋介石抗日；同时又坚决反对蒋介石对内反人民并对日本妥协投降的阴谋，及时给全国人民指明方向，提出了统一战线的政策，实现了全民族抗战。为了实现全民族抗战，1937 年 8 月，中共中央在陕北洛川召开政治局扩大会议，正确制定了党的全面抗战路线，反对国民党的片面抗战路线，制定了持久抗战的战略方针，决定党的工作重心放在战区和敌后，放手发动群众，进行独立自主的游击战争，创建抗日根据地，一方面牵制消耗敌人，配合国民党军正面作战，进行战略支援，另一方面，放手发动群众，壮大人民抗日的武装力量，使党领导的八路军、新四军成为抗日战争的中流砥柱，从而为党和全国人民指出了争取抗战胜利的根本途径。

列宁指出："革命理论并不是谁臆想出来的东西，它是从世界各国的革命经验和革命思想的总和中产生出来的。"①有了丰富的经验就容易加深对马克思主义的理解，同时还可以将这些经验作理论上的概括，以指导工作。全面抗日战争爆发后，中国共产党从实现民族解放的大局利益出发，团结、组织、宣传和动员各族各界青年加入到抗日救国运动之中，提出对一切爱国青年，相信共产主义的也好，不相信共产主义的也好，只要愿意抗日救国，就和他们亲密团结，共同奋斗。中国共产党人通过实践认识了中国革命的规律，集中力量从事理论研究和著述，把全党的思想理论水平提高到一个新的能够达到理论升华的高度，完成了把中国革命理论系统化的任务，使党在思想上、政治上、组织上日臻成熟，有力地促进了深入群众、调查研究、理论联系实际、实事求是、批评与自我批评、自力更生、艰苦奋斗的革命精神在整个延安和陕甘宁边区开花结果。毛泽东针对国民党内部的妥协倾向指出，日本对华的基本方针就是建立所谓的"东亚新秩序"，也就是灭亡中国，把中国变为它的附属地、殖民地。国民党以为靠对日妥协而不经过持久战就可以让日本让步，那只能是幻想。在亡国的紧急关头，中国共产党向国民党大声疾呼："立即停止内战，组织全国的抗日统一战线，发动神圣的民族自卫战争，抵抗日本帝国主义的进攻，保卫及恢复中国的领土主权，拯救全国人民于水深火热之中。"②在错综复杂的革命环境中，我们党对中国革命的许多重大问题做出科学的回答，提出了反对帝国主义的纲领，并从各个方面开展了一系列艰苦细致的统一战线工作，迎来了全国齐力奋起、抗击日本帝国主义的新局面。

国共两党的两种抗战主张、两个战场胜败兴衰的不争事实，使青年们受到

---

① 《列宁全集》第 21 卷，北京：人民出版社 1959 年版，第 332 页。

② 中央档案馆：《中共中央文件选集》第 11 册，北京：中共中央党校出版社 1991 年版，第 77 页。

最实际最深刻的教育，看到了抗日救国的希望所在，于是，他们在小米和大米之间，选择了小米；在延安和西安之间，选择了延安。中国共产党帮助青年从爱国觉悟提高到阶级觉悟。许多爱国青年开始时，他们感到帝国主义侵略中国，威胁着中华民族的存亡，所以他们起来反帝爱国。后来经过党的教育，参加了民族解放的斗争，在斗争中逐步认识到帝国主义和封建主义是相互勾结的，是压在中国人民身上的两座大山，要反对帝国主义也必须要反对封建主义。从而，延安青年思想转向积极、正确的一面，走向革命道路，命运也随之焕然一新。

(二)延安时期青年理想信念教育的现实基础

延安时期，青年对中国共产党信仰的马克思主义并无太多了解，但他们相信中国共产党是坚持抗战，实行民主的，如何让他们自觉信仰马克思主义真理，坚定信仰，坚信抗战必然胜利，使青年相信中国的未来，是中国共产党根据延安青年的实际需求亟须解决的现实问题。我们党以高度的革命精神、科学态度和理论勇气，在领导中国革命的实践过程中，全面总结了中国革命的独创性经验，提出了符合中国国情的理论原则，形成了关于中国革命的正确理论。

1. 形成了具有中国特色的新民主主义革命的完整理论

新民主主义的革命就是在无产阶级领导之下的人民大众的反帝反封建的革命。这条总路线，正确解决了中国新民主主义革命的领导、动力、对象和任务等基本问题。中国新民主主义革命的领导者，是俄国十月革命和中国五四运动以后迅速成长起来的中国无产阶级及其政党；革命的动力，包括了工人、农民、城市小资产阶级、民族资产阶级几个阶级，其中，基本的力量是工农群众，特别是广大农民；革命的主要对象或主要敌人，是帝国主义和封建主义，打击这两个敌人，进行对外推翻帝国主义压迫的民族革命和对内推翻封建主义压迫的民主革命，是中国新民主主义革命的两大基本任务，而这乃是一个全世界共产主义者所没遇到过的任务，我党据此提出了中国革命的第一步是无产阶级社会主义革命，开创了中国特色的革命道路，为中国革命胜利指引前进的方向，表明新民主主义理论达到成熟。

2. 形成了建设革命军队的原则和人民战争的战略战术

"没有一个人民的军队，便没有人民的一切。"所以，建设人民军队，进行人民战争，是中国革命胜利的主要武器。中国共产党总结了中国革命战争的经验，创造了适合中国国情的关于人民军队、人民战争及其战略战术的理论原则。主要包括：提出了一整套人民军队建设的理论原则，成功地解决了把以农民为主要成分的军队，建设成为一支无产阶级性质的、具有严格纪律的、同人民群众保持密切联系的新型人民军队的问题，包括坚持党对军队的绝对领导的原则；把全心全意为人民服务作为人民军队的唯一宗旨；执行战斗队、生产队、工作队三大任务；政治工作是人民军队的生命线和官兵一致、军民一致的基本原则，提出了在共产党领导下进行人民战争的思想，包括充分发动和依靠人民群众进行战争的路线，建立巩固的农村革命根据地的理论等，提出了适合中国特色的人民战争的战略战术。

3. 形成了加强党的建设的理论和党的优良作风

中国共产党人把马列主义关于无产阶级政党建设的理论同中国共产党建设的实践相结合，形成了切合中国实际的党的建设理论，创造性地发展了马列主义的建党学说。主要包括：提出了着重从思想上建党的原则，十分注重和加强党性锻炼和修养。刘少奇指出："我们党的建设中最主要的问题，首先就是思想建设问题，就是以马克思列宁主义——无产阶级的科学思想去教育与改造我们的党员、特别是小资产阶级革命分子的问题，就是党内各种非无产阶级思想进行斗争并加以克服的问题。"①提出了注重党的政治、组织和作风建设的理论，包括保持坚定正确的政治方向，坚持民主集中制，发扬理论联系实际、密

———————

① 《刘少奇选集》上卷，北京：人民出版社1981年版，第327页。

切联系群众、批评与自我批评三大优良作风等。

4. 形成了具有中国风格的政策和策略的理论

政策和策略的理论是马克思主义政治策略在中国的创造性运用和发展，是具有中国风格的科学思想武器。主要包括：提出了对敌斗争的策略原则，包括战略上藐视敌人和战术上重视敌人；对敌人要区别对待，分化瓦解，实行利用矛盾、争取多数、反对少数、各个击破的策略，坚持有理有利有节的原则；在反动统治区把合法斗争与非法斗争结合起来等，提出了统一战线的政策和策略，包括统一战线是中国革命胜利的一大法宝的理论等。

5. 形成了毛泽东思想的活的灵魂

毛泽东思想的活的灵魂，是贯穿于党的科学理论中的立场、观点和方法，是马克思主义的立场、观点和方法在中国的具体化。它主要体现在三个方面，即实事求是、群众路线、独立自主。实事求是就是从实际出发，理论联系实际，把马克思主义普遍原理同中国革命具体实践相结合；群众路线就是一切为了群众，一切依靠群众，从群众中来到群众中去；独立自主是从中国实际出发，依靠群众进行革命和建设。

延安时期还翻译出版了大量马列主义著作，为全党学习革命理论和著书立说提供了丰富的资料，大大推动了全党学习研究马列主义热潮，提高了党的理论水平，这些都为延安时期青年理想信念教育作了充分的理论上的准备。

三、延安时期青年理想信念教育的重要作用

火热的青春，需要坚定的理想信念。理想信念，它既决定着主体精神的价值取向，又规定着主体精神的本质属性，如果是建立在科学认识的基础之上，就会变得坚不可摧，成为人们战胜一切困难取得胜利的法宝。当年，美国记者斯蒂尔访问延安，事后感慨万千："延安，真是个可怕的地方！""真的，

我要是在延安住上 10 天,那我一定也将变成为一个共产主义者!"中国革命之所以能够从小到大、由弱变强,从失败走向胜利,最终夺取全国政权,很重要的一点,就是无论战斗如何频繁、条件如何艰苦、环境如何险恶,都坚持用马克思主义这一真理教育和启迪青年逐步认识自身的历史地位和责任,树立远大理想,从而造就一大批青年革命者冲锋陷阵、前赴后继,日益自觉地投身到中国革命的洪流之中。

(一)提高延安青年的政治素质,坚定了人生方向

没有革命的理论,就不会有革命的行动。习近平总书记强调,理想信念的确立,是一种理性的选择,而不是一时的冲动,光有朴素的感情是远远不够的,还必须有深厚的理论信仰作为支撑,否则一有风吹草动就会发生动摇。① 延安时期党对青年的理想信念教育首先解决的一个重大课题,即宣传马克思主义,引导延安青年做什么人,在青年中牢固树立坚定的革命信念,牢固树立为社会主义和共产主义奋斗终生的崇高理想,提升他们的政治觉悟,为延安青年能力发挥提供精神动力,让他们更加坚定阶级立场,明确奋斗方向,从自为转变为自觉,从为个人的生存而斗争转变为阶级和人民大众的利益而斗争,从而不避艰险,视死如归,树立坚定的马克思主义信念,筑起一道坚不可摧的精神长城。

1928 年李介夫从广州老家迫于生计去南洋,"七七"卢沟桥事变爆发后,看到了中国共产党在祖国大地上高举抗日的大旗,领导全国人民为拯救危难的中华民族和日寇浴血奋战,心中充满了敬仰之情。他和几个青年人商量:华侨都是黄帝子孙,亡国是全体中国人的奇耻大辱。我们不能在南洋苟且偷生,为了抗日救国,我们要回国去! 到延安跟共产党打鬼子去! 后来他在回忆"陕北公学"学习和生活时,写道:我们这批从海外回来的青年,有的过去生活在有万贯家财的家庭中,过着舒适安逸的生活,但是,在陕北公学学习,我们能够

---

① 习近平:《学习马克思主义基本理论是共产党人的必修课》,《求知》2019 年 12 月,第 4~8 页。

和国内的青年一道，住窑洞、吃小米，过着艰苦的生活，坚持学习下来，并逐步成为坚强的抗日战士。这是为什么呢？他认为，高昂的爱国热情固然是一种动力，但最主要的恐怕还是在学校受到了党的教育，学员们逐渐树立了一个为民族解放、为共产主义事业献身的思想。他们在笔记本的扉页，工工整整抄录了毛泽东1937年10月为纪念陕北公学成立与开学的题词，将其作为行动的指南。毛主席在题词中写道："要造就一大批人，这些人是革命的先锋队。这些人具有政治远见。这些人充满着斗争精神和牺牲精神。这些人是胸怀坦白的，忠诚的，积极的，与正直的。这些人不谋私利，唯一的为着民族与社会的解放。这些人不怕困难，在困难面前总是坚定的，勇敢向前的。这些人不是狂妄分子，也不是风头主义者，而是脚踏实地富于实际精神的人们，中国要有一大群这样的先锋分子，中国革命的任务就能够顺利的解决。"①当时陕北公学就是严格按照这种精神教育学员、要求学员的。广大学员也自觉地朝着这个方向努力，认真、刻苦地改造自己的思想，树立无产阶级的世界观、人生观，因而脑子里也就很少去考虑什么生活享受和个人、家庭的幸福，而是一心想着怎样早日赶走日本帝国主义，建立新中国，让全国人民都过上幸福的生活。正由于有这一种强大的精神力量，什么样的困难也就不在话下了。②

如何把青年的满腔抗日爱国热情引导升华到在科学理论指导下的信念层面上来，中国共产党及时给广大青年指明了方向。毛泽东指出："首先是学一个政治方向。"③延安时期党对青年进行的理想信念教育极大地提高了广大青年的政治素质，使他们懂得了真正代表广大劳动人民利益、代表着中华民族希望的是中国共产党，要推翻旧社会建立新中国，就只有永远跟着中国共产党干革命。他们在方向道路的选择上，永远与祖国和人民同行，关心国家和民族命运，决心为共产主义事业、为人类解放事业而奋斗。1939年，面对国民党由消极抗战变为积极反共，开始准备掀起反共高潮，阴谋策划进攻陕甘宁边区带

---

① 《毛泽东年谱(1893~1949)》中卷，北京：中央文献出版社2013年版，第34页。
② 文思：《回国抗战 奔赴延安》，北京：中国文史出版社2005年版，第93页。
③ 《毛泽东文集》第2卷，北京：人民出版社1993年版，第116页。

来的形势与任务的重大变化，党中央决定陕北公学分校学生结业，学员开赴前线，投入战斗。在全校动员大会后，一位学员有只旧皮箱，舍不得扔了，但又没办法带走。于是，他便从箱子上割了一块下来，放进背包里。别人问这是为什么，他深情地说："这箱子是我来延安时未婚妻送的，她再三叮嘱我毕业后回去结婚。但我不能为了爱情离开革命，我要在爱情的鼓舞下去战斗，就是牺牲了也值得！"这说明当时的青年人能够正确处理爱情与革命、家庭与革命的关系，在个人利益与革命利益发生冲突时，能够毫不犹豫地牺牲个人的利益。来自全国各地乃至海外的青年们，他们在鲜艳的红旗指引下，充分理解和把握了党在延安时期的政治路线、指导思想和奋斗目标，搞清和弄懂了党在现阶段的总路线总任务是什么，在延安找到了革命的真理，懂得了抗日救国的道理和方法，找到了战斗的武器，增强了革命的自觉性，激发了革命热情，怀着一颗甘洒热血为人民的红心，以一种"砍头不要紧，只要主义真"的英雄气概和以苦为乐的无产阶级的乐观情怀，或驰骋疆场，或宣传抗日，将自己无私地奉献给民族解放和人民解放的伟大事业。

（二）引导延安青年走向革命，增强了使命担当

延安时期，中国共产党已经深刻地认识到，共产主义远大理想的实现，必须与现实的革命斗争紧密结合起来。要真正取得抗战的胜利，就必须从抗战中教育培养出无数忠实于民族解放和社会解放的优秀分子，站在全国人民的前面，把中华民族解放的伟大事业，扛在自己的肩上。因此，在对历史规律的深刻把握上，我们党根据革命事业的需要，从中国的实际环境出发，引导青年将革命的理想与革命的实践联系起来，不能空洞地抽象地研究干枯的条文，而要积极投身于争取民族解放、实现民主政治、改善人民生活的伟大事业中，坚定不移为实现既定目标而奋斗，才不至于使理想成为空想。

一是大范围地宣传党的方针政策，鼓励青年投身革命运动。"国家不可一日无青年，青年不可一日不觉醒"，这是李大钊在《晨钟》创刊上写下的话，人之伟大在于能够醒悟人生价值和意义。1938年，安吴青训班动员了五百人到

华北敌人后方去，经过报名、编队，整备行装，24 小时后，他们便在"别了别了同学们，我们再见在前线"的歌声中出发了。1938 年到 1939 年初，安吴青训班还先后组织了七个战地工作团，每团包括三十几个男女青年，大的不过 24 岁，小的仅 14 岁，他们背着行李包和工作用具，奔向紧张的战区，到实际斗争中去学习。① 延安青年在党的号召下，纷纷走上抗战前线，奔赴敌后抗日根据地，像种子一样在人民群众中开花结果，献身于中国人民的解放事业。

二是进行抗日民族统一战线的教育，给青年以抗战所需的知识技能。战争不仅仅是政治的、军事的较量，同时也是经济的、文化的较量。我们党多方面地解释我们在民族解放战争中的胜利前途以及争取实现胜利所必需的政策，紧紧围绕着如何建立巩固抗日民族统一战线，取得抗日战争胜利这一中心工作展开，充实民族统一战线，坚持抗战到底，使青年们明确抗日民族统一战线的理论与事实根据，了解抗日民族统一战线的发生、发展和形成过程，研究组织抗日民族统一战线的民众运动的政策和方法，大范围地宣传党的方针政策。同时，根据地青年踊跃学习军事技能，在党的号召下，纷纷走上了抗战前线，为坚持抗战、巩固根据地而斗争。1938 年，朱德同志说，只要当地有抗日武装，青年就在里面起了极大的作用，越是战斗激烈的地方，青年越是积极。这就很生动地说明了青年在武装斗争中的作用。延安青年在党的正确引导下意识到国家发展前途和个人责任息息相关，认识到必须将个人奋斗目标与国家、民族的奋斗目标相统一；必须把远大理想和现实目标相结合，历史必然性和发展阶段相统一，心怀"国之大者"，敢于担当。我们党对延安青年的理想信念教育进一步坚定了青年参与抗战的决心，增强了青年的使命担当，并最终成长为符合中国革命事业需要的合格人才。

（三）教育延安青年树立人民观，凝聚磅礴力量

走群众路线，与工农相结合，一直是我们党坚持的原则，既体现了人民群

---

① 《战火中的青年干校——安吴青训班》，《青运史研究》1981 年第 2 期。

众是历史的真正创造者这个历史唯物主义的根本原理，也指明了青年唯一正确的方向和道路。理想信念既需要人的思想观念的升华，也需要社会环境的影响和引导，中国共产党鼓励青年置身于工农中间，使青年学到了许多书本上无法学到的东西，使青年真正认识到劳动创造世界这一平凡的真理，产生对劳动人民的阶级感情，尤其是参加集体劳动，更可以使他们感到只有集体力量才是伟大的。他们认识了社会、认识了工农，从而也开始真正认识自己。他们从延安看到了旧中国其他地方看不到的完全彻底为人民服务的一片忠心，从延安的共产党人身上看到了中国的希望，就连美国纽约《先驱论坛报》记者斯蒂尔也说，在延安访问中最使他感动的"是我体味到共产党人常常说的'为人民服务'，在延安所亲见的各种具体事实，我认为这是货真价实的"①。一位青年也这样记录下自己的心迹："以前对农民抱着轻视怀疑的心理，以为他们愚笨，到农村去了，才懂得了农民。他们虽然不知道什么叫帝国主义，什么叫经济侵略，然而，他们受到了实际生活的痛苦，生存上致命的迫害。他们所需要解决的不是空洞的爱国教育，而是切实的土地问题、捐税问题等。他们一年到头的劳动成果都交给了地主和官吏，自己还不能一饱，何况手无寸铁，怎么去打日本呢?"青年们通过自己的所见所闻，深深地思考，渐渐地，他们认识到，要真正挽救危亡，仅仅有爱国心是不够的，而应当为被压迫被剥削的阶级而奋斗，开始认识到民族革命的力量蕴藏在工农群众之中，抗日救国必须和工农反帝和反封建的任务相结合，思想情感的转变缩短了青年与工农之间的距离，从而不论在思想情感上还是社会认识上都发生了巨大的飞跃。为此，青年们在党的指导下，克服了各种非无产阶级思想，以群众史观的科学态度、马克思主义人民观的价值追求，确立人民至上的根本立场，真正弄清自己的奋斗是为了谁、依靠谁，真正意识到如果不与工农群众结合，是不会有什么前途的，只有决心和工农结合，他们才能真正成为坚强的无产阶级战士，才能真正与整个民族和人民同呼吸，共命运，能扎根于群众之中成为革命斗争的骨干力量。对此，毛泽

---

① http://dangshi.people.com.cn/n/2015/0902/c85037-27540029.html.

东曾经赞扬道："延安的青年们是团结的，是统一的"，"而且和工农群众相结合"，"他们真是抗日救国的先锋"①。

青年正在走向成熟而又未完全成熟；青年积极向上，憧憬未来，但又怀有不切实际的幻想；青年情感丰富饱满，但有时又很幼稚；青年正在奠定世界观，但仍有很大的可塑性；青年身心迅速发展，打乱旧的平衡，失衡状态中的青年依然存在着消极的不稳定因素。只有经过长期的革命斗争的教育和痛苦的革命锻炼，才能把青年造就成真正的革命者和共产主义的战士。奋斗是青春最亮丽的底色，行动是青年最有效的磨砺。在党和老一辈革命家的教育和关怀下，在崇高革命理想的激励下，延安广大青年被培养成一批又一批的革命干部，投身到抗日斗争的各条战线上去。他们有的加入八路军、新四军，有的到敌后各抗日根据地同日寇和国民党展开顽强的斗争，有的到沦陷区或国民党统治区进行艰苦的地下斗争。这一批革命青年，经过延安学习和长期的斗争锻炼与考验，逐渐成长起来了。

---

① 《毛泽东选集》第2卷，北京：人民出版社1991年版，第568页。

第二章
延安时期青年理想信念教育的形成和发展

青年是人的一生中生命最旺盛时期，也是人的一生中最美好的阶段；同青春相伴的青年，是整个社会最活跃的、最具有生气的一代，是人类社会发展和社会前进的希望之光。教育青年和团结青年，持续为党输送健康有活力的新鲜血液，这是我们党在百年风雨中永葆生机活力的关键所在。正如习近平总书记在庆祝中国共产党成立 100 周年大会上所指出的："未来属于青年，希望寄予青年。一百年前，一群新青年高举马克思主义思想火炬，在风雨如晦的中国苦苦探寻民族复兴的前途。一百年来，在中国共产党的旗帜下，一代代中国青年把青春奋斗融入党和人民事业，成为实现中华民族伟大复兴的先锋力量。新时代的中国青年要以实现中华民族伟大复兴为己任，增强做中国人的志气、骨气、底气，不负时代，不负韶华，不负党和人民的殷切期望！"①民族的进步，根植于青年们的努力；国家的未来，寄希望于青年们的力量。在革命、建设、改革的各个历史时期，我们党坚持"用党的科学理论武装青年，用党的初心使命感召青年，用党的光辉旗帜指引青年，用党的优良作风塑造青年"②，把用心用情用力做好青年的理想信念教育工作，作为推进党和人民事业发展、追求国家和民族伟大进步的重要法宝。

一、党的创立和大革命时期青年理想信念教育的探索与起步

近代以来，中华民族遭受了前所未有的磨难，一大批有识之士为中国的前

---

① 《习近平谈治国理政》第 4 卷，北京：外文出版社 2022 年版，第 14 页。
② 《习近平谈治国理政》第 4 卷，北京：外文出版社 2022 年版，第 274 页。

途和命运，进行了数十年的艰苦求索，付出了流血和牺牲，但终因没有无产阶级及其政党的正确领导，而归于失败。

我们党始终把青年工作作为党的一项极为重要的工作，十分珍视青年在革命和建设事业中的作用。在这雄壮的历史画卷上，对于如何团结青年，从思想上教育青年，把青年培养成有理想、有道德、有文化、有纪律的新人，乃是摆在全党面前的一项极其艰巨而又伟大的紧迫任务。

（一）党创立时期青年理想信念教育的实践探索

山河破碎，时局维艰，激发了无数中华热血青年救亡图存的爱国热情。先进青年知识分子以"改造中国与世界"为己任，他们突破中国封建思想的束缚，在帝国主义、封建主义、官僚资本主义"三座大山"的沉重压迫下努力探索救国救民真理，最终找到了马克思主义新曙光，创造性地开辟了一条马克思主义中国化的救国道路。

1. 新文化运动促进青年的新觉醒

五四运动为中国共产党的诞生，作好了思想上、组织上的准备。然而，作为五四运动前奏的新文化运动，也有其不可忽视的作用。它是对几千年来的封建思想、传统文化和政治体制发动的公开宣战，是一场反帝反封建的运动。它用民族自主的思想，唤醒了一大批进步青年和先进分子，使青年清醒地认识到，青年需有"独立自主之人格"[1]，"一切操行，一切权利，一切信仰，唯有听命各自固有之智能，断无盲从隶属他人之理"[2]。同时，它还鼓动青年必须首先从思想上获得解放，崇尚民主与科学。这些使青年一代受到了启发，他们纷纷起来反对统治中国几千年之久的封建思想，这也为中国接受俄国十月革命，接受和传播马克思主义，发动五四运动，从思想和组织上准备了条件。因

---

[1]　《陈独秀文集》第 1 卷，北京：人民出版社 2013 年版，第 91 页。
[2]　《陈独秀文集》第 1 卷，北京：人民出版社 2013 年版，第 91 页。

而，新文化运动是一次青年的思想解放运动，也是一次较大规模的青年思想教育运动。

但是，由于新文化运动的领导人，大部分都是受资产阶级民主思想影响的激进民主主义者，因而产生一些不可克服的盲目性、自发性、不彻底性以及小资产阶级民主主义者的狭隘的功利主义思想，没有也不可能同工农大众结合在一起，从而形成广泛而深厚的群众基础。这也决定了新文化运动不可能从根本上调动青年的积极性，去最终冲垮旧思想、旧文化、旧道德、旧习俗对人们思想和行动的束缚。

2. 马克思主义在中国的传播为青年理想信念教育奠定了理论基础

1919 年中国在巴黎和会上的外交失败，如一根导火索，引发了五四运动。5 月 4 日，3000 余名北京学生走上街头进行救国示威游行，高喊着"外争国权，内惩国贼""废除 21 条""还我青岛"等口号。但是，学生的示威游行很快就遭到了北洋军阀政府的镇压，仅 5 月 4 日当天，许德珩等 23 人被捕，北大校长蔡元培被迫出走。至 6 月 4 日，被捕学生有 700 余人，并被监禁在北大二院、三院的临时监狱。就在学生运动遭到镇压面临失败的关键时刻，全国人民行动起来了。6 月 5 日起，上海工人举行声援学生运动的大罢工，租界内的生产活动几乎瘫痪，帝国主义在华利益受到威胁。随后，引发的罢课、罢工、罢市事件迅速蔓延至全国，扩大到 20 多个省区、100 多座城市。就这样，五四运动从青年知识分子群体发展成工人阶级、小资产阶级和民族资产阶级共同参与的全国规模的群众运动，运动中心由北京转至上海，斗争的主力从学生逐渐转变为工人。最终，北洋政府迫于压力而释放了全部扣押的学生，宣布罢免亲日官僚，中国代表最终没有出席巴黎和约签字仪式。

五四运动是中国革命史上具有划时代意义的大事件，标志着中国新民主主义革命的开端。中国青年在五四运动的伟大实践中，深刻认识到无产阶级是改造中国的伟大力量，认识到只有在无产阶级先进政党的领导下，中国青年才能真正团结在一起，完成救国救民的伟大历史任务。

　　五四运动的爆发，使关心祖国命运和前途的仁人志士逐步看清帝国主义列强分赃和大国操纵国际事务的行径，也是社会主义思想在中国进一步传播的诱因。李大钊率先扛起了宣传马克思主义的大旗。1919 年，《新青年》第六卷第五号、第六号连续刊发了李大钊的《我的马克思主义观》，该文对马克思主义作了系统而全面的介绍，被誉为中国马克思主义的宣言书。当时中国的重要报刊，刊登了大量关于马克思主义的文章和著作。其后，陈独秀、李大钊创办的《每周评论》，用通俗易懂的语言，向工人阶级传播马克思主义，启发他们的思想。在地方，由湖南学生运动领导人毛泽东创办的，以传播新思潮、宣传和启迪民众思想为主旨的《湘江评论》，被李大钊认为是全国最有分量、见解最深的刊物。一大批先进青年知识分子，如周恩来、邓中夏、蔡和森、瞿秋白、何叔衡、李达、张太雷等，在五四运动的影响下接受了马克思主义，走上了无产阶级革命道路。同时，越来越多的青年及群众开始相信马克思主义能给旧中国带来新希望，纷纷聚集到马克思主义所提倡的社会主义旗帜下，坚定了马克思主义才能挽救中国的信念。

　　五四运动的胜利揭示了青年群体在推进中国革命演变中发挥的重要桥梁作用。青年人接受新事物快、探索未知劲头足、主体参与意识强，一批又一批党的杰出人才都是在青年时期就满怀信仰和豪情地加入党组织，并为党和人民的事业奋斗终生。中国共产党更是把对青年的理想信念教育作为一项经常性的任务紧紧抓在手上，把它放到重要的位置上。

　　五四运动使得广大青年的思想获得空前的解放和受到深刻的教育，马列主义也因此在中国迅速传播开来。相对于早期新文化运动，它是一次质的飞跃。首先，在青年理想信念教育问题上，强调宣传马列主义和俄国十月革命的经验，对中国传统的思想、政治制度等进行彻底批判和改造。已经初步接受了马列主义的先进分子如李大钊、陈独秀、毛泽东、周恩来等，担负起了宣传马列主义、教育青年的重任，主办了《新青年》《每周评论》《湘江评论》《觉悟》等刊物，撰写了大量文章，向广大青年传播马克思主义的唯物史观、政治经济学、科学社会主义，并号召有觉悟的青年同非马克思主义者进行尖锐斗争。一时间，不少青年投向马克思主义的学习之中，思想观念、阶级立场逐渐向无产阶级世界观转变。五四运动是继早期新文化运动以来的全面、彻底的思想解放运动，同时也是一次以青年为主要参加者反抗外来侵略和北洋军阀统治的爱国民主运动，是民族解放的先声。

五四运动后的一个时期内，一部分先进的知识分子和粗具共产主义觉悟的青年运动领袖，开始把马克思主义与中国实践相结合，在全国各地相继建立起青年团组织和党的组织。在这一时期，青年理想信念教育已经从单纯的新文化运动，向以马列主义、社会主义的教育为主体的方面转变，并使马列主义从理论的宣传走向革命的具体实践，把广大青年从狭隘的民族主义、小农意识的圈子里解放出来。青年们去欧洲勤工俭学，去苏联直接参加革命斗争和建设，此举为后来的革命事业培养、输送了大批新生力量。同时，先进的知识分子把反对殖民统治、封建军阀、资产阶级买办的斗争和每一个青年自身的命运、利益紧密结合起来，教育青年把力量集中起来反对三座大山，这就把宣传教育有机融合在青年切身利益相关的实践中去了，从根本上激发了青年巨大的革命热情和无畏的牺牲精神，为最终动员青年参加党所领导的民族解放事业，积蓄了坚实可靠的后辈力量。

3. 中国共产党的成立为青年理想信念教育奠定了组织基础

1921 年，中国共产党诞生了。中国有了共产党，中国革命的面貌就为之一新，中国青年的命运从此也发生了深刻的变化。正如习近平总书记在纪念五四运动 100 周年大会上所说：“中国共产党自成立之日起，就始终把青年工作作为党的一项极为重要的工作。”[①]

中国共产党成立后，进一步加强马克思主义的宣传教育，并注重在青年中积极推进建党理论、党的纲领和宗旨教育。陈独秀主持制定的《中国共产党宣言》指出：“共产主义者主张将生产工具——机器工厂，原料，土地，交通机

---

① 《十九大以来重要文献选编》中，北京：中央文献出版社 2021 年版，第 33 页。

关等——收归社会共有，社会共用。要是生产工具收归共有共用了，私有财产和赁银制度就自然跟着消灭。"①为了实现共产主义理想，"共产党的任务是要组织和集中这阶级斗争势力，使那攻打资本主义势力日增雄厚，这一定要向工人、农民、兵士、水手和学生宣传，才成功"②。

年轻的中国共产党一经诞生，就高高举起无产阶级革命的马克思主义旗帜，中国革命从此有了正确的前进方向。这是一面全民族反帝反封建的革命旗帜，也是中国近代以来最具吸引力、战斗力的旗帜，让中国人民有了强大的凝聚力量。这面旗帜唤醒了中国劳苦大众，而这其中文化程度相对较高、思想相对活跃的有志青年，在党的领导下，逐渐正确认识到了中国革命的真正性质和发展方向，找到了改变中国命运的伟大力量——无产阶级，踏上了在中国共产党领导下的正确方向的青年运动新征程。他们的奋斗终于同历史的发展潮流融为一体，同最广大人民的革命斗争融为一体，成为中国无产阶级和广大劳苦群众为获得解放而进行斗争的一部分。中国共产党成为青年探索、奋斗的主心骨。

习近平总书记指出："青春力量一经觉醒，先进思想一经传播，中华大地便迅速呈现出轰轰烈烈的革命新气象。"③建党初期，我们党对青年的理想信念教育，已经开始有意识地运用马列主义作为教育的指导思想，把思想教育同民族命运、国家的前途以及科学文化的兴盛等紧密结合起来，在相当程度上提高了青年的思想认识和觉悟，以及自觉的斗争精神。社会主义青年团(以下简称"青年团")"一大"会议的召开，标志着中国青年运动进入一个新阶段，这一时期的青年理想信念教育，主要是通过青年团来完成的。团组织为青年组织起俱乐部、夜校、讲演会等，通过丰富多彩的形式开展思想教育，从而使这项工作呈现出较为明确的目的性、自觉性、有计划性等特点，克服了早期新文化运动时期的盲目

---

① 《建党以来重要文献选编(1921~1949)》第 1 册，北京：中央文献出版社 2011 年版，第 485~486 页。

② 中国社会科学院现代研究室、中国革命博物馆党史研究室：《"一大"前后》(一)，北京：人民出版社 1980 年版，第 2~3 页。

③ 《在庆祝中国共产主义青年团成立 100 周年大会上的讲话》，《人民日报》2022 年 5 月 11 日，第 2 版。

性、无组织性和无计划性等弱点，向着系统化、科学化方面迈开了第一步。

（二）大革命时期青年理想信念教育的开端

1924 年 5 月至 1927 年 4 月，以国共合作为基础的反对北洋军阀统治的国民革命战争席卷全国。这一时期，国共合作统一战线第一次形成，统一战线如一根精神纽带将中国人民紧紧团结起来，向着北洋军阀反动统治、向着帝国主义侵略势力发起了猛烈冲击。中国共产党以统一战线的组织形式积极宣传党的纲领，开展工农运动，并在青年理想信念教育上作了大量有益尝试，积累了宝贵的思想教育经验。

1. 以建立革命统一战线为中心内容的理想信念教育

1923 年 6 月，党的"三大"决定共产党员以个人身份加入国民党，以此促成国共实现党内合作，从而建立统一战线。然而，一部分共产党员却有着这样的顾虑：国共阶级性质不同，中国共产党的加入混合了阶级组织，不利于贯彻共产党的独立政策。为消除疑虑，党的各级组织对党员开展了一次宣传统一战线的教育。

一是深入传达共产国际的指示精神和党的三大会议精神，耐心细致地对共产党员进行解释教育，使广大共产党员清楚地认识到，要在国民党内继续建设好自己的组织，并广泛开展共产主义宣传。同时，各级党组织号召共产党员在加入国民党后，充分发扬三民主义中之民族主义，通过在国民党内开展宣传教育行动，促使国民党坚决贯彻反帝国主义。①

二是帮助国民党进行改组，以适应并承担起革命任务。为促进国民党革命化，国民党"一大"前，共产党通过《向导》《中国青年》等机关报，大力宣传国民党改组的必要性。李大钊、陈独秀、恽代英等通过不断撰稿，深刻剖析国民

① 中国社会科学出版社编：《"二大"和"三大"：中国共产党第二、三次代表大会资料选编》，北京：中国社会科学出版社 1985 年版，第 243~244 页。

党现存问题，敏锐地指出国民党只有把资产阶级性质的政党改组为工人、农民、城市小资产阶级和资产阶级的民主革命联盟，才能完成救中国的重任。他们号召共产党员和革命青年要积极加入国民党并促进国民党的革命化，使国民党能真正地肩负起革命任务。

宣传教育的深入开展，有效消除了党内疑虑，国共合作步伐加快。1924年1月，在共产党的帮助下，国民党"一大"顺利召开，第一次国共合作统一战线正式形成。以国共合作为基础的民主革命统一战线，促进了工农运动的恢复和发展，开创了革命斗争的新局面。其后，统一战线思想贯穿于中国革命、建设和改革的各个历史时期，也对延安时期青年理想信念教育的形成产生了深远影响。

2. 以黄埔军校为教育主阵地的理想信念教育

1924年5月，在中国共产党的推动下，孙中山在广州建立了黄埔军校。在黄埔军校，共产党人积极开展理想信念教育，参与制定了学校理想信念教育的条例、制度，并以马克思列宁主义、孙中山的新三民主义和共产党的方针、路线、政策为主要内容，深入开展了宣传教育工作。可以说，党在黄埔军校开展的理想信念教育，是党在干部学校中系统开展理想信念教育的初步尝试。

黄埔军校以苏联红军的组织原则为参照设立了政治部，负责学员的政治训练和群众组织工作。旅法归来的周恩来曾任黄埔军校政治部主任，开展了卓有成效的思想政治教育工作。

一是完善思想政治教育组织机构及制度。周恩来任政治部主任后，完善了政治部的组织机构，并抽调王逸常、蒋先云、杨其纲等德才兼备的共产党员到政治部见习。在周恩来的主持下，政治部制定了一系列制度文件，如《政治训练班训练纲要》《官长政治教育计划》《本校政治部政治指导员条例》《政治讨论会规则》等，制定了政治训练的目标、内容及工作纪律。这些使政治工作有了制度保证，思想政治教育出现了生机勃勃的新气象。

二是进行系统的革命理论教育。在黄埔军校的课堂教学上，学员系统学习了"三民主义""苏联研究""社会主义运动"等理论知识，进一步加深了对共产主义和新三民主义的理解。同时，共产党人还深入宣传了自己的方针政策，大力培植学员的革命思想，使学员"不仅知道枪是怎么放法，而且知道枪要向什么人放"[①]。

除此之外，政治部定期邀请知名人士，如毛泽东、刘少奇、邓中夏等，为学员讲授革命形势和革命任务，并通过剧社、宣传队、《黄埔日刊》等刊物，宣传社会主义和新三民主义，揭示帝国主义、封建主义的诸种罪行。在这一系列的理想信念教育中，学员们有了更高的革命觉悟、更坚定的革命信心和更饱满的革命热情，培养了一支能打硬仗的革命队伍。徐向前、蒋先云、陈赓、刘志丹、左权等党的重要革命干部，都曾在黄埔军校学习。

3. 多途径对新型的革命军队开展理想信念教育

大革命时期，国民革命军在东征和北伐中取得胜利的关键，是中国共产党积极在革命军队中开展理想信念教育，这也为后来我们党独立领导人民军队提供了宝贵经验。

一是在军队中建立党代表制度和设立政治部。为了更好地宣传党的政治主张，革命军队参照黄埔军校的做法，在军队中建立党代表制度和设立政治部，负责军队的政治工作和政治训练。大量共产党员担任了军队的各级党代表、政治部主任和秘书，如周恩来担任了第一军政治部主任、林伯渠担任第六军副党代表兼政治部主任等。在这些共产党员的共同努力下，党的理论、主义和政策被革命军官兵熟知，使士兵懂得战争的性质和意义，知道为谁而战，提高了部队的战斗力。

二是建立高素质的政治宣传队伍。为做好官兵的思想教育工作，国民革命军总政治部开设了战时政治训练班，培养了大量政治工作骨干。这些政治工作

---

① 杨其纲：《本校概况》，《黄埔月刊》1927 年 3 月 1 日。

骨干，连同从农民运动讲习所、黄埔军校等部门调来的政治工作人员，被分配到国民革命军各个部队随军出征，对官兵进行革命思想教育，并沿途进行政治政策宣传。宣传队的负责人多由共产党员担任，如李立三、李劳工、周逸群、卢德明等就担任过宣传队的负责人或队员。

三是多途径对军队进行理想信念教育。随军出征的政治宣传队通过广发宣传单、小册子，张贴标语、布告，在途经村庄唱歌演出等方式，大力宣传三民主义、革命意义、军人职责和军民合作意义，鼓舞了官兵斗志，消除了群众忧虑，获得了群众的广泛支持。此外，部队还通过发行书刊、组织学习班、创建连队小报、教唱革命歌曲、组织士兵深入群众等方式，让官兵对革命目标意义有了更加深刻的认识，部队精神面貌逐渐向好转变。

这期间，青年的理想信念教育除了继续在知识分子中进行之外，也开始着手在青年工人、农民中进行，避免了以往"单打一"的倾向。值得一提的是，北伐战争期间，周恩来等在黄埔军校同国民党右派的斗争中，创建了中共特别支部，积极向青年军人传播马克思主义，同时又在一部分国民革命军中建立起党的组织，大量吸收青年中的先进分子加入共产党，并在这些党组织内部设党代表和政治部，建立起党的政治工作制度。叶挺独立团就是在周恩来的帮助下建立了党支部和政治工作制度，这个团的纪律严明，战斗力强，成为威震敌胆的"铁军"。它既壮大了队伍，培养了一批革命骨干，又为以后在军队中开展青年士兵的思想教育工作打下了良好的基础。因此，毛泽东在评价这一时期的思想政治工作时说："那时军队设立了党代表和政治部，这种制度是中国历史上没有的，靠了这种制度使军队一新其面目。"①

二、土地革命时期党对青年开展理想信念教育的形成和确立

1927 年 8 月 1 日，中国共产党领导的南昌起义，拉开了土地革命战争时

_____

① 《毛泽东选集》第 2 卷，北京：人民出版社 1991 年版，第 380 页。

期(1927年8月至1937年抗日战争爆发)，即第二次国内革命战争时期的序幕。这一时期，党将革命重心由城市转入农村，走上了创建革命军队，独立领导工农武装斗争这条适合中国国情的道路，青年的理想信念教育也作为一项经常性的工作，提到整个中国革命事业的议事日程上来。同时，还建立了相应的组织机构和制度。

(一)党对青年理想信念教育在革命危机中的调整转变

大革命失败以后，共产党人有一个重要的觉醒，就是必须掌握武装。1927年9月，毛泽东领导的秋收起义爆发后，为了加强对青年军人的思想教育，及时解决他们思想上存在的问题，鼓舞士气，真正使全体官兵一心走"武装夺取政权，改造中国"的道路，在率部向井冈山进军的途中，进行了著名的"三湾改编"，决定把支部建在连上和成立士兵委员会，目的是为了总结第一次大革命失败的教训，解决当时迫在眉睫的两个根本问题。

1. 加强党对军队的绝对领导

采取在部队建立党的各级组织，班有党小组，连有党支部，营团建立党委。连以上各级设党代表，并成立了党的前敌委员会。这样，便确定了党对军队的绝对领导。毛泽东曾亲自担任党的前敌委员会书记。这些制度对后来的根据地建设、抗日战争和解放战争都起到了很好的作用，有些今天仍然在起作用，如"支部建在连队"已经成为加强党对军队建设的领导的一条基本原则。

2. 建立士兵民主制度

这一做法的根本目的是为了根治旧军队的军阀作风，确立新型的建军宗旨，明确规定我军的官兵是平等关系、同志式关系。新的建军路线的确立，为建立新的革命官兵关系奠定了理论基础。

这两个问题的根本解决，正如毛泽东所说，是通过深入的思想政治教育工作而实现的。在井冈山革命斗争时期，还建立了专门的政治部，从事对军队、青年士兵的思想转化和教育工作，并在实践中制定了许多思想教育工作原则，以纠正青年思想中普遍存在的迷惑感、疑虑感。

(二)中央苏区青年理想信念教育的进一步深化

中央革命根据地，即中央苏区，是土地革命战争时期全国最大的革命根据地。在中央苏区，党对青年理想信念教育进一步推向深入，积累了大量宝贵经验，使得理想信念教育工作更加趋于制度化、规范化、科学化，有效提高了人民军队的战斗力和原动力。

1. 古田会议确立了青年理想信念教育的基本方针

1928 年底，红四军在毛泽东、朱德、陈毅等领导下，开创了中央苏区。与此同时，党的组织基础的最大部分是由农民和其他小资产阶级出身的成员所构成。由于战斗频繁、环境险恶，"红四军出击赣南、闽西后，在军队建设问题上领导人之间产生了一些不同看法，军内存在的单纯军事观点、流寇思想和军阀主义残余等非无产阶级思想有所发展"[1]，这严重影响党的各项任务的贯彻执行。为消除这些思想问题，在毛泽东、朱德、陈毅的共同努力下，1929年 12 月底，具有伟大历史意义的中国共产党红四军第九次代表大会在福建上杭县古田村召开。大会通过了《古田会议决议》这个纲领性文献，确立了思想建党、政治建军原则，并通过了八个决议案，为党的政治工作和全军建设确立了一条马克思列宁主义的正确路线。各个部队根据决议的要求，开展了生动活泼的理想信念教育，建立制度，颁布条例，使理想信念教育逐步走向制度化、条例化。决议的全面贯彻，使党在红军中的理想信念教育获得迅速发展。

在思想教育方面，注重从问题出发。会议指出了当时党内存在的错误思想

---

[1]　中共党史和文献研究院：《中国共产党的一百年·新民主主义革命时期》，北京：中共党史出版社 2022 年版，第 112 页。

的根源及危害，规定了学习马列主义等教育内容和理论联系实际的教育方法，强调要通过党内教育、开展党内的正确批评等方式和途径，加强对党的思想建设。决议案还指出，教育问题是红军队伍中最需要解决的问题，要不断提升红军队伍的文化水平和思想觉悟。同时，中国共产主义青年团中央指出，对于《古田会议决议》，应该组织"全团一致的透彻讨论，以诚挚严格的自我批评精神，将一切错误和缺点，无情地摘出来，讨论出具体的方法，坚决把这些错误和缺点一一克服，创造出一种新的力量来实践我们紧迫的新任务"①！古田会议奠定了党在思想上、政治上建党建军的基础，也为党的青年理想信念教育指明了理论方向和实践方向。古田会议后，红军全体指战员深入贯彻古田会议精神，边战斗边学习，红军的思想建设和工作作风得到有效的充实和发展。对于当时军队中存在的如官长打骂士兵的军阀主义作风问题，毛泽东深入部队开展调研，总结了干部与士兵的相处之道、管理教育的方法等七条部队管理教育经验，提出了"没有调查，就没有发言权"的著名论断。坚持实事求是、深入群众的思想路线，使党对青年的理想信念教育工作在作风上、方法上、理论上更加系统和深入。

在制度建设方面，推行思想政治工作相关条例。如新型人民军队建设的纲领性文件《古田会议决议》正确地论述了军事和政治的关系，指出："军事只是完成政治任务的工具之一"，批评了"军事领导政治"的错误观念，明确肯定了红军中政治工作的重要地位和作用。《宣传员工作纲要（十八条）》对宣传员的职责和工作重点划定了标准；《红四军各级政治工作纲要》规定军及纵队两级政治部，同时又是群众的临时政权机关，不仅要做好军队内部的思想政治工作，同时，还要帮助地方政权机关和群众组织做好工作，这就把红四军的思想政治工作经验进一步制度化了，使《古田会议决议》的精神进一步得到贯彻落实；《红军士兵会章程》则要求充分发扬军内民主，加强群众监督，调动广大士兵的革命积极性；《中国工农红军政治工作暂行条例（草案）》，这是党的思

① 共青团中央青运史研究室、中国社会科学院现代史研究室编：《青年共产国际与中国青年运动》，北京：中国青年出版社1985年版，第376页。

想政治工作的第一个正式条例，条例总则指出，在红军中建立政治工作的目的：就是要巩固无产阶级及其先锋队——中国共产党在红军中的领导，要使红军成为有力的工农革命武装力量。红军的战斗力不仅靠军事技术，最主要的是要靠它的阶级觉悟和政治影响。要把广大工农群众团结在红军的周围，以巩固红军的战斗力。总则还规定：政治工作的主要内容是实施无产阶级的阶级教育，使红军指战员明了红军的阶级责任与政治责任，了解对敌人作战的意义。这一系列有关文件的颁发执行，对加强红军的思想政治工作发挥了重大作用，让红军的政治工作更加条理化、正规化，使根据地的思想政治工作得到全面加强，保证了工农红军的发展壮大和反"围剿"的胜利。

在组织建设方面，成立专门的组织机构。中央军事部 1930 年设立了总政治部，并在军以上政治部设立青年部，团政治处下设青年委员会，连队设立列宁室和宣传队。同年 7 月，中共六届三中全会告青年团书发表，加强了中央苏区青年团的工作。此后，党团关系逐渐明晰，开展青年理想信念教育的组织机构更加完善，理想信念教育工作更加成熟规范。在这期间，还设有专门的青年工作委员会，在各级党组织领导下从事青年工作，担负培养、教育和组织青年的任务，这就从组织机构上保证了青年理想信念教育的顺利开展。

2. 关于教育模式的创新

1934 年 8 月，为提升党员和党员干部的思想觉悟和政治理论水平，巩固苏维埃政权，推动苏区革命，中共中央专门印发了《关于党内教育计划致各级党部的信》。中央要求"应当有计划有目的地提高党内政治理论的水平，以马克思列宁主义的思想武装所有新旧同志们的头脑，进行经常有组织的教育工作。为深造中央一级及省县级工作人员的思想与理论，各机关内应成立马克思主义研究分会，在马克思主义研究总会领导之下，经常有系统地研究马克思列宁主义，讨论中国革命的基本问题"①。各级党组织通过开办党支部委员会训

---

① 闫俊明：《民主革命时期国共两党思想理论建设比较研究》，山东师范大学 2016 年硕士学位论文。

练班、举办党员流动训练班、出版马克思列宁主义著作等方式，激发了党员干部学习马列主义的积极性，确保思想政治教育取得实实在在的成效。

在加大宣传教育方面，大力发行党报党刊。马克思指出，报纸"每日都能干预运动，能够成为运动的喉舌，能够反映丰富多彩的每日事件"[①]，而杂志可以"详细地科学地研究作为整个政治运动的基础的经济关系"[②]。

通过报纸、杂志、书籍等进行宣传，是中央苏区开展宣传教育工作的主要方式，在中央苏区青年理想信念教育工作中发挥着重要作用。中央苏区红色报刊创始于1930年，经历了从无到有、从少到多、从初创到鼎盛的发展壮大过程，发行了一批如《共产党宣言》《国家与革命》《论列宁主义基础》等马列著作，推动了马克思主义的广泛传播。

1929年春，毛泽东、朱德率领红四军攻克长汀城后，发现了"毛铭新印刷所"，其印刷设备尚可。红军在长汀分兵期间，前委书记毛泽东会见了闽西党组织负责人，并接见了印刷厂的共产党员毛钟鸣等人，询问了印刷厂的情况，决定利用该印刷厂印制各类文件，创办红色报刊。1930年春，闽西苏维埃政府创办了中央苏区的早期红色报刊，即《福建红旗报》(后改为中共福建省委机关报)。与此同时，《列宁青年》(闽鄂赣苏区团省委机关报)、《前进》(少共闽西特委机关报)亦相继出版问世，而且还发行到苏区外。1931年，中央苏区第一家出版发行机构，即列宁书局，在闽西长汀县城创办开业，开始大量出版发行苏区的早期红色报刊《红旗报》《战线报》等。1931年秋，中央苏区的红色报刊出版进入蓬勃发展阶段。创刊于1931年12月的《红色中华》，初为苏维埃临时中央政府机关报，1933年2月改为中共苏区中央局、苏维埃临时中央政府、全总苏区执行局、共青团苏区中央局四家署名的联合机关报，成为苏维埃中国具有权威性的重要喉舌，主要刊登政府的各类重要决议、法令、文告、宣言等，主要传达党的方针和政策，旨在动员人民群众参与到革命战争中去，建设

① 《马克思恩格斯全集》第10卷，北京：人民出版社1998年版，第115页。
② 《马克思恩格斯全集》第10卷，北京：人民出版社1998年版，第116页。

红色政权。《红色中华》内容丰富，形式多样，除刊登新闻，发表社论、专电、时评外，还开辟了多种专栏，如党的生活、苏维埃建设、铁锤、警钟、红匾、红色小品、赤焰副刊等，受到了苏区广大军民的深深喜爱，是中国革命史和新闻史上一笔非常宝贵的文献资料及精神财富。《青年实话》是针对青年读者发行的报纸，属于共青团苏区中央局的机关报，设有团的建设、红军中的青年工作、青年工人、青年妇女、少年先锋队、工作检查与自我批评、红报等专栏，富有青年特色，为苏区广大青年喜闻乐见，是仅次于《红色中华》的畅销报刊之一。据统计，中央苏区创立报刊、读物 130 余种，这些进步报纸、杂志成为党进行青年理想信念教育的有效载体。

3. 创新传播马克思主义的途径和方式

苏区青年的成长与进步是跟党的正确领导分不开的。青年是党信赖的生力军，党是青年的鼓舞者和教育者。为提升红军干部能力素质，中央苏区组织开办了如马克思共产主义学校、苏维埃大学、高尔基戏剧学校等干部学校，使红军干部的能力素养和思想觉悟得到极大加强。

1933 年 3 月，马克思共产主义学校成立；1933 年 8 月，苏维埃大学成立，毛泽东任校长。苏区领导人担任学校领导职务，并结合自身实践经验参与授课指导。毛泽东在讲授苏维埃运动史课程时，多次就"乡苏维埃怎样工作"这一主题作时事报告。毛泽东结合革命斗争实际，深入浅出地阐述了中国共产党如何在实践中把马列主义同中国革命的具体实际结合起来，积极进行中国革命新道路的理论探索。毛泽东指出："革命的根本问题是政权问题，由于我们的国情和别国不同，革命道路也就不完全相同。中国革命不可能搞什么议会罢工等长期的合法斗争，也不是像俄国那样先占城市后占乡村，而是走相反的道路。必须把落后的农村变成军事上、政治上、经济上、文化上先进的根据地。"①据

---

① 张健主编：《毛泽东的教育实践》，北京：北京教育出版社 1993 年版，第 124 页。

当时党校学员回忆，毛主席讲课摆事实、讲道理、举实例，越听感觉心里越亮堂。①

马克思共产主义学校注重对学员进行系统的理论学习，根据不同班次，开设了十余门课程，以期让学员对马列经典文献、党的建设、军事斗争理论、中共党史、西方革命史都进一步了解，如刘少奇、陈云讲授共产党宣言，任弼时、邓颖超讲授中共党史，周恩来、朱德、刘伯承讲授军事课，董必武讲授西方革命史。毛泽东、周恩来、朱德、张闻天等苏区领导人还经常到学校与学员们谈心谈话，帮助学员解决学习中的一些具体问题。②

1931年，中央苏区成立中国工农红军学校。随着革命战争的开展，为更好适应形势，1933年中央苏区开展了大规模红军队伍扩充运动。但红军队伍在不断发展壮大的同时，指挥员、训练人员、专门性的人才却十分缺乏，无法满足革命需要。为加强红军队伍建设，充实红军干部及专门人才，1933年10月，中国工农红军学校被分解为五所学校：红军大学，主要培训教育对象是政治工作人员，以及中级军事指挥员；红军第一步兵学校（红军彭杨步兵学校），主要培训人员为初级红军指挥员；红军第二步兵学校（红军公略步兵学校），围绕初级和中级的指挥员进行培训；红军特科学校，负责培训特种部队和专门性人才；游击队干部学校，专门围绕游击队伍中的干部开展培训。学校开设的课程有政治课和军事课等。政治课主要讲授的内容为革命战争的任务、性质和主要目的，党的理论知识；军事课主要讲授的是军事理论知识和军事技术知识。红军大学、红军彭杨步兵学校、红军公略步兵学校、红军特科学校这四所学校在1934年合并，新建立了中国工农红军学校，并在长征期间组建了干部团，随红一方面军一起行动。

---

① 谢庐明、丁婷：《苏区时期中央党校的干部教育培训述论》，《赣南师范大学学报》2001年第2期，第16~21页。

② 熊平安：《中央苏区如何开展干部教育》，《党课参考》2002年第10期，第105~109页。

(三)红军反"围剿"斗争和长征中青年理想信念教育的大检阅

无论是在多么艰难的革命岁月里,党始终坚持把做好青年理想信念教育,作为增强人民军队战斗力的重要途径。在对敌斗争的第一线,在血与火的战场上,青年是冲锋陷阵的勇士,在革命战争中创造了许多可歌可泣的英雄事迹。

1. 广大青年积极参加反"围剿"斗争,英勇保卫根据地

红军力量和革命根据地的不断发展,引起了国民党的极大不安,于是蒋介石在 1930 年 12 月、1931 年 2 月、1931 年 7 月以及 1932 年 7 月到 1933 年 3 月,连续组织了四次对红军与根据地的围攻。在这几次围攻期间,根据地青年大批参加红军,围绕"一切为了前线的胜利"的中心口号,积极参加保卫和巩固革命根据地的斗争。

其中,在反"围剿"期间成立的"少共国际师"就是这样的典型代表。1933 年春,第四次反"围剿"刚结束,国民党就迅速集结重兵,意图发动第五次"围剿"。面对危急的形势,党中央和团组织发出了"紧急动员起来,保卫革命根据地"、"扩大红军,捍卫胜利果实"的号召。一时间,从湘赣边到闽浙赣,从赣粤边到中央区域腹地各县出现了父送子、妻送郎、兄弟争参军的规模空前的壮大红军运动。为更好地组织青年参加革命战争,充分发挥青年在革命战争中的突击队作用,红军总政治部青年部召开全军青年工作会议,提出建立"少共国际师"的建议。这个建议受到党中央的重视。共青团中央专门召开会议,进行讨论,在不到 3 个月的时间里,1933 年 5 月,"少共国际师"宣告成立。全师由 1 万多名青年组成,70%以上都是共青团员和党员,平均年龄 18 岁,历任师长都是 20 多岁,师政委肖华上任时年仅 17 岁。

1933 年 9 月 3 日,周恩来代表中央军委向"少共国际师"授旗,并鼓励他们要爱护光荣的战斗的团旗,英勇奋斗。10 月初,国民党发动了第五次"围剿",刚结束两个月军事训练和政治教育的"少共国际师"就英勇地投入了战斗。在一次侦查行动中,一颗炸弹在师长吴高群身边爆炸,致使他的头部和腰

部多处负伤，英勇牺牲，年仅 23 岁。这位随毛泽东从湖南秋收暴动出来的青年指战员在临终时对同志们说道："亲爱的战友，我大概不行了，共产主义事业要靠同志们完成，请同志们为我们少共国际师争光！为我报仇。"①"少共国际师"的名字被光荣地记载在中国青年运动的史册上，他们那种"最后一滴血为着新中国流淌"的大无畏献身精神，永远值得后人学习。

2. 广大青年跟着党进行万里长征

由于王明"左"倾机会主义者不顾客观实际，提出所谓"御敌于国门之外"的错误战略方针，实行"以堡垒对堡垒""短促突击"等错误打法，致使第五次反"围剿"失败，从 1934 年 10 月到 1936 年 10 月的两年中，中国工农红军离开了原来的革命根据地，举行了震惊世界的万里长征。

在长征时期，我们党先有王明"左"倾机会主义的错误，后有张国焘的分裂主义错误，加上国民党几十万军队的围追堵截，我们党受到极大的挫折和严重的威胁，处境极其艰难。在这种情况下，广大革命青年仍然一心向党，不怕苦，不怕死，同广大的红军指战员紧紧地团结在一起，追随着党走北上抗日的道路。就在张国焘阴谋分裂党和红军的严重时刻，二、四方面军的广大青年指战员，在朱德、任弼时、贺龙、关向应等同志的带领下，坚信党中央的正确领导，不为张国焘的挑拨所动摇，并且为维护党中央的统一领导，向他进行了坚决的斗争。当时还有许多因伤病而掉了队的同志，为了寻找党和红军，历尽艰辛，冒着生命危险，也在所不惜，勇往直前，义无反顾。许多青年由于长期受伤病、饥寒的折磨，把全身的每一分热、每一分力气都消耗尽了。他们在临终前的一瞬间，仍念念不忘党和革命，勉励自己的战友"要跟着党，革命到底"。一方面军有位十七岁的小宣传员郑煜金，是一个十分惹人喜欢的"小鬼"，他进入草地的第四天就一步也走不动了。同志们用马驮着他，可是他病情越来越

---

①　共青团江西省委、共青团赣州市委、中共赣州市委党史研究室编：《中央苏区青年运动史》，北京：中共党史出版社 2022 年版，第 101 页。

重。有一天，他把政委找来，很艰难地说，我不行了，感谢同志们对我的照顾，我知道党的路线一定胜利，革命一定会胜利！胜利后如果有可能的话，请告诉我的家人，我是为执行党的路线，为了革命的胜利而牺牲的！

在长征途中，我们党和红军面临着无数艰难和障碍，而在这时，青年们总是不顾一切地跟着党，争着承担最艰险最紧要的任务，哪里战斗最需要、最激烈，哪里就有我们青年的身影。在横渡乌江天险时，首先过江的是 8 名年轻的勇士，他们在火力掩护下，各带短枪，跳进冰冷的江水中，冒着枪林弹雨，猛向对岸游去，胜利到达目的地。在浪涛翻滚的大渡河上，17 名勇士飞舟强渡，在当年太平天国石达开曾全军覆没的地方，创造了奇迹，为我军开辟前进的道路。在夺取泸定桥的战斗中，担任夺桥任务的突击队，也是由 22 名青年所组成。虽然大渡河上铁索寒，但青年的革命战士意志坚如钢。经过两个小时的激战，终于占领了泸定城，牢固控制了泸定桥。

红军青年在长征中创造的可歌可泣的英雄事迹是不胜枚举的。那么，是什么让他们为党为革命，甘抛头颅、愿洒热血？这是因为他们认识到在党中央的正确路线领导下，红军和根据地从无到有，不断胜利发展。相反，在王明"左"倾机会主义的领导下，革命力量却遭到惨重的损失。这是因为他们知道中国共产党历尽艰辛的斗争是为了中国人民的彻底解放，只有跟着党，自己才有光明的前途。因此，他们热烈拥护遵义会议选出毛泽东为党中央领导人，坚决拥护党的核心，以不寻常的毅力，同敌人、同风雪搏斗，时时刻刻、日日夜夜经受饥饿、疲劳、伤病、死亡的考验，以高昂的革命乐观主义精神和常人难以想象的坚强毅力，战胜无数艰难险阻，翻过雪山，走过草地，创造了横渡乌江、偷渡金沙江、抢渡大渡河、飞夺泸定桥、冲破天险腊子口等英雄事迹。在长征期间，中国共产党领导红军进行了 300 多次浴血奋战，几乎每天就有一次遭遇战，平均每天行军 35 公里以上，翻越了 18 座山脉，渡过了 24 条河流，突破了 10 个地方军阀的封锁包围。青年们在一次次检阅中，表现出追求理想信念的坚定与执着，书写了历史上罕见的军事奇迹、人间奇迹！

二万五千里长征，既是一次理想信念的伟大远征，也是一次检验真理的伟大远征。在这场远征中，红军面临并最终战胜了无数艰难险阻，坚定的理想信念就是这支军队一往无前的支撑保障。尤其遵义会议之后，王明"左"倾路线在青年思想教育中的影响得到清理，青年的理想信念教育又开始纳入正常的轨道，特别是在艰苦卓绝的长征中，通过强有力的思想动员和教育工作，从根本上保证了我党、我军战略大转移的任务之最终完成。每一个红军干部既是战斗指挥员，又是思想政治工作者，把思想教育融入到每一个战斗中去，边行军，边作战，边进行思想动员和教育，虽带有一定的流动性和随机性，但其效果是很显著的。

三、抗日战争时期党对青年开展理想信念教育的深化和巩固

抗日战争时期，党领导的革命事业不断发展壮大。据统计，抗战期间，党员人数由抗战初期的 4 万人发展到 121 万人；人民武装由几万人发展到 120 万人，民兵发展到 200 多万人；根据地和游击区由几个发展到 20 多个。有了稳固的革命根据地，党组织有条件对长征乃至井冈山时期的青年理想信念教育进行较为深入的研究和总结，并组织专门队伍来进行这项工作。毛泽东经过思考而撰写的《五四运动》《青年运动的方向》《新民主主义论》等一系列文章，为指导青年理想信念教育进一步指明了方向，提供了根本遵循，尤其是延安整风运动的开展，使青年理想信念教育成功做法得到了恢复和发展。

这时期，全中国的根本任务是打倒日本帝国主义，实现民族自主、独立。围绕这个中心任务，党对青年开展理想信念教育围绕提高民族觉悟和抗战信心并最终取得胜利而展开：一方面，用民族遭侮的事实，启发青年自尊、自主、独立的民族意识，使各方面的青年踊跃参战，投身于抗击日本帝国主义的正义战争之中；另一方面，与青年结成广泛的革命联盟，为此，动员广大青年学生到乡村、部队中去，与工农大众结成坚固和忠实的朋友；到国统区去，到敌人后方去，争取并说服那里的人民和青年，尤其是引导国民党军队中有正义感的官兵积极参战，壮大人民武装。

(一)党对青年理想信念教育体系在抗战中日趋完善

1937 年 7 月 7 日，卢沟桥事变爆发，抗日烽火席卷祖国大地，中国革命进入了全面抗击日本帝国主义侵略、争取民族解放斗争的新时期，即全面抗日战争时期。全国各地成千上万的热血青年怀揣"抗日"两字奔赴延安，他们虽有满腔的抗战热情，但不知怎样去参加抗战工作，对于如何能够争取抗战胜利、如何能够发动民众、如何能够消灭民族失败主义倾向等种种问题，皆感觉无法应付，为此，党中央决定对青年实施以提高马列主义理论水平和思想政治素质为重点的系统理论教育。如由西北青年联合会主办的"安吴青训班"，其宗旨是"遵照抗日救国纲领，训练青年工作干部，服务战区、军队、农村，开展青年运动，组织动员青年参加抗战，达到统一青运，完成中华民族彻底解放"①! 这是继 1932 年的列宁团校以来，明确以"青年"命名的培养青年运动骨干的专门学校。据史料统计，从 1937 年 10 月 11 日到 1940 年 4 月，共办了 12 期青训班，培养了 1 万多名青年工作干部，这些青年干部为中华民族解放事业做出了重大贡献。

1. 正确分析国内阶级关系新变化，教育青年与工农相结合

1935 年 12 月 9 日，中国共产党领导发动北平学生开展大规模抗日救国示威游行——"一二·九"运动。声势浩大的抗日游行遭到了反动军警的血腥镇压，大批警察手执大刀、木棍、水龙头，对付手无寸铁的爱国学生。爱国学生不畏强暴，与反动军警展开英勇抗争。"一二·九"运动是党领导下的一次伟大的学生爱国民主运动，这次运动体现了全国青年抗战的利益要求，但是在这场轰轰烈烈的运动高潮后，青年怎么办? 青年运动向哪个方向发展? 毛泽东、刘少奇代表党中央及时总结了这次斗争的经验，要求知识分子和革命的青年学

---

① 共青团中央青运史研究室编：《中国青年运动史》，北京：中国青年出版社 1984 年版，第 169 页。

生必须到群众中去，宣传抗战，必须与广大工农兵相结合，并且指出必须在党的领导下，才能达到抗战的目的。他们的号召在全国青年中产生了巨大影响，在党的鼓舞和教育下，成千上万的男女青年从全国各地，从海外，奔赴延安，开始了崭新的革命生涯。毛泽东指出，"一二·九"运动是动员全民族抗战的运动，它准备了抗战的思想，抗战的人心，抗战的干部，对这次爱国运动给予了高度肯定。

当日本帝国主义占领大半个中国后，青年中那种"速胜论"的乐观情绪一下子又被"亡国论"的悲观论调代替了，当时举国上下出现了一种对日妥协的气氛，在面临国家灭亡的关键时刻，1937年底，在武汉大学演讲时，周恩来指出：如今我们青年不能再像从前那样学习了，战争开始了，成千上万的青年无家可归，无学可上，敌人要我们每个人，每个人的子孙都做亡国奴，我们要求生路，便只有抗战，便只有抗战到底。他针对青年中出现的悲观情绪进一步指出：我们这个时代不是生不逢时，而是生逢其时，机会难得。我们不仅要在救亡的事业中复兴民族，而且还要担负起将来建国的重任。他鼓励青年分散到全国去，分散到群众中去，努力争取抗战的最后胜利。

2. 党教育引导青年准确认识抗日民族统一战线

红军长征到达陕北后，面临着日本侵略中国加剧和抗日民主运动不断高涨的新形势，因此迫切需要制定出正确的政治路线和策略。然而王明"左"倾政治路线尚未纠正，"关门主义"严重阻碍党的正确路线的制定。1935年底，党中央在瓦窑堡召开了政治局扩大会议，毛泽东根据会议精神，作了《论反对日本帝国主义的策略》的报告，充分论证了组成统一战线共同抗日的可能性和重要性，很好地解决了党的政治路线问题。

根据瓦窑堡会议精神，党从各个方面开展了一系列艰苦细致的统一战线工作，一方面积极促进"一二·九"运动后全国抗日救亡运动的发展，另一方面尽可能争取国共合作联合抗日，率先实现了西北地区的抗日大联合，进而促进了全国抗日民族统一战线的形成，迎来了全国齐力奋起、抗击日本帝国主义的新局面，同时也表明中国共产党已经成熟起来，能够实事求是地结合中国实际研判问题，有针对性、创造性地开展工作。

在对青年的理想信念教育上，党教育引导青年要准确认识建立抗日民族统一战线是赢得抗日战争的关键，要求广大中国青年团结起来，紧紧凝聚在抗日民族统一战线的大旗之下。1936年5月7日，中国共产主义青年团中央委员会在《共青团中央给全国学生的信》中号召全国学生联合会和全国学生"不但要负担武装民众的工作，学生本身也就要武装起来"，"争取士兵抗日，争取军官抗日"①，"要继续的到民间去，要扩大宣传和组织的工作"，"集中注意于人民统一阵线的建立"②。

1936年11月，中共中央及时发表了《关于青年工作的决定》。该决定指出，国难当头，要将广大青年组织起来，在抗日救国、争取民主自由的目标下，实行合作与统一。这一时期，党不仅把对苏区和红军中的青年教育工作作为自己的基本任务，还致力于"用一切方法同国民党区域内的青年团体取得联系"，以调动青年的力量来壮大统一战线。在对青年的思想改造上，党主张用马克思列宁主义来教育青年，通过适用青年心理的教育方法，来提高青年群众的思想政治理论水平，引导青年寻找共产主义的光明前景。

同时，党还对青年团及其组织形式进行了改造。党中央要求要大批吸收青年团员加入党组织，并在各种青年组织内设立党支部，在各级党组织内设立青年部、青年委员会和青年干事；在指导青年运动工作上，要求共产党应该是青年运动的唯一领导者。

(二)号召学习白求恩的共产主义精神，反对自由主义

著名医生、加拿大共产党员诺尔曼·白求恩，在一次为伤员进行的手术中

---

① 《建党以来重要文献选编(1921~1949)》第13册，北京：中央文献出版社2011年版，第120页。

② 《建党以来重要文献选编(1921~1949)》第13册，北京：中央文献出版社2011年版，第121页。

被细菌感染，于 1939 年 11 月 12 日不幸逝世。同年 12 月 21 日，毛泽东在《纪念白求恩》一文中高度赞扬白求恩，称他毫不利己、专门利人，对工作极端负责，对人民极端热忱，并号召全体党员要积极践行白求恩的这种共产主义精神。同时，对革命队伍中那些对工作不负责任，对人民漠不关心以及那些鄙视技术工作的自由主义倾向，给予了严厉的批评。《纪念白求恩》一文，成为当时树立全心全意为人民服务思想，克服自由主义作风的强大思想武器。

1. 号召学习白求恩的共产主义精神

毛泽东指出："一个外国人，毫无利己的动机，把中国人民的解放事业当作他自己的事业，这是什么精神？这是国际主义的精神，这是共产主义的精神，每一个中国共产党员都要学习这种精神。"①对于每位党员，尤其是从事思想政治教育的党员，只有用共产主义思想武装起来，才能具有明确的奋斗目标和坚定的政治方向，也才能有科学的思想方法和工作方法。

2. 号召学习白求恩的毫不利己、专门利人精神

毛泽东还指出，要反对那种自由主义的工作态度。一个纯粹的共产党员，应该是毫无自私自利之心，而不是"对工作不负责任，拈轻怕重，把重担子推给人家，自己挑轻的。一事当前，先替自己打算，然后再替别人打算。出了一点力就觉得了不起，喜欢自吹，生怕人家不知道，对同志对人民不是满腔热忱，而是冷冷清清，漠不关心，麻木不仁"②。这一点对于青年朋友来说尤其重要。

3. 号召学习白求恩对技术精益求精的精神

对技术精益求精的白求恩，堪称共产党人学习的楷模。革命工作既包括军

---

① 《毛泽东选集》第 2 卷，北京：人民出版社 1991 年版，第 659 页。
② 《毛泽东选集》第 2 卷，北京：人民出版社 1991 年版，第 660 页。

事工作、政治工作，也包括后勤工作和各种专业技术工作，共产党人对待每一项工作的态度都应当精益求精，刻苦研究，来不得半点马虎。青年思想政治教育工作是一项十分细致的工作，同样要求在工作中精益求精，并不断地研究新情况，发现新问题，制定新对策。广泛开展向英雄模范人物学习活动，是中国共产党在根据地和广大青年中进行理想信念教育、推动各项工作顺利进行的一项经常性的工作，对提高广大青年的思想政治觉悟，促进边区建设，树立良好社会风尚都发挥了重要作用。陕甘宁边区在党中央和毛泽东等领导同志的亲自倡导下，广泛而持久开展的学习身边榜样张思德、白求恩等活动，有效提高了青年的政治觉悟和工作水平。

（三）延安整风运动中党对青年的理想信念教育

1941 年和 1942 年，是抗日战争极端困难的时期，由于日伪军集结重兵对抗日根据地进行疯狂的、频繁的扫荡，也由于国民党顽固派继续采取消极抗日、积极反共的政策，调动大量军队对解放区实行包围封锁，加之华北各地连年发生严重自然灾害，解放区遇到了巨大困难。要战胜这些困难，关键在于保持党在思想上、政治上、组织上的团结和统一。为此，必须开展整风，这是抗日战争的客观形势所需要的。

1. 以整风学习为武器，增强改造世界观的自觉性

针对党内错误思想和倾向在一定范围内泛滥滋长并危害党的状况，党中央发动了一次集中开展马克思主义教育的延安整风运动，用相对集中的时间，采用学习、对照、检查、批评与自我批评的办法，解决党内的矛盾。1942 年 4 月 3 日，中共中央宣传部刊发《关于在延安讨论中央决定及毛泽东同志整顿三风报告的决定》，指出前期发生的"某些不适当现象"，明确规定"各机关各学校对于中央决定、毛泽东同志报告及其他中央指定的文件，要深入的研究，热烈的讨论，先把这些文件的精神与实质领会贯通，作为自己的武器。为此目的，各同志必须逐渐精读，逐渐写笔记，然后逐渐或几件合并开小组会讨论，必要时由中央及本部派人作报告"①。通过整风文件的学习，党员干部认识到整风运动是进行马克思主义教育的必要工作，增强了改造世界观的自觉性。通过总结经验教训，开展批评与自我批评，全党思想达到高度统一和空前团结，党性也得到空前提高。

2. 重新确立了实事求是的思想路线

毛泽东在发动延安整风时强调：坚持实事求是，反对主观主义以整顿学风，是"一个非常重要的问题"，是"第一个重要的问题"。学风问题是"领导机关、全体干部、全体党员的思想方法问题，是我们对待马克思列宁主义的态度问题，是全党同志的工作态度问题"②。他在《改造我们的学习》和《整顿党的作风》等系列报告中，对主观主义作风给予严厉批评。他指出："这种反科学的反马克思列宁主义的主观主义的方法，是共产党的大敌，是工人阶级的大敌，是人民的大敌，是民族的大敌，是党性不纯的一种表现。大敌当前，我们有打倒它的必要。只有打倒主观主义，马克思列宁主义的真理才会抬头，党性才会巩固，革命才会胜利。"③毛泽东反复强调，坚持实事求是、一切从实际出发，弘扬马列主义与中国实际相结合的思想和风气，才是对马克思主义的正确态度，也是做好思想政治工作必须遵循的重要原则。

3. 坚持"惩前毖后，治病救人"的方针

毛泽东指出，主观主义、宗派主义和党八股"这些东西在我们党内，是小资产阶级思想的反映"，就其思想的实质来说，"都是反马克思主义的，都不是无产阶级所需要的，而是剥削阶级所需要的"④，同这些不正之风的斗争，

---

① 中央档案馆编：《中共中央文件选集》第 13 册，北京：中央党校出版社 1991 年版，第 364 页。

② 《毛泽东选集》第 3 卷，北京：人民出版社 1991 年版，第 813 页。

③ 《毛泽东选集》第 3 卷，北京：人民出版社 1991 年版，第 800 页。

④ 《毛泽东选集》第 3 卷，北京：人民出版社 1991 年版，第 833 页。

都是属于党内性质的斗争。因此，对于犯了错误的同志，不能采取"残酷斗争，无情打击"的错误方针，而应坚持"惩前毖后，治病救人"的正确方针，要通过批评和自我批评的方式来实现问题的解决。

4. 营造注重调查研究的良好作风

1941 年 8 月，中共中央做出《关于调查研究的决定》。这个决定和毛泽东在此之前写的《〈农村调查〉的序言和跋》，系统地论述了调查研究的必要性、重大意义、正确措施和基本方法等问题，形成了完整的关于调查研究的理论。中央和各中央局、各根据地及军队高级机关，均设立了调查机关，收集国内外的政治、军事、经济、文化、社会各方面的资料，发挥了决策的助手作用。

从 1941 年 5 月至 1945 年 6 月，持续四年的延安整风运动，提高了全党的马列主义水平，使得全党达到空前的团结统一。对广大青年来说，这是一次灵魂重塑、世界观再造的人生体验。通过这场运动的洗礼，广大延安革命青年朝着正确方向奋勇前进，解决了从思想上入党的问题，增强了党性，学习怎样"做人"，怎样"做事"，从而使自己成长为一代真正的无产阶级革命先锋战士。

(四)全面系统总结党内思想教育和思想斗争经验

为了全面系统地总结党的历史经验，党中央在延安召开了六届七中全会。全会讨论通过了《关于若干历史问题的决议》(后文简称《决议》)，对大革命时期及其以后的"左"倾、右倾错误作了详细说明和深刻批判，对党的若干历史问题作了结论。

《关于若干历史问题的决议》是党的历史上一个极其重要的文献，在党内思想教育和思想斗争方面主要论述了以下重要问题：

一是指出在全党确立毛泽东领导地位的重大意义，并高度评价了毛泽东运用马列主义的理论解决中国革命问题所做出的杰出贡献。《决议》指出，毛泽东倡导并且实践的思想路线，"正是他根据马克思列宁主义的普遍真理，根据辩证唯物论和历史唯物论，具体地分析了当时国内外党内外的现实情况及其特点，具体地总结了中国革命的历史经验，特别是一九二四年至一九二七年革命的历史经验的光辉的成果"①。这条把马克思列宁主义与中国实际情况相结合，坚持实事求是，坚持一切从实际出发的思想路线，就是指引中国革命取得胜利、指导党的思想建设和思想教育的重要法宝。

二是在分析中国社会环境和小资产阶级的基本特点的基础上，论述了党的思想建设和思想教育的重大课题和主要任务。《决议》指出中国共产党所处的这种社会环境和党内的思想情况，给党的思想建设和思想教育带来了以下重大课题：首先共产党要保持工人阶级先锋队性质，就必须把思想建设放在首位；其次要加强党的思想建设，必须抓住无产阶级思想与小资产阶级思想这个主要矛盾，把克服小资产阶级思想作为党的思想建设的主要任务。党的思想建设和思想政治工作的一项重要任务，就是用马克思主义的科学思想，去克服和战胜形形色色的小资产阶级思想，以帮助广大党员牢固树立起无产阶级的科学世界观。

三是阐明了正确进行党内斗争的态度、方针和原则。《决议》在批判"左"的错误和总结经验教训的过程中，明确提出了进行党内斗争的正确态度、方针和原则。所谓正确态度，就是在克服"左"、右倾错误时，既不能草率从事，也不能操之过急，而必须深入进行马列主义的教育，提高全党的鉴别能力，并在党内发扬民主，开展批评和自我批评，进行耐心的说服教育工作。所谓正确方针，就是"惩前毖后，治病救人"和"既要弄清思想，又要团结同志"的方针。所谓正确原则，就是要在党内斗争中坚持实事求是的原则和通过批评达到团结的原则。正确进行党内斗争的态度、方针和原则，达到积极的巩固团结的初衷，使革命事业生机盎然，从而极大地推进中国革命的发展。

党对青年理想信念教育之所以在抗日战争时期能够成熟和完善，是有其历史条件和主客观原因的。一是我们党经过长期曲折的斗争实践，已经积累了正反两方面的丰富经验，特别是抗日战争时期出现了许多新情况、新矛盾和新问

---

① 《建党以来重要文献选编(1921~1949)》第 22 册，北京：中央文献出版社 2011 年版，第 102 页。

题，迫切需要我们党在实践中加以解决并从理论上给予回答。而我们党派到各地区、各条战线的政治工作干部，在研究新情况和解决新矛盾的过程中，又创造了许多新经验，这就为毛泽东等老一辈无产阶级革命家认识青年理想信念教育基本规律并进行理论概括提供了可靠的事实依据。二是遵义会议确立了毛泽东在全党的领袖地位，特别是在延安整风运动中逐步形成了以毛泽东同志为核心的中央领导下的团结统一，这就为毛泽东等同志总结全党全军思想政治工作的经验创造了极为重要的有利条件。三是全党干部形成学习和研究马列主义的良好氛围，特别是党在延安革命根据地建立了中央党校、马列主义学院、抗日军政大学、陕北公学、鲁迅艺术学院等培养党的军政文化干部学校，形成了广大党政干部学习理论、总结经验、研究问题的良好风气。总之，这时期党对青年理想信念教育是中国革命历史发展的必然。

四、解放战争时期党对青年开展理想信念教育的丰富和完善

1945 年，经过艰苦卓绝的十四年抗战，中国人民赢得了抗日战争的伟大胜利。经过长期的战争，苦难的中国人民和青年渴望和平和安定，迫切要求实现民族独立和政治民主，建立一个独立、统一、自由、富强的新中国。但是，一贯消极抗日、积极反共的国民党，抗日战争一结束就在美帝国主义的支持下，疯狂抢夺抗战胜利果实，积极准备内战。当时，中国面临着两种命运抉择：一个是营造团结和平安定的国内环境，休养生息、重建家园，把中国建设成新民主主义国家，这是一个光明的命运；另一个则是国民党企图通过消灭中国共产党及各民主党派，来维持国民党一党专政，把中国引向半殖民地半封建社会的黑暗命运。抗日战争胜利后青年应往何处去？经过实际锻炼的延安青年，觉悟程度和组织程度都有了很大的提高，在命运抉择中始终坚持跟党走。

(一)教育引导青年保卫抗战胜利果实

为把中国引向光明，在抗战胜利前夕，党的七大在延安召开。党的七大把

发动群众，壮大人民力量，确定为夺取革命胜利的关键。会上，毛泽东提出了抗日战争胜利后党的宣传教育总任务，即促进广大人民群众思想觉悟的提升，坚定全国人民的革命信心，引领全国人民心甘情愿地团结在中国共产党的周围，去争取胜利。这一时期，党教育引导青年坚定"中国是中国人民的，不是反动派的"革命信心，为争取和平民主、反对国民党内战独裁而斗争，为把中国引向光明而不懈努力。

1. 引导青年认清抗战胜利后的时局，作好防止内战的思想准备

战后，美帝国主义积极取代日本侵略者的地位，极力扶持国民党反动派，企图通过蒋介石反动集团消灭共产党及其领导的人民力量，变中国为美国的殖民地。因此，战后国内的阶级矛盾急剧地尖锐起来，这时的主要矛盾上升为中国人民同美帝国主义支持的国民党反动统治之间的矛盾。中国人民和青年面临着两种命运、两种前途的斗争；此时的中国，面临着内战的严峻挑战。

为了粉碎国民党妄图发动内战的阴谋，早在1945年8月13日，毛泽东在延安干部会议上作的《抗日战争胜利后的时局和我们的方针》报告中，就科学地预见到了抗日战争结束后时局发展的方向，及时地指出："抗日战争的阶段过去了，新的情况和任务是国内斗争。蒋介石说要'建国'，今后就是建什么国的斗争。……目前这个斗争表现为蒋介石要篡夺抗战胜利果实和我们反对他的篡夺的斗争。"①"蒋介石对于人民是寸权必夺，寸利必得。我们呢？我们的方针是针锋相对，寸土必争。"②他要求共产党员的每句话、每个行动，以及共产党执行的每项政策，都要符合人民的利益，都要向人民负责。通过这个报告，毛泽东深刻分析了抗战胜利后的国内外形势，明确了党的方针政策，使全党在历史关键时刻保持了清醒的头脑。同时毛泽东希望广大青年"越是困难的地方越是要去，这才是好同志"③，他号召青年们哪里有困难、有问题，就要

---

① 《毛泽东选集》第4卷，北京：人民出版社1991年版，第1130页。
② 《毛泽东选集》第4卷，北京：人民出版社1991年版，第1126页。
③ 《毛泽东选集》第4卷，北京：人民出版社1991年版，第1161页。

去哪里，发扬吃苦在前、享受在后的共产主义精神，为青年如何更好地开展工作指明了方向。

为了最后挽救和平，充分教育青年，我们党仍然用很大的努力和耐心来领导人民寻求避免战争、实现和平团结的道路。由于全国人民和国际舆论反对中国内战，加之蒋介石也感到全面内战的准备工作还没有做好，因此便和美帝国主义合伙玩弄了一个和平阴谋。1945 年 8 月 14 日、20 日、23 日，蒋介石接连发出三封电报，邀请毛泽东去重庆参加"和平"谈判。8 月 26 日，党中央发出通知，告诉全党，毛泽东将应蒋介石电邀，赴重庆同国民党谈判，要求全党不要因谈判而放松警惕和斗争。28 日，毛泽东不避艰险，亲自率领中共代表团到重庆与蒋介石谈判。谈判期间，身处重庆的毛泽东、周恩来夜以继日地接见访问社会各界人士，广泛宣传中国共产党的路线、方针、政策，耐心解答各界人士对中国共产党的疑虑和疑问，并不断阐述秉持的和平、民主、团结的主张，使中国共产党更加深入人心。经过 43 天的谈判斗争，终于迫使蒋介石接受我党提出的和平建国的方针，以及停止内战、召开政治协商会议的要求，并于 1945 年 10 月 10 日与我党签订了《会谈纪要》(即《双十协定》)。

回到延安后，毛泽东在《关于重庆谈判》的报告中总结了重庆谈判的经验和意义，提出全党要争取使时局朝着有利于人民的方向发展。这一时期，中共中央早就看穿了蒋介石假和平真内战的阴谋，及时向全党指出，重庆谈判所达成的协议，还是纸上的东西，不等于现实的东西。蒋介石历来反共反人民，绝不能对他存有幻想，坚决保卫解放区，打击各种侵犯。事实上蒋介石在《双十协定》签订后的第三天就发出"剿匪密令"，开始集中 80 万以上军队向解放区进攻。由于我党早有准备，国民党军队一发动进攻，就遭到解放区军民迎头痛击。

党除了教育青年要认清抗战胜利后的时局，对国民党反动政府企图发动内战的阴谋保持警惕外，还希望广大青年深入到人民群众中去，"在人民的中间生根、开花"，号召青年们要像种子一样，在人民群众这片广袤的土地上生根发芽，为实现人民群众当家做主的美好愿望而努力奋斗。同时鼓励广大青年以正确的工作态度，广泛开展宣传教育工作，把中国的情况和动向真实呈现给人民群众，进一步增强人民群众对中国共产党领导下的人民军队的信心，积极投入新的斗争。

2. 全面内战爆发，引导广大青年为争取解放战争的胜利而斗争

中国共产党在同国民党进行尖锐的政治斗争的同时，加强了自卫战争的准备工作，在解放区开展了练兵、减租和大生产运动，1946 年 5 月，又开始了解放区的土地改革运动。

国民党在美帝国主义的大力支持和策动下，背信弃义地公开撕毁同我党签订的一切协议，1946 年 6 月 26 日，其派出 30 万军队围攻我中原解放区，全面内战终于爆发了。这一时期，党中央号召青年以巩固解放区、争取国统区为工作重心，向着建立新民主主义国家的伟大目标前进。

战争初期，国民党拥有 430 万军队，占领着全国绝大部分的地区，控制着全国所有的大城市、大部分铁路交通线及丰富的物质资源，而且有美帝国主义在军事上、经济上的大力援助，所以，当时蒋介石的军队是"飞机加坦克"，而解放区只有 120 万军队，装备也差，基本上是"步枪加手榴弹"。因此，蒋介石曾气势汹汹地叫嚷要在三个月内消灭中国人民解放军。

在这样一个敌强我弱的形势下，能不能够打败蒋介石，这是当时必须回答的一个关键问题。对这个问题，在广大青年中，甚至在我党我军内部都曾经有一些人怀疑忧虑。针对这些情况，党中央分析了当时的形势和战争的前途，指出我们必须打败蒋介石，也能够打败蒋介石。1946 年 8 月，毛泽东在同美国记者安娜·路易斯·斯特朗的谈话中，提出了"帝国主义和一切反动派都是纸老虎"的著名论断。青年在党的教育和领导下，认识到一切反动派都是纸老虎，敌人在军事上的优势，是临时起作用的暂时因素，而决定性的因素是战争的性质、人心的向背；革命的成功离不开群众的支持和参与，真正强大的力量来源于人民，只有深深扎根于人民，获得源源不断的力量和支持，就无往而不胜。

国民党军队对解放区的进攻是猖狂的、残忍的，每到一个地方就烧杀掠夺，激起解放区人民和青年的无比愤怒，青年们继承和发扬了英勇战斗、不怕牺牲的精神，纷纷参加解放军。在解放区，青年们成立土改工作队，深入农村广泛宣传人民解放战争形势和党的方针政策，与贫苦农民同吃同住同劳动、谈心谈事交朋友，批判封建制度和国民党反动政权，成为一支强大的宣传教育队伍。为了推动解放区土地改革运动的进程，党对参与土改工作的青年进行了政策教育。党的及时指导教育，使解放区土地改革工作成效显著，有力巩固了后方，奠定了支援前线的坚实基础。

在"保卫土地、保卫翻身"的革命口号下，广大农村掀起了更大规模的参军支前高潮。成千上万的青年踊跃参军，拿起武器去和敌人搏斗。有的青年承担解放区民兵的角色，担负了站岗放哨、配合主力部队作战、维持社会治安等任务，还有不计其数的广大青年在支援前线、配合人民解放军英勇作战中不幸牺牲。如刘胡兰，在敌人面前，她大义凛然："只要有一口气活着，就要为人民干到底。"她宁死不屈，从容地躺在敌人的铡刀下，表现出英勇斗争精神和对中国人民解放事业无限忠诚的高贵品质。毛泽东亲题"生的伟大，死的光荣"八个大字，予以纪念和表扬。当时无论是在前线，还是在后方，广大青年在党的领导下，为争取人民解放战争的胜利，都在各自的岗位上做出了自己的贡献。

（二）成功试建青年团

1. 关于重新建团问题的提出和讨论

1946年5月，杜前、马仪、李云洁等几位年轻人从山东出发，长途奔走了80天，来到延安，在任弼时领导下，和中央青委的同志们一起商谈青年工作。鉴于抗日战争已经胜利结束，青救会的历史任务已经完成，经过对要不要建团以及建立什么样的团等问题的深入细致讨论，任弼时提出重建青年团的倡议，认为在解放区建立新民主主义青年团是完全必要的。这给各解放区乃至全国的广大青年，传来了春天般的喜讯。在此基础上，中央青委起草了《关于成立新民主主义青年团的建议(草案)》，报送任弼时等中央领导。1946年八九月间，任弼时主持召开了两次中央会议，讨论重新建团问题。这年的8月26日，延安的枣园，中央书记处办公地的窑洞外面，在一片郁郁葱葱的树林中，任弼时和朱德等同志亲切攀谈，研究青年团事宜。朱德、任弼时、胡乔木等再一次听取了中央青委关于各解放区青年工作与组织概况、青年工作的任务、成立青年团的必要性和根据、成立青年团的初步设想等详细报告后，敲定了正式建团的最初决定。9月，任弼时专题同毛泽东商谈了青年团的重建问题，达成共识之后，于13日在枣园小礼堂，举行了规模较大的正式的中央座谈会，经过热烈讨论，会议一致认为，要建立青年团，但要先经过试点。在中共中央讨论决定建团问题的两次会议上，任弼时阐发了建团思想。他指出，党的基本任务就是团的基本任务，团的性质，是带政治性的青年先进分子组织，是党的助手，在团内要进行共产主义教育。

2. 延安青年团试建成功

1946年9月，在第二次讨论青年团问题后，根据中央指示，在延安先试建青年团，以取得经验，求得实际成效，便于党中央在年底做出最后决定，并强调试办工作开始，应注意不首先以组织去组织，而应以工作去组织，先有活动后有组织，从无形的组织到有形的组织。

全国第一个农村团支部的诞生地位于延安冯庄，青年团支部的试点成绩，意义至关重大。1946年11月，马仪向任弼时报告试点成绩，主要有：在冬季生产中，组织种种变工互助活动，同建团前，性质完全不同；在转变原有的邪风恶习中，取得重大成功；在政治、文化学习及娱乐活动中，开展得很红火，使青年人有了健康的文化生活。这使得早期在农村建团不一定能行的疑虑彻底消除。1947年吴光明在陕甘宁边区青年工作干部会议上汇报了冯庄青年团在战火洗礼中的实况：一是冯庄青年团在自卫战争中坚持对敌斗争，成为坚持对敌斗争的核心力量。二是永远不忘共产党。当机关部队转移后，团员们仍充满着胜利的热望，经常向村里的群众和孩子们宣传："咱永远不能忘记共产党、八路军对我们的好处。"三是在敌人面前绝不屈服。冯庄团支部召集秘密会议，讨论解放军能不能打败胡宗南，还研究对付敌人的办法，动员和帮助群众藏好粮食和衣物，并团结群众，不给敌人送粮、送草、带路。有的团员不幸被捕，在敌人拷打威逼下，立场坚定，不泄露一点我方军情。四是在战争动员中团员起了带头作用。李刘长等 5 个团员，自愿参加了游击队。在家的团员领导自卫军配合游击队袭击敌人达 17 次。游击队员住到他们村时，各团员给游击队员挑水、煮饭、送被毯，还拿鸡蛋慰劳伤病员，大大鼓舞了游击队员们的战斗情绪。五是变工互助家家有利。满山麦子熟得金黄，大家为不能及时收回来而着急，青年团组织了九个青年变工组抢收，十多天就把全村的麦子收完了，使之没有被敌人抢去。六是发展团员壮大力量。虽然处在敌人的统治下，冯庄的组织生活始终没有停止。他们利用夜深人静的时候，布置检查工作。他们经常教育青少年认清形势，帮助他们改正毛病。家长们都称赞说："青年团的本事比我们大。"青年经过团的教育和战争的锻炼，都有很大的进步，出现了一批又一批青年积极分子，使团组织比以前扩大了一倍。

冯庄团支部在战火中发光，不论在自卫战争中，还是在生产战线上，都发挥了党的助手作用。团员们除了自己实干外，还积极向群众宣传党的政策，教唱革命歌曲，散发传单，传播胜利的消息，坚定人们必胜的信念。事实证明，延安建团的试点是成功的，青年团起了先锋作用和核心作用，团员虽然年龄小，但跟党走，解放全中国、革命到底的决心是坚定不移的。青年团员带头参军参战，支援前线，在伟大的人民解放战争中，表现出勇敢坚定、奋不顾身地消灭敌人的英雄气概。

五四运动以来，中国青年一直处在马克思主义指导下，特别是在中国共产党成立后，一直在党的领导下有组织地进行革命斗争。在各个时期和各个革命斗争中，青年总是最积极拥护党的主张，响应党的号召，完成党的任务。许多革命老前辈，从实践中认识到只有跟着共产党走，中国人民和青年才能得到彻底的解放，中国才能走上共产主义光明大道。

第三章
延安时期青年理想信念教育的内容

党的二十大报告指出："全党要把青年工作作为战略性工作来抓，用党的科学理论武装青年，用党的初心使命感召青年，做青年朋友的知心人、青年工作的热心人、青年群众的引路人。"①深入推进青年理想信念教育是中国共产党人一以贯之的优良传统。青年一代的理想信念、精神状态、综合素质是一个国家发展活力的重要体现，也是一个国家核心竞争力的重要因素。延安时期是中国共产党人开展理想信念教育的一个重要时期，无数爱国青年学生，放弃了优裕的生活、学习条件，冒着生命危险，冲破日寇、汉奸和国民党顽固派重重封锁，不远千里奔赴延安，从而形成了一大景观——"延安潮"。在此13年极其艰难困苦的环境中，中国共产党非常关爱青年群体，从青年实际思想水平开始，循循善诱，逐步提高他们的思想觉悟。朱德总司令曾给延安的青年们赠送了三件宝贝：笔、镢头和枪。他热情勉励青年们拿起笔来学习马列主义和文化知识，武装自己的头脑；拿起镢头开荒种地，在劳动中锻炼自己，建设好边区；拿起枪来打击敌人，学会武装斗争，保卫好边区。他还说，温室里长大的花草经不住风霜吹打，不进火热的炼钢炉就炼不出顶好的钢来，青年应投身到抗日民族解放斗争中去锻炼成长。坚定的理想信念不会自发产生，中国共产党及时用党的科学的理论武装青年，用历史的眼光启示青年，用伟大目标感召青年，用光明的未来引导青年，帮助青年克服各种非无产阶级思想，廓清思想迷雾，提高分析和识别各种错误思想和观点的能力，树立科学的世界观，坚定共

---

① 《党的二十大报告辅导读本》，北京：人民出版社2022年版，第64页。

产主义信仰，自觉担当起民族先锋的责任，积极参加全民族抗日统一战线，使其迅速成长为党和国家的栋梁。

一、用辩证唯物主义的世界观武装青年

习近平总书记强调："理论上清醒，政治上才能坚定。坚定的理想信念，必须建立在对马克思主义的深刻理解之上，建立在对历史规律的深刻把握之上。"①学习理论是树立理想的前提。马克思主义信仰和共产主义信念，是中国革命和建设的精神动力，没有这样的信仰和信念，就没有凝聚力，就没有一切。延安时期我们党处在错综复杂的革命环境中，肩负着领导全国人民进行民族斗争和阶级斗争的艰巨任务，深知运用马克思主义探讨中国革命的发展规律的重要性和紧迫性，始终坚持用马克思主义普遍原理分析中国社会的现状，加强马克思主义理论教育，使广大青年进一步树立辩证唯物主义和历史唯物主义的世界观，坚定无产阶级立场，把理想和信念牢固建立在马克思主义理论深刻认识的基础上。

(一)加强青年理想信念教育的核心是解决世界观的问题

世界观的问题是一个根本性的问题。人们的一切行动都是受一定的世界观支配的。一般来说，人都自发地树立某种世界观。这种自发树立的世界观是不系统的，零乱的，有多种成分的，也是不坚定的。受这种世界观支配，人们对世界上各种事物的看法就会不一致，对某种事物的看法就会摇摆不定，行动上缺少动力，迟疑不前。自觉地通过学习和锻炼形成的世界观是系统掌握的世界观，理性化的世界观，在这种世界观指导下，人们的行动是明确的，坚定的，持之以恒的，尤其是自觉地树立起科学的世界观以后，人们的认识和行动就会有一个巨大的飞跃。

---

① 《习近平谈治国理政》第 2 卷，北京：外文出版社 2017 年版，第 35 页。

1. 只有树立了辩证唯物主义世界观，才能对整个世界有科学的认识，从而树立科学理想

要改造世界，必须首先科学地认识世界。马克思主义诞生前，唯心主义、形而上学的世界观不能指导人们正确地认识世界，旧唯物主义世界观也不能指导人们深刻地、全面地认识世界。只有辩证唯物主义世界观，才科学地回答了世界的本原问题，从而为正确认识主、客观世界提供了一把钥匙，使之在改造世界的过程中，按客观规律办事，减少盲目性，取得更大的成效。

首先，只有懂得马克思主义理论，才能树立科学理想。理论上的成熟是政治上成熟的基础，政治上的坚定源于理论上的清醒。刘少奇指出："马克思列宁主义的理论，是我们观察一切现象、处理一切问题的武器，特别是观察一切社会现象、处理一切社会问题的武器。如果我们不能掌握马克思列宁主义的理论武器，我们就不能正确地认识和处理在革命斗争中所遇到的各种问题，就有迷失方向、背离无产阶级革命立场的危险，甚至可能自觉地或者不自觉地成为各种机会主义者，成为资产阶级的俘虏和应声虫。"①青年理想信念教育的核心问题是解决青年世界观和方向的问题，而世界观和方向的真正解决又取决于是否真正地掌握了马克思主义理论，说到底也即理论修养和觉悟水平问题。如果没有在马克思主义理论武装下的思想观念的升华，就绝不会产生崇高的理想和为远大目标奋斗的行动，而只会陷入为个人利益奋斗的狭隘理想中难以自拔。只有对马克思主义理论进行深刻的学习，真正把握了马克思主义的精神实质，科学理论才能发挥出强大功能。反之，如果不进行马克思主义理论学习，不懂得社会发展的规律，世界观和立场不是建立在深刻的理论基础之上，而是只凭一时的革命热情，那么他就不可能具有坚强的无产阶级党性。这样，当他处于关键时刻就可能产生思想混乱，信念动摇，甚至立场站错。没有先进理论武装的青年，就不可能发挥先进战士的作用。建立在物

---

① 《刘少奇选集》上卷，北京：人民出版社 1981 年版，第 116 页。

质与精神辩证关系原理基础上的党的思想政治工作，立足于转变人的思想，改造人的世界观，如果做好了，就能提高思想觉悟和认识能力，调动主观能动性，使精神力量变成巨大的物质力量，使革命事业沿着正确的方向发展。

其次，只有不断学习马克思主义，才能不断坚定远大的理想。坚定共产主义理想，是一件不容易的事情。因为人生多坎坷，革命多磨难，要做到在漫长的人生征途上百折不挠地为共产主义理想而奋斗，就需要通过不断学习马克思主义理论，来不断坚定自己的理想信念。青年唯有用马克思主义理论武装自己，坚定正确的政治方向，才会从一个抗日的热血青年迅速成长为一名共产主义战士。1938 年，在上海颇有名气的摄影师吴印咸应袁牧之约请，拍摄一部反映延安和八路军生活的纪录片时说：我可不是共产党，也不想被赤化，拍完片子就回来，谁也别想把我扣下。一年多的时间，他拍摄了许多难忘的镜头，而边区生活也深深地感动了他。片子拍完了，吴印咸主动请求留下，并递上了一份入党申请书。

最后，只有掌握马克思主义理论，才能找到通向理想境界的道路。马克思主义指出，共产主义社会是社会生产力极大发展，社会物质财富极大丰富，实行各尽所能、按需分配的原则，每个人的个性得到自由的、全面的发展的社会。这就为到达共产主义理想境界开辟了一条广阔的道路。但是理想境界的最终实现还要靠人们的辛勤努力，这就要求每一个社会成员充分发挥自己的积极性和创造性，促使共产主义早日实现。这就是说，革命青年需要学习马克思主义理论，否则就缺少精神支柱；革命青年需要钻研各种理论知识，否则就不能胜任工作。毛泽东在《改造我们的学习》一文中，以深沉的感情写道："灾难深重的中华民族，一百年来，其优秀人物奋斗牺牲，前仆后继，摸索救国救民的真理，是可歌可泣的。但是直到第一次世界大战和俄国十月革命之后，才找到马克思列宁主义这个最好的真理，作为解放我们民族的最好的武器，而中国共产党则是拿起这个武器的倡导者、宣传者和组织者。"①用革命的理论与精神把

---

① 《毛泽东选集》第 3 卷，北京：人民出版社 1991 年版，第 796 页。

青年武装起来，这是我党的优良传统。理直气壮地引导青年学习马克思主义理论，解决本领恐慌，就要加强延安青年马克思主义理论教育，到各个战线上去担负宣传、组织与武装民众抗战的任务，把思想和行动同党领导的人民革命运动结合起来，增进政治认同，进而增添精神动力，坚定理想信念。

2. 只有树立了辩证唯物主义世界观，才能对共产主义事业充满信心，为共产主义事业奋斗不息

马克思以前的社会主义学说对资本主义作了一些揭露和批评，对未来社会作了一些合理的设想，但基本上是建立在唯心史观基础上的，是不彻底的。因此，虽然其对无产阶级和广大劳动人民产生了较大的影响力、号召力，但都失败了。马克思主义揭示了人类社会发展的客观规律，指出共产主义是人类最美好、最理想的社会制度，并指出了无产阶级解放的条件、途径、目的，从而能够预见无产阶级事业发展的进程和结果。正是由于有了辩证唯物主义的指导，共产主义运动才能不断发展壮大，无数的共产党人才对共产主义信念坚定不移，为共产主义事业奋斗不息。

我们党深知青年要成为真正的革命者，很重要的一条就是要坚定共产主义远大理想。一个人若身体缺钙，就容易骨质疏松。同样，一个人若没有精神支柱，就必然思想迷茫、萎靡颓废。随着革命形势的迅速发展和党内斗争状况的发展，虽然奔赴延安的青年群体有为实现共产主义而奋斗的决心，但对这一远大理想还缺乏明确的理性认识和高度的政治自觉，因此，在尖锐复杂的斗争中就很容易迷失前进方向，在艰难困苦的前进中很容易摇摆松懈。如何引导青年把满腔热血转化为行动报效祖国，首要的是确立唯物辩证主义的世界观，并用以支配自己的思想和行动。树立了科学的世界观，共产主义信念就坚定；世界观不正确，共产主义信念就树立不起来；科学的世界观不牢固，共产主义信念就动摇不定。中国共产党认识到向青年进行政治方向、政治理想教育和马列主义的宣传作用，使青年自觉地克服各种非无产阶级思想，实现理论基础的科学性与实际运用的自觉性有机结合，极大地提高了青年的民族觉悟与抗战信心，提高了他们的思想觉悟，使他们自觉地为党的远大理想和阶段性纲领路线而奋斗。1937 年 4 月，毛泽东曾亲自到中国人民抗日军事政治大学（以下简称"抗日军政大学""抗大"等）为第一期学员讲授辩证法唯物论（讲授提纲），一直讲到七七事变以后，长达 3 个多月。每星期二、星期四上午讲课，每次讲 4 小时，下午还参加学员讨论，共讲课 110 多个小时。他在讲课中用通俗易懂的语言，系统阐述了马克思主义哲学的一些基本内容，并且运用马克思主义辩证法，总结中国共产党的历史经验与教训，揭露和批判了党内的"左"倾错误、右倾错误，为中国共产党规定了正确的思想路线与工作方法，用马克思主义世界观和方法论武装学员的思想。1939 年 6 月，在抗大成立三周年纪念大会上，毛泽东作了《被敌人反对是好事而不是坏事》的报告，随后不久，又电示抗大，强调教育是学校一切工作的中心，坚持政治教育是整个教育的中心，并强调马列主义政治教育。

　　一个民族要走在时代前列，就一刻不能没有理论思维，一刻不能没有正确思想的指引。树立了辩证唯物主义世界观，就必然能实事求是，理论联系实际，知行相统一，就必然能对人民负责，对错误进行批评斗争，自己有了错误，也能自我批评。据资料统计，当时涌向延安的知识青年抗日热情非常高，仅 1938 年，从海外和全国各地奔赴延安的革命青年，就多达一万人。虽然这些青年学生都怀有高涨的抗日热情和寻求民族独立、民族解放道路的良好愿望，但是他们中的大部分人，革命理论准备不足，对共产党、马克思主义理论和共产主义社会的了解是很少、很有限、很朦胧的。他们到延安主要是跟随中国共产党抗日，至于中国共产党的性质是什么，抗战前途、抗战策略、抗战方式怎么样都不是很清楚，其危害是显而易见的。因为"没有清楚而确定的共产主义的世界观，不了解共产主义事业的伟大和艰苦，没有坚定的无产阶级的立场，那是很自然的。在某种转变关头，在某种情况下，他们中间的某些人要发生一些动摇和变化，也是很自然的"①。正是由于有了辩证唯物主义的指导，

---

① 《刘少奇选集》上卷，北京：人民出版社 1981 年版，第 137 页。

共产主义运动才能不断发展壮大，并克服千难万险不断走向胜利。

3. 只有树立了辩证唯物主义世界观，才能确立正确的价值取向，从而筑牢青年理想信念堤坝

青年的命运始终与时代进程相连、共振，延安时期青年运动是中国共产党领导的整个人民革命运动的一个重要方面和组成部分。我们党为把大批延安青年培养成适合革命需要的人才，使他们为实现党的总路线总任务而奋斗，始终坚持以坚定正确的政治方向和正确的价值取向加以引导。所谓政治方向"正确"，就是要把思想和行动同中国共产党领导的人民革命运动结合起来作为自己自觉的选择；所谓政治方向"坚定"，就是在为人民事业奋斗的过程中，要百折不挠，始终如一，毫不动摇。

青年要成为真正的革命者，必须抛弃小资产阶级的思想意识，树立辩证唯物主义世界观，了解中国革命的基本问题和发展规律。习近平总书记强调："马克思主义第一次站在人民的立场探求人类自由解放的道路，以科学的理论为最终建立一个没有压迫、没有剥削、人人平等、人人自由的理想社会指明了方向。马克思主义之所以具有跨越国度、跨越时代的影响力，就是因为它植根人民之中，指明了依靠人民推动历史前进的人间正道。"[1]只有掌握马克思主义的世界观，才能树立正确的人生价值观。无产阶级人生价值观以广大人民群众的利益和需要为出发点和归宿，以全心全意为人民服务为最高宗旨，把对社会的奉献作为衡量人生价值的根本尺度，代表人类社会历史发展的趋势，具有强大的生命力和远大前途。而一切剥削阶级的人生价值观，从个人主义出发，奉行"人不为己，天诛地灭"的人生哲学。列宁指出："只有以先进理论为指南的党，才能实现先进战士的作用。"[2]曾在延安中央研究院(前身为"延安马克思列宁学院")学习工作过的翟定一说：我们这些青年人，都是在日寇铁蹄踏进

①　习近平：《在纪念马克思诞辰 200 周年大会上的讲话》，北京：人民出版社 2018 年版，第 8 页。

②　《列宁选集》第 1 卷，北京：人民出版社 2012 年版，第 312 页。

我国的神圣领土，眼看着山河破碎民族危亡的情况下感到国民党的腐败，从蒋管区、敌占区经过艰难险阻来到延安，寻求救国救民的真理的。因为这种感情层面上的忧患意识和爱国热情，饱含着对民族命运祖国前途的深切关注，饱含着抛弃升官发财随时准备牺牲一切的人生价值追求。可见，获得认识世界和改造世界的强大思想武器，才能树立正确的价值取向，筑牢青年理想信念堤坝。

(二)努力学习马克思主义理论，树立辩证唯物主义世界观

辩证唯物主义是关于自然界、人类社会和思维发展的最一般规律的科学，又是关于无产阶级和人类解放的学说，也是马克思主义的一个重要组成部分。其基本观点是：世界的统一性在于物质性；物质由于内部矛盾的既统一又斗争，不断发生变化；物质运动变化按质量互变、否定之否定规律进行，是可以认识的；意识是物质高度发展的产物，是对物质的反映；认识的基础是实践，认识正确与否要通过实践来检验。它是无产阶级的世界观，用以指导我们的思想、观察事物，指导我们处理问题，又是方法论。

1. 自觉地以马列主义理论为指导，不断提升政治素质

马克思主义理论是人类科学文化的结晶，是无产阶级革命和建设的思想武器和行动指南，为青年理想信念教育奠定了科学的思想基础。加强青年理想信念教育，从根本上说就是要用马克思主义武装青年，反对和克服各种非无产阶级思想，不断提高青年的共产主义思想觉悟，树立无产阶级世界观。要实现这一目标，就必须使广大青年掌握马克思主义理论这一锐利的思想武器。只有掌握了马克思主义基本理论，才会有高度的政治觉悟和政治素养，才会树立坚定的理想信念。

延安时期，各级党校和军政学院的课程有相当一部分都是马克思主义理论和中国问题，约占总学时的四分之一。以培养知识青年为主的陕北公学，"该校普遍设置的社会科学概论课程内容包含社会发展史、政治经济学、辩证唯物主义和历史唯物主义等方面的一些基本知识。使学生通过这门课的学习，初步

懂得关于社会发展的规律，懂得马克思主义的阶级斗争学说，认识到中国革命不仅有当前打倒日本帝国主义、求得民族解放的问题，而且还要谋求社会解放、阶级解放"①。陕北公学在普通班和高级班都设置了马克思主义理论相关课程，把马克思主义理论系统而全面地融入课堂教学，使青年自觉地认清教条主义思想方法对革命的危害，破除了迷信观念、宗教观念、唯心观念等，有助于构建系统性的知识体系，坚定无产阶级立场，把理想和信念牢固建立在对马克思主义理论深刻认识的基础上，引导广大青年从感性到理性、从自在到自为，使他们既掌握参加革命的本领，又具有献身革命事业的马克思主义理论素养。

2. 认真学习马列主义原著，深刻把握哲学原理

只学原理不学原著，就会只知其然，不知其所以然，所学的马克思主义原理也必然是不扎实的，甚至会对一些自称为马克思主义的人不辨真伪，盲目信服。在原著中学习马克思主义原理，因为要经过自己的加工制作，必然是扎实的。学习马列主义原著，是牢固树立科学世界观的一项基本功。"据不完全统计，从 1937 年至 1945 年全国出版的马恩著作有 42 种，其中延安出版了 19 种；列宁著作有 59 种，延安出版了 24 种；斯大林著作有 45 种，延安出版了 11 种。"②这些著作的出版，大大推动了全党学习研究马列主义，提高党的理论水平，为青年理想信念教育作了充分的理论上的准备，改变了理论学习跟不上革命形势发展的现象，确保广大青年们在思想上握紧"方向盘"，鼓舞了干劲。1938 年，为适应革命形势发展的需要，党中央在延安创办了一所专门学习和研究马克思列宁主义理论的学校，即延安马克思列宁学院(简称"马列学院")。延安马列学院作为研究和宣传马列主义的重要场所，对马列著作进行大量翻译，推动了马克思主义的中国化和大众化。

---

① 李维汉：《回忆与研究》上，北京：中共党史出版社 1986 年版，第 401 页。
② 郭涤、秦益珍、和平主编：《延安时期与毛泽东思想》，西安：陕西人民出版社 1993 年版，第 21 页。

抗大为培育抗日战争中军事政治方面的领导干部，在对学生进行具体详细的调研分析基础上，量身打造适合他们的教育计划，点亮了青年理想信念的灯塔。毛泽东希望外来知识青年通过抗大的学习，"把那些小资产阶级意识——感情冲动、粗暴浮躁、没有耐心等等，磨他个精光，把自己变成一把雪亮的利刃，去革新社会，去打倒日本帝国主义"①。经过在抗大为期 8 个月的学习，多数青年在思想上发生了很大改变，视野更开阔了，思维更清晰了，对于共产党、马列主义思想和共产主义理想，也有了更多的、较为清醒的和比较深刻的认识，普遍提高了自己的政治觉悟，树立起坚决跟党走、争取抗战最后胜利的信心和希望，同时坚定了共产主义理想信念。

3. 完整、准确地掌握马列主义，注重掌握其精神实质

马克思主义理论教育蕴含着理想信念教育，两者是密切相连，不可分割的，其理论体系本身就体现着共产主义远大理想。在学习过程中，主要学习其中的精神实质，掌握其思想体系，而不能拘泥于马克思主义经典作家的只言片语。抗日战争爆发后，面对艰巨繁重的抗战任务，毛泽东要求"一切有相当研究能力的共产党员，都要研究马克思、恩格斯、列宁、斯大林的理论"，"中央委员和高级干部尤其应当加紧研究……普遍地深入地研究马克思列宁主义的理论的任务，对于我们，是一个亟待解决并须着重地致力才能解决的大问题"，并强调"如果我们党有一百个至二百个系统地而不是零碎地、实际地而不是空洞地学会了马克思列宁主义的同志，就会大大地提高我们党的战斗力量，并加速我们战胜日本帝国主义的工作"②。"吃小米饭，攻理论山"就是对延安时期全党在艰苦环境中钻研理论、苦学马列主义景象的生动描述。

延安时期，为进一步加强青年原原本本学、融会贯通悟、联系实际思、扎扎实实做，许多理论研究机构纷纷成立。党内组织创办了哲学学会，还有"时

---

① 何长工：《难忘的抗大岁月》，《光明日报》1981 年 6 月 25 日。
② 《毛泽东选集》第 2 卷，北京：人民出版社 1991 年版，第 532~533 页。

事问题研究会""历史研究会"等，使哲学从书本上解放出来，使学生真正学会在实际生活中运用马克思主义的方法，领会其精神实质。在"新哲学会"首届年会上，毛泽东邀请了艾思奇、何思敬等二百位各方人士，并请其中几位就哲学的若干问题作报告或讲演。为庆祝新哲学学会举办成功，毛泽东用自己的稿酬在西山饭店摆了几桌酒菜，他走到每一桌去敬酒，并和每个人碰杯。毛泽东这样大力支持研究会的活动，极大地鼓舞了同志们深入研究哲学问题的热情。青年只有对马克思主义理论进行深刻的学习，把握马克思主义的精神实质，其世界观才能建立在坚实的科学理论基础上，理想和信念才能是科学且坚定的。正如习近平总书记指出的："学懂了这一认识和研究社会历史发展的科学世界观和方法论，我们就能坚定理想的主心骨、牢筑信念的压舱石，保持强大的战略定力。"①理论强，才能方向明、人心齐、底气足。

(三)以辩证唯物主义世界观为指导，加强青年理想信念教育

延安时期，中国共产党自觉地按照辩证唯物主义思想路线办事，引导青年扣好人生第一粒扣子。一些青年不满现状，渴望革命，但由于缺乏经验，看问题较简单，有时容易丧失信心；由于缺乏正确的指导思想，看问题往往容易片面和偏激，针对这些情况，延安各高校普遍开设了哲学、马列主义、社会发展史等课程，坚持用辩证唯物主义的世界观观察分析解决革命斗争中所遇到的实际问题，使广大青年更好地掌握中国共产党关于新民主主义革命的理论、路线、方针和政策，并在分析比较中学到了活生生的马克思主义，搞清和弄懂党在现阶段的总路线总任务是什么，自己肩上的担子是什么，彻底弄懂了共产主义理想的科学性，从而提高革命斗争的自觉性，筑牢全心全意为人民服务的宗旨意识。

1. 一切从实际出发

这是达到主客观统一的前提和基础。世界是物质的，物质世界是千差万别

---

① 《习近平谈治国理政》第 2 卷，北京：外文出版社 2017 年版，第 160 页。

的，矛盾特殊性决定事物的特殊本质；物质决定精神，精神是对物质的反映。一切从实际出发，就是指无论做什么事情，都要从事物本身的具体特点，从它所处的一定的时间、地点、环境、条件出发，从事物的矛盾的特殊性出发。从实际出发，对事物就能有正确的认识，制定出正确的对策和办法，并取得成功。从主观愿望出发，凭热情办事，不了解情况瞎指挥，这是主观主义的表现，其结果必然碰壁。

延安时期，青年们来自五湖四海，阶级出身、来源成分背景复杂，各人的思想基础、觉悟程度也不相同，由于这些情况的客观存在，使得奔赴延安的青年中非无产阶级思想的大量存在成为必然，或多或少地在思想上妨碍着党和革命队伍的统一，在组织上妨碍着党和革命队伍的团结，在政治上妨碍着党的正确路线的执行，这样一来，势必影响党的政治任务的完成。要改造世界，必须首先科学地认识世界。辩证唯物主义世界观科学地回答了世界的本质问题，事物发展的一般规律问题，主观世界、客观世界的改造及相互关系问题，社会发展的动力问题，历史发展的趋势等问题，从而为青年正确认识主、客观世界提供了一把钥匙，使他们的世界观建立在对科学理论的理性认同上，使之在改造世界的过程中，按客观规律办事，减少盲目性。

我们党对青年的理想信念教育始终坚持一切从实际出发。从青年成长的这一特点来看，青年理论武装要从整体上统筹，既不能简单化，也不能缺乏理论教育的连贯性和进阶性。理想信念教育是一个系统工程，系统培训相对于日常的、零碎的教育来讲，它是用比较连续的、相对集中的时间和比较正规的场地，对青年进行系统的马克思主义理论教育，以达到提高素质、增强教育效果的目的。为强化系统性，中共中央在延安创办了30余所各类学校，精心组织他们入校学习，进行系统、全面的马克思主义理论培训和学习，为大批延安青年学习理论、追求真理提供了条件，切实解决革命中的现实问题，为革命事业培养了一批又一批急用人才。青年只有真正具备了一定的马克思主义理论素质，才能在复杂社会形势下清醒地把握社会发展的总趋势，坚定共产主义远大理想。

2. 理论联系实际

这是做到主客观相一致的基本态度。它提出的依据是：认识来源于实践并指导实践，及矛盾的普遍性与特殊性的相互关系。理论联系实际有两层意思：一层是掌握马克思主义理论。马克思主义理论是普遍真理，是我们行动的指南。掌握马克思主义理论是指导无产阶级革命不断走向胜利的前提条件。另一层意思是理论必须同实际相结合，即马列主义的普遍真理同中国革命具体实际相结合。认识的目的是实践，如果有了好的理论却把它束之高阁，并不实行，那么，再好的理论也是没有意义的，理论和实际二者之间不能脱节，否则，理论就变成空洞的东西，失去生命力、战斗力；实践则成为盲目的实践，失去方向和目标。坚持理论联系实际，一方面，要反对一切从马列主义本本出发，不顾客观实际的教条主义；另一方面，也要反对否定马克思主义普遍真理的指导，片面强调自己的感性经验的经验主义。教条主义和经验主义对无产阶级革命都是有害的，要坚决克服。

延安时期党对青年进行理想信念教育，其核心问题是要解决青年的立场和世界观，从根本上看，就是要正确把握马克思主义理论体系。这是因为，马克思主义理论是迄今为止最为严密和完整的科学理论体系，它揭示了人类社会发展的一般规律，为我们认识社会、解决问题，提供了正确的立场、观点和科学方法，是认识世界、改造世界，进行伟大的共产主义实践的强大思想武器和指导方法。

延安时期紧张的革命战争以及广大青年哲学素养的缺乏，使他们不可能直接研读大量的哲学著作，同时也不可能面面俱到地学习研究其全部内容，其中有些方面在当时也没有迫切需要。为了使广大青年便于掌握马克思主义世界观和方法论，使哲学切实有效地为当时的革命实践服务，中共中央领导人在指导革命战争的紧张工作中，还抽出时间进行大量的理论研究和宣讲工作，深入浅出、联系实际地讲解，不搞牵强附会、生搬硬套，使马克思主义理论教育顺理成章，生动活泼地进行，一方面突出用马克思主义的世界观、方法论武装广大青年，结合实际分析和解决革命过程中的问题，另一方面青年要牢固树立推动历史前进的决定力量是人民群众的科学观点。抗战进入相持阶段，毛泽东来到抗大给师生们作报告，指出我们是长期战争，总归要打下去，一直到胡子白了，于是把枪交给儿子，儿子的胡子又白了，再把枪交给孙子，孙子再交给孙子的儿子，再交给孙子的孙子，日本帝国主义倒不倒？不倒也差不多了。毛泽东用生动的语言点出了年轻人努力的方向，那就是长期奋斗，坚持到最后的胜利。他在轻松的气氛中结合实际讲出很多革命的大道理，这种接地气的表达方式缩短了马克思主义哲学与中国革命实践的距离，同时进一步拉近了与青年的距离，增进了广大青年学哲学、用哲学的热情和信心，有力地促进了哲学的解放。毛泽东紧紧抓住马克思主义哲学的基本内容，把马克思主义哲学的西方形式转变成中国形式，用凝练清晰的形式再现了马克思主义哲学的完整本质，从而使其显得更加具体和生动。他用真理的力量感召青年，用人格的力量感染青年，在率先垂范中赢得了青年。

让有信仰的人讲信仰，将直接决定以何种思想、观点和方法引导青年，将直接决定学习效果，这是用科学理论武装青年的前提和关键因素。我们党站在党和革命事业发展的战略高度，耐心地做青年们的思想工作，使他们成为有作为的马克思主义者。如抗战时期的毛泽东，尽管工作繁忙，但为了保护青年学生的爱国热情，引导学生健康地向前发展，及时给广大青年指明方向，总会到马列学院、中国人民抗日军事政治大学、陕北公学等学校开展专题报告与演讲。在抗大，他针对青年学生认为抗大不正规等思想认识，开导大家说，别看抗大没有楼房、教授，与北大、清华、燕京大学不一样，条件比较差，但抗大是研究革命道理的学校，它的理想很大，奋斗目标很大，要打败日本帝国主义，建立新中国，实现社会主义，而且无论战斗如何频繁、条件如何艰苦、环境如何恶劣，都坚持组织青年学文化、学革命道理。"毛主席密切结合中国革命的实际，深入浅出地讲授马克思主义哲学的基本原理，为马克思主义理论教学树立了一个好榜样。学员们听了耳目一新，参加过实际斗争的干部，思想震动更大，多年来心中的疑团，豁然冰释，对党内斗争的种种问题，找到了思想根源，也找到了哲学的答案。"①中央其他领导同志也多次给青年们作报告，提升理论课堂的引领力。

3. 实事求是

这是主客观相统一必须遵循的根本原则，是辩证唯物主义思想路线的核心。它提出的依据是：物质的客观性及其固有的运动的规律的客观性，认识的直接目的是揭示客观规律。实事求是包含两个方面，一是按照事物的本来面貌认识事物，揭示其中的客观规律。事物是处在普遍联系中的，我们必须用联系的观点、全面的观点、发展变化的观点来认识世界，只有这样才能认识事物的内部联系，掌握事物发展变化的规律。要结合实际情况，创造性地具体落实，不能满足于照抄、照搬、照转。二是按照客观规律办事。事物内在规律是客观的，不以人的意志为转移，不按客观规律办事，就必然走向失败。

青年理想信念教育既要有系统的理论观点灌输，还要有经常性的点滴教育，这就需要把青年理想信念教育与日常的思想教育有机地结合起来。延安时期，我们党遵循实事求是原则，为将学习教育融入日常生活，常借助报刊广播等进一步延伸青年理想信念教育触角，努力提高理论武装的实效。报刊是延安时期倡导的最主要的宣传学习形式，报纸书刊等主流媒体能生动鲜活地开展理论教育，从青年"看见过"的典型人、"听到过"的典型事、"经历过"的热点时事入手，不断向青年传播马克思主义基本知识和革命理想知识，逐步启发大家为共产主义崇高理想而奋斗的政治觉悟，鼓励青年主动以奋发上进的姿态站在时代前沿，使共产主义的崇高理想在延安时期得到广泛的宣传和空前普及，对提升青年的理论水平起了有力的促进作用。毛泽东高度重视报刊工作，明确指出："报纸的作用和力量，就在它能使党的纲领路线，方针政策，工作任务和工作方法，最迅速最广泛地同群众见面。"②他并指出把报纸办好，是党的一个

---

① 成仿吾：《战火中的大学》，北京：人民教育出版社1982年版，第31页。
② 《毛泽东选集》第4卷，北京：人民出版社1991年版，第1318页。

中心工作。显然，毛泽东把报刊看做党宣传政策、推动工作的重要途径和工具，是共产党人必须充分重视并加以运用的重要工作抓手。

据不完全统计，仅 1937 年到 1939 年，华北四大抗日根据地的报刊就有 330 种之多，全党形成了自上而下办报的大好局面。1937 年春，中共中央成立了由张闻天、博古、周恩来、凯丰四名政治局委员参加的中央党报委员会，统一领导新闻报刊的出版发行工作，负责管理《新中华报》和中央印刷厂。毛泽东本人也十分重视报刊舆论工作，在这一时期他先后为《八路军军政》《共产党人》《中国工人》和《解放日报》等报刊撰写发刊词，指明了革命政治报刊的政治方向和工作方法。据相关统计，"抗战时期，仅陕甘宁边区出版的报纸就达 20 余种，各种杂志 60 余种"①，报纸书刊成为指导工作、教育青年的一种有力武器。

党同时还充分利用广播精准高效、覆盖面广、传播速度快、能以情动人等独特优势、作用和影响力，传递党的声音，把青年凝聚在党周围，有效激发了青年民族情感，以唤起青年政治觉醒。1940 年 12 月 30 日，延安新华广播电台为引导青年尽快跟上不断变化的客观形势，对党的方针政策和科学理论进行首次播音宣传，还广泛传播抗战中涌现出的英雄模范事迹，要青年学生向榜样看齐。党还以问答墙报的形式，及时补救和解决青年学生思想上、阅读中碰到的一些想不通或完全不懂的但非常重要的难题，做出书面解答，予以公布。该墙报每周一次，对青年学习帮助很大。这些结合延安青年实际的教育举措，受到了他们的热捧，党的理论也占领了他们的思想高地，从而使党的政策更加深入人心。

4. 在实践中检验真理和发展真理

它依据的是辩证唯物主义的认识论和真理观，即真理是对客观规律的正确

---

① 中国抗日战争史学会、中国人民抗日战争纪念馆编：《抗战时期的文化教育》，北京：北京出版社 1988 年版，第 294 页。

反映，真理来源于实践，受实践的检验，又随着实践的发展而发展。也就是说，一方面实践是检验真理的唯一标准，任何认识正确与否都要通过实践来检验。另一方面真理是在实践中发展的，一种认识经过实践的检验，正确的得到肯定，错误的被纠正，成为真理。而真理又是相对的，随着客观情况的变化，过去的真理性认识现在变得有缺陷了，或者过时了，因此，还要再实践，再认识，通过不断实践、认识、再实践，使真理不断发展。真理并不是神秘的东西，只要努力实践，勤于探索和研究，就可以发现、发展真理。

因此，只从书本上学习马列主义，学习共产主义理论是不够的。我们党引导青年用自己的眼睛观察社会，用自己的头脑思考现实，用自己的语言说明和解释各种现象，更重要的是动员和组织青年参加实际的革命斗争，在实践中检验青年运用理论解决实际问题的能力，这样才能做到革命的理论和政策入脑入心，使青年在斗争实践中受教育受启发。我们党引导青年从党和国家的实践案例入手，用适当的方式组织多种形式的争论与辩论，使青年从教条主义束缚下得到解放，树立了实事求是的科学态度，提升了青年明辨是非的能力，强化了理论联系实际的良好学风。一是召开学习讨论会，以实践视角切入，分析现实状况。每次讨论会均由教员参加指导，讨论题事先由教员拟出，并给学生参考材料，会后由科代表作书面总结，予以公布。讨论会上，文化程度高的学员总是热情帮助落后的同学，而落后的同学总是虚心向别人学习。这既可以集合多数人意见，使学生能深刻系统了解所学科目的内容，又紧密结合实际，加深马克思主义对问题的实际指导意义，提高了学生的研究兴趣。二是举行时事讨论会，讲演会。学校每周作时事报告，由各班自行讨论，这对学生深刻了解时政、获得分析问题及解决问题的能力很有帮助；讲演会以班为单位，每周一次，内容有学生相互批评、有教师给予指导，这对学生提升实践动手能力很有好处。这些形式都突出了实践性，以检验学习成效作为根本标准，要求学生对教员预先列出的问题加以解答与讨论，引导青年立足社会实际，引导青年在世界历史发展大势中坚定理想信念，这种有针对性有计划性的课堂作业不但能巩固讲授所得，还能促使学生结合社会实际深入钻研，启发学生独立思考，培养研究能力。以讨论会的形式组织青年学生就所学的内容进行争论与辩论，也是自己教育自己的最好形式之一。"比如学习列宁主义问题和联共党史时，对当时反对派的观点和主张也有争论，对旧民主主义和新民主主义的内涵和区别的争论也是热烈的，经过多次辩论，越辩越明，有时辅导员参加解释、补充，把学习进一步引入深入。"①青年的思维最为活跃，在学习中注重活学活用，在学习讨论会上常常可以见到激烈的争论，真正做到畅所欲言，在某一个论点和政策上，引起小组甚至全班同学共同的讨论，结果使真理愈辩愈明，许多未曾暴露的问题暴露出来了，有些很难搞通的思想问题被搞通了，学员成为马克思主义理论的忠实信仰者和坚定践行者。

陕北公学很重视集体讨论，让青年谈自己的体会，摆正自己的看法，让理论从课堂和书本里解放出来，变成青年手里的尖锐武器，这是教学民主的一种好形式。集体讨论多采取小组讨论会形式，有时也组织全队讨论会（约一百人），或是全校性的国际国内政治时事座谈会，如武汉保卫战和抗日持久战等问题，事关抗战全局，都组织了全校规模的大讨论会。宋平回忆说：说起民主学风，我就想起马列学院那一段愉快的学习生活。学院中的学习气氛比较好，学习中有不同的观点尽可以发表，可以互相争论，没有什么扣大帽子的现象。由于没有什么压力，所以大家的思想比较活跃。

世界观的转变是根本性的转变。中国共产党的科学理论，经过青年学生的独立思考和认真讨论，将理论学习与改造思想紧密结合起来，使广大青年掌握了马克思主义方法并善于在实际生活中运用这些方法，极大地提高了青年学生的政治觉悟和文化水平。

二、用共产主义远大理想引领青年

任何一种理想都是以一定的理论体系作为基础的。崇高的理想是科学理论

---

① 吴介民主编：《延安马列学院回忆录》，北京：中国社会科学出版社1999年版，第19页。

的集中体现。建立在科学理论基础上的理想，才是符合社会发展规律的，经过人们的努力能够实现的理想，而没有科学理论作为基石的理想，只不过是虚无缥缈的幻想，或不切实际的空想。共产主义理想作为人类历史上最崇高、最美好、最远大的一种社会理想，它是马克思主义理论的直接产物；这种理想在社会实践中不断被人们接受，是马克思主义理论不断传播，并不断变成人们现实行动的结果。延安时期，是我们党从历次挫折走向步步胜利的转折时期。面对着人民武装力量的迅速壮大，为了把中国革命从新民主主义革命向社会主义革命推进，我们党提出要加强共产主义理想的教育。早在 1940 年 1 月，毛泽东就深刻地指出：民主革命，没有共产主义去指导是绝不能成功的，从而明确地把共产主义理论体系作为中国民主革命的指导思想。在民族危亡的关头，中国共产党着眼于长远，坚持用先进的科学的共产主义理想来教育青年，让马克思主义在时代变迁中引领青年思潮，使他们认清共产主义的前途，努力提高共产主义的思想觉悟，树立起为实现伟大的共产主义社会而努力奋斗的明确方向和坚强意志。

（一）科学理论是远大理想的基础

共产主义作为一种社会理想，是否定资本主义制度的直接产物。当资本主义制度刚刚出现不久，它的许多不合理现象就很快暴露出来。这时，一些进步人士就产生了许多对未来理想社会的描绘，并企图创造一种新的理想社会来代替资本主义社会。最早是 16 世纪英国的英尔和意大利的康帕内拉，其代表作分别为《乌托邦》和《太阳城》，幻想过一个没有剥削和压迫的平等社会。到 19 世纪，在英法两国又出现了三大著名空想社会主义者圣西门、傅立叶和欧文。他们看到了资本主义社会的弊病，抨击了资本主义社会的罪恶现象，提出了未来的理想社会。他们的思想反映了当时无产阶级和劳苦大众的美好愿望，在欧洲工人中起过一定的进步影响。这些理想家们虽然对他们所追求的未来理想社会所使用的名称各不相同，其中圣西门称之为"实业制度"，傅立叶谓之曰"和谐社会"，欧文则把他所要建立的共产主义新村命名为"劳动公社"，但是他们所描绘的理想社会的特征却大致相同，这就是，以公有制为基础，没有剥削和压迫，人人参加劳动，实行各尽所能、按需分配制度等。在阶级压迫和剥削日益严重的资本主义社会，空想社会主义者所提出的这些闪光的理想社会蓝图，无疑像茫茫黑夜中的一盏灯塔，给人们带来光明和希望，吸引许多热血之士为之英勇奋斗、不惜献身。然而，一个又一个理想主义者都不得不以失败的结果宣告他们理想社会的破灭。伟大的空想社会主义者欧文，不惜倾注自己的全部财产和精力去美洲建立"共产主义新村"，虽然取得了一定的成功，但也终究逃脱不了失败的命运。社会历史的发展没有厚待任何一个空想社会主义者，即使是极富有献身精神的人。这就给人们提出了一个值得思考的问题：既然他们所描绘的理想社会是那样美好，又有那么多人为之奋斗，为什么却不能实现呢？这个问题，只要对空想社会主义者的理论学说稍加分析就不难找出答案。他们对未来理想社会的描绘缺乏现实基础，不是根据现实社会发展的客观规律做出的科学分析，而是从他们天才的头脑中产生出来的，他们或者借助于资产阶级的理性主义，认为"真正的理性和正义至今还没有统治世界，这只是因为它们没有被人们正确地认识。所缺少的只是个别的天才人物"[1]；或者以资产阶级人性论为出发点，把社会变革的希望、把理想社会的实现寄托在对人性的感化上，希望通过宣传教育和典型示范，就可以使统治阶级和被统治阶级、压迫者和被压迫者、剥削者和被剥削者携起手来，变不合理的资本主义社会为平等合理的社会主义社会。总之，由于空想社会主义者提出的理想社会所赖以建立的理论基础不科学，"它既不会阐明资本主义制度下雇佣奴隶制的本质，又不会发现资本主义发展的规律，也不会找到能够成为新社会的创造者的社会力量"[2]，因此，他们的所谓远大理想也注定是一种永远也不可能实现的空想。

1. 只有马克思主义的科学理论，才把空想社会主义变成科学的社会理想

马克思和恩格斯运用唯物主义历史观，以具体的社会物质生活条件为出发

---

① 《马克思恩格斯选集》第 3 卷，北京：人民出版社 2012 年版，第 778 页。
② 《列宁选集》第 2 卷，北京：人民出版社 1972 年版，第 445 页。

点，观察和深刻分析了资本主义社会的种种矛盾，揭露了资本主义剥削工人的秘密，创立了剩余价值理论，发现了唯物主义历史观，把空想社会主义者关于未来美好社会的理想大厦建立在科学的理论基础上，从而赋予社会主义理想以强大的生命力。从此，共产主义由空想变成现实的运动。马克思主义认为，人类社会的内部矛盾是社会发展的最终原因，生产关系适合生产力发展时，它就促进生产力发展，否则就会阻碍生产力发展，甚至变成生产力的桎梏。随着资本主义的发展，社会化大生产与资本私人占有之间的矛盾日益尖锐，这种矛盾必然导致生产的无政府状态，出现周期性的经济危机；先进生产力的代表无产阶级只有组织起来打碎旧的生产关系，建立适合生产力发展要求的新型生产关系，才有自己的出路。无产阶级是实现共产主义理想的基本力量，资产阶级的剥削和压迫，必然首先引起无产阶级的反抗。"随着大工业的发展，资产阶级赖以生产和占有产品的基础本身也就从它的脚下被挖掉了。它首先生产的是它自身的掘墓人。"①无产阶级力量的发展壮大，使其成为以实现共产主义为历史使命的伟大的社会力量，为共产主义理想由空想到科学的发展奠定了阶级基础。这样资本主义的灭亡和社会主义的胜利就成为不可避免的历史发展趋势。正是马克思主义对资本主义社会基本矛盾的深透的理论分析，奠定了共产主义社会理想的基础。马克思主义理论使人们认识到，共产主义并不是梦想家的臆造，而是现代化社会生产力发展的最终目标和必然结果。从此，共产主义社会理想对劳动人民来说，不再是无法用来充饥的画饼；对于资产阶级来说，也不再被看成借以吓人的稻草人。马克思主义理论开拓了无产阶级的理想胸怀，在世界范围内掀起了改变旧世界，创造新世界的共产主义运动。总之，共产主义理想是建立在马克思的唯物史观和剩余价值学说基础上的，是符合人类历史发展必然规律的科学预见，因此，它是最科学的，是必然能最后实现的理想。

马克思主义认为，一部人类发展史，就是一部生产力与生产关系矛盾运动的历史。生产力决定生产关系，生产关系一定要适合生产力发展水平的客观规

---

①　《马克思恩格斯选集》第 1 卷，北京：人民出版社 1995 年版，第 284 页。

律是由低级到高级向前发展的。当生产力发展到一定程度，就要求变革生产关系，使之与生产力的水平相适应。正是社会内部生产力与生产关系的这种矛盾运动，推动着人类社会不断向前发展，这是人类社会发展的必然趋势。资本主义以机器为特征的社会化大生产代替了封建主义的自然经济和手工生产，使社会向前迈进了一步，但是，资本主义的生产关系从它产生那天起，就存在着生产社会化和生产资料资本主义私人占有之间的矛盾。马克思、恩格斯指出，资产阶级无疑在历史上起过革命的作用，它在"不到一百年的阶级统治中所创造的生产力，比过去一切世代创造的全部生产力还要多，还要大"①。但是，资本主义生产方式确立和发展的过程，由于这个基本矛盾的存在和发展，就出现了生产无政府状态，随着资本积累和资本主义生产的发展，一方面，生产规模不断扩大，使生产越来越社会化；另一方面，增大了的生产资料和生产成果却日益为少数大资本家所占有，从而产生个别工厂中生产的组织性和整个社会生产的无政府状态的对立，并导致了生产的相对过剩，周期性重复发生经济危机，使无产阶级和资产阶级之间的矛盾和斗争尖锐化。这种基本矛盾是由资本主义制度本身所造成，因而它自身是不可能解决的。尽管资产阶级被迫组成各种股份公司和国家资本主义等生产形式，但都不能使生产力和生产关系的冲突得到根本解决。资产阶级社会基本矛盾斗争的结果必然是代表社会先进生产力的无产阶级战胜代表落后生产关系的资产阶级，建立起与生产社会化相适应的生产资料公有制的社会主义社会，才能为生产力的发展开辟广阔的前景。社会主义社会是共产主义社会的初级阶段。社会主义社会经过生产力的巨大发展和思想、政治、文化的巨大进步，必然发展为物质产品和精神产品极大丰富，所有社会成员的物质文化生活都能得到充分满足的最美好最幸福的共产主义社会。由此可见，发展到共产主义社会，具有历史发展的客观必然性。

2. 只有马克思主义科学理论，才使共产主义理想日益深入人心

《共产党宣言》这部科学共产主义的代表著作发表不久，很快就传遍欧洲，

---

① 《马克思恩格斯选集》第 1 卷，北京：人民出版社 1995 年版，第 277 页。

传到世界各国。《共产党宣言》关于资本主义必然灭亡和社会主义必然胜利是同样不可避免的、无产阶级是资本主义的掘墓人等一系列光辉论断，成为无产阶级实现共产主义理想英勇奋斗的武器。实践证明，共产主义理想的不断巩固，并被越来越多的人所接受，不断显示它的强大生命力，完全是马克思主义科学理论不断传播的结果。十月革命一声炮响，给中国送来了马克思主义。在十月革命的影响下，1919 年爆发了具有划时代意义的五四运动，一大批追求共产主义理想的知识分子，如李大钊、陈独秀、毛泽东、蔡和森、周恩来等，积极传播马克思主义，组织马克思主义研究团体，出版介绍马克思主义的刊物，翻译马克思恩格斯的著作，正是在马克思主义理论的不断教育、影响和鼓舞下，诞生了中国共产党，马克思主义理论不断深入人心，从此开始了中国共产主义运动的伟大历程。

（二）共产主义思想是中国共产党的指导思想

共产主义理想作为一种合乎社会发展规律的理想目标，对于无产阶级及其政党改造世界的斗争是一种强大的精神动力，是形成共产党人的坚定立场和坚强意志，鼓舞他们百折不挠地为之奋斗的力量源泉。因此，树立共产主义理想，有着不可估量的意义。

1. 实现共产主义是中国共产党的政治主张

共产主义是马克思主义学说的最后归宿。马克思和恩格斯在创立共产主义学说的时候就指明了实现共产主义社会的阶级力量及其组织者和领导者，就是无产阶级及其政党，并在建立世界上第一个无产阶级政党时，就给它起了一个响亮的名字——共产党，把党的第一个纲领叫做《共产党宣言》。这说明，共产党是为在全世界实现共产主义而奋斗的党。为实现共产主义而奋斗，是共产党人的人生观。我们党成立时，也取名"共产党"，这就表明了我们党是以实现美好的共产主义社会制度作为最终奋斗目标的，体现了我们党解放全人类的高尚胸怀。毛泽东同志曾经说过，中国人民找到共产主义作为自己观察国家命运的工具，是经过俄国人介绍的。马克思列宁主义与中国的工人运动相结合，产生了中国共产党，从此，中国革命面貌焕然一新。而在此之前，上溯至鸦片战争失败以来，先进的中国人经过千辛万苦，向西方国家寻找真理，希望拜西方资产阶级为老师，以西方资本主义思想为指导，在中国建立资本主义制度，使中国走上富强之路。但是，帝国主义的侵略打破了中国人学西方的迷梦。毛泽东说："很奇怪，为什么先生老是侵略学生呢？中国人向西方学得很少，但是行不通，理想总是不能实现。"①后来我们才从列宁的《帝国主义论》中知道，帝国主义的目的就是要把贫穷落后的旧中国变成他们的殖民地，成为他们商品和资本输出的市场，成为廉价的原料产地和廉价的劳动力市场，成为列强的附庸，根本不可能让中国独立地走上资本主义道路。各老一辈无产阶级革命家都曾先后不同程度地信仰过民主主义、人道主义或无政府主义。十月革命给中国送来了马列主义，他们才把眼光转向社会主义和共产主义。只有建立在科学理论基础上的共产主义理想，才是符合社会发展规律的，是经过人们的努力能够实现的理想。有了共产主义理想，中国革命才有了坚定正确的政治方向。因此，用共产主义理想教育人、培养人，是延安时期党对青年进行理想信念教育一个值得引起注意并认真加以研究的问题。

2. 中国革命的胜利是共产主义运动的胜利

无产阶级在自己的政党共产党的领导下，以共产主义思想为指导所进行的争取自身解放的实践活动，就是共产主义的运动。中国的民主主义革命，是在新的时代背景下发生的。在第一次世界大战的爆发和俄国十月革命的胜利背景下，中国的民主主义革命："在革命的阵线上说来，则属于世界无产阶级社会主义革命的一部分了。"②"这种革命，已经不是旧的、被资产阶级领导的、以建立资本主义的社会和资产阶级专政的国家为目的的革命，而是新的、被无产

---

① 《毛泽东选集》第 4 卷，北京：人民出版社 1991 年版，第 1470 页。
② 《毛泽东选集》第 2 卷，北京：人民出版社 1991 年版，第 667 页。

阶级领导的、以在第一阶段上建立新民主主义的社会和建立各个革命阶级联合专政的国家为目的的革命。因此，这种革命又恰是为社会主义的发展扫清更广大的道路。"①显然，毛泽东以共产主义思想为指导，逐渐发展为完整的新民主主义理论，选择社会主义道路作为挽救中国的唯一道路，是完全正确的。这种革命已成为无产阶级社会主义革命的一部分。

3. 只有扩大共产主义的宣传，才能保证中国共产党在抗日统一战线中的地位

共产主义理想克服了马克思主义产生之前人类理想的历史和阶级局限度，这一信仰因而也就更能发挥它改造世界的作用。共产主义是共产党的思想武装，是共产党区别于国民党及其他党派的思想特征。我们党第一次把人生的意义、价值同人类社会发展的客观规律结合起来，从而使共产主义人生观真正建立在科学的基础之上。远大的共产主义理想、高度的共产主义觉悟是克服困难及经受考验的法宝。在抗日民族统一战线中，共产党带头领导并坚决执行有利于统一抗战的政策，但这并不意味着共产党放弃共产主义的宣传，相反，针对国民党反动势力限共、溶共、反共的阴谋，共产党必须针锋相对，坚持和加强共产主义的宣传，才能保持共产党在抗日统一战线中的独立地位，才能激发全体人民和各派政治势力为着民族的发展进步、光明前途而抗战到底的决心和信心。毛泽东在延安撰写的《新民主主义论》《论联合政府》等重要著作中，一再强调这样一个观点：在共产党所领导的共产主义运动的任何一个阶段上，包括在新民主主义革命阶段，都要开展共产主义思想教育，这是"确定的"，"毫无疑义的"，天经地义的。"没有这种宣传和学习，不但不能引导中国革命到将来的社会主义阶段上去，而且也不能指导现时的民主革命达到胜利。"②

---

① 《毛泽东选集》第 2 卷，北京：人民出版社 1991 年版，第 668 页。
② 《毛泽东选集》第 2 卷，北京：人民出版社 1991 年版，第 706 页。

（三）培养信仰坚定的青年马克思主义者

青年是国家的根，只有根扎得深、铺得广，大树才能茁壮成长。

1. 教育青年坚定共产主义信仰

青年是国家的希望，是国家的未来。但是，只有那些富有革命理想的青年才是国家真正希望之所在。鲁迅先生早就说过：青年又何能一概而论？有醒着的，有睡着的，有昏着的，有躺着的，有玩着的，此外还多。但是，自然也有要前进的。在青年中开展共产主义理想教育，归根到底，是帮助他们逐步树立共产主义世界观。世界观的问题解决了，青年的理想问题就有了正确的指导思想。青年知识分子来到延安，并不等于已经坚定了正确的政治方向。他们还需要革命熔炉的熔炼，需要马克思主义理论的武装。学习理论是树立理想的前提。社会理想需要以科学理论作为基础，需要依靠科学理论的指导作用方能实现。个人理想同样离不开科学理论的基础和指导作用。既然人类社会发展过程是一个由低级向高级阶段不断进步的过程，其必然趋势是共产主义，那么，有意义、有价值的人生，就应当自觉顺应这个客观规律，努力为推动人类社会的进步贡献自己的力量，也就是说，为共产主义事业而奋斗。为此，我们党不断生动而具体地向青年灌输共产主义必胜的信念，使共产主义理想在青年的思想中不断得到巩固和深化。

理想对于实践，是方向是灵魂。在延安，我党领导了伟大的抗日战争，民族解放战争的决定因素不是武器的优劣，而是全国民众的广大的无私的共产主义觉悟和彻底的革命精神。伟大的事业来自伟大的实践，伟大的实践来自伟大的理想，共产主义理想是人生强大的精神支柱，树立共产主义理想才能有正确的奋斗目标。如人民音乐家冼星海，1935 年从巴黎学有所成回到上海，在他指挥由外国人组成的乐队的演奏时，受到外国人的蔑视。冼星海威严地抗议说："我和我的国家决不能容忍这种卑劣的侮辱！"不久，他就奔赴延安，"为抗战发出怒吼，为大众谱出呼声"。中国共产党始终注意用共产主义理想来教育和武装青年，把广大青年团结在自己的周围，带领青年们一起奋斗。

2. 提高青年民族革命意识

进行共产主义教育不能脱离当前的斗争实际，要使共产主义理想教育和当前的革命实践紧密结合。共产主义的大目标与每一历史阶段的具体目标之间是辩证统一的关系。共产主义理想只有通过每一具体目标的实现，才能得到最终体现和成为现实；每一具体目标的实现，只有在大目标的指引下，才不至于迷失方向。抗日战争对于中国人民来说是一场严峻考验，战胜日本侵略者的根本性条件，就在于对马克思主义基本原理规律性的认识基础上去能动地改造世界。加强民族革命教育，增强民族自尊心和自信心，才能形成全民族的凝聚力。毛泽东在党的六届六中全会上提出要实行抗战教育政策，使教育为长期战争服务。一方面提高青年民族意识，一方面以抗战之政治和军事教育青年，使其掌握抗战的思想武器和必要的知识技能，随时准备参加抗战，捍卫国土，收复失地。民族革命意识是爱国主义的集中表现。面对日寇入侵，中华民族有同自己的敌人血战到底的气概。抗战前夕，毛泽东在和斯诺的谈话中就指出，我们几万万的人民，一旦获得真正的解放，把他们巨大的潜在生产力用在各方面创造性的活动上，能够帮助改变全世界经济和提高全世界文化的水准。

为指导中国革命实践，延安各学校将党的路线方针纳入政治课，提高青年的民族革命意识，最主要的是体现在学校所设置的课程教材上，紧密结合民族抗战这个中心。以鲁迅师范学校为例：该校政治课以民族抗战为基本教材，有"抗日统一战线指南""论持久战""论新阶段"等，军事课给学生教授普通军事知识、抗战技术训练、抗日游击战术等，自然常识课以防空、防毒和日常卫生常识为主要内容，国文课多选用富有民族思想意识的文章进行讲授，地理课密切配合抗日民族战争和军事技术讲授地理知识，中国历史课重点讲授中国近百年史和现代史，联系帝国主义侵略中华民族的历史事实，激发学生的民族意识，社会科学教授社会发展史、中国革命问题和马克思主义唯物辩证法等。各科教学内容对提高学生革命觉悟，增强民族意识发挥了主导作用。另外，抗日战争初期，学校经常组织学生外出宣传抗日战争的方针、政策，把学校与社会联系起来，鲁迅师范学校组织了学生抗日宣传队，向民众宣传讲演，作时事报告，进行防空、防毒教育等，开展民族抗战宣传教育活动，还开办了民众夜校，出版民众墙报，号召学生与抗日救亡团体联系，积极帮助抗战工作。

为了适应抗战的要求，党帮助广大青年深入了解和掌握党的抗战方针，加深对统一战线的认识，抗大不仅开设了"中国问题"这门课程作为必修课，科学安排教学内容，给学生讲授抗战救国的政策、中国革命的基本问题，进行系统的统一战线教育，还设置了"中国现代革命史"这门课程，向青年学生们阐释我党的主张和各项政策，对党在过去的战略策略进行讲授，提高学生的政策水平和战略水平。当时，一位抗大的学员给毛泽东写了一封信，信中说："过去来到延安抗大以前，在外面看过许多书报杂志，五花八门，懂得了不少，可是抓不住中心，摸不着方向，但是到了这里以后，就学到了中国社会性质是什么，知道了中国是半殖民地半封建社会。"通过课程的学习，学生们了解了中国的基本国情，以及社会主要矛盾，意识到需要全体人民团结起来共同努力才能打败侵略者。

3. 正确处理共产主义理想与个人理想的关系

共产主义理想是个人理想的基础，它支配着、制约着个人理想，并为个人理想的实现创造条件。邓小平同志说："在我们最困难的时期，共产主义的理想是我们的精神支柱，多少人牺牲就是为了实现这个理想。"①坚定的革命者之所以能对革命前途坚信不疑，为共产主义奋斗毫不退缩，随时准备将自己的生命献给自己所追求的理想事业，都是因为他们接受了马克思主义理论的教育和熏陶，懂得了社会发展规律，完全跳出了个人私利的狭隘圈子。如果没有在马克思主义理论武装下的思想观念的升华，就绝不会产生崇高的理想和为远大理想奋斗的行动，而只会陷入为个人利益奋斗的狭隘理想中难以自拔。个人的一

---

① 《邓小平文选》第3卷，北京：人民出版社1993年版，第137页。

切美好理想，如果不与整个社会的共同理想——共产主义联系在一起，那么任何个人理想也不可能得到真正实现。因为一味地谋求个人利益，而不顾集体利益和国家利益，就势必要做出损害集体和国家利益的事情，个人利益也难以实现。

首先，以共产主义的主人翁思想和集体主义精神，正确处理个人与国家和集体的关系。以公有观念为核心的主人翁思想和集体主义精神是共产主义思想体系中的重要内容。在这种思想指导下的行动具体表现为，把国家和集体利益摆在首位，个人利益服务整体利益，个人志愿服从社会需要，不计个人得失，全心全意为人民服务。

其次，以共产主义的献身精神，对待国家和人民的利益。任何个人的职业理想、生活理想、道德理想都不能脱离社会而独立存在，都不能离开社会的实践去追求个人理想的实现。只有符合社会发展规律，顺应历史发展潮流的个人理想才能得以发展和实现。只有与共产主义远大目标联系在一起的个人理想，才是崇高的、有益的理想。《共产党宣言》指出："共产主义运动是为大多数人谋利益的运动。"甘愿为大多数人的利益而献身，是共产主义思想境界的最高标志。在实践活动方面集中表现为，一是在平凡的岗位上拼命工作，鞠躬尽瘁，死而后已。崇高的个人理想是共产主义理想的组成部分。共产主义理想的实现，必须有千百万个树立了雄心壮志的人，在不同的岗位上为共产主义而奋斗。二是当国家和人民的利益需要的时候，毫不犹豫挺身而出，不惜牺牲自己的利益直至生命。我们党领导的中国革命，不是为了个人或少数人的利益，而是为了人民能够翻身解放，过上幸福美好的生活，是为绝大多数人谋利益的。我们党没有自己的特殊利益，人民的利益就是党的最高利益。历史是人民群众创造的，共产主义建设事业只有依靠人民群众的力量，才能取得成功。把个人置于人民群众之中，与人民群众融为一体，热爱人民，为人民服务，这是社会的存在和发展向人们所提出的要求，也是客观规律对人们行为的要求。

共产主义理想与崇高的个人理想是密切联系和完全一致的。没有具体的个人的职业理想、生活理想和道德理想，不把共产主义理想落实到各行各业的具体学习、生活、劳动、工作中去，共产主义理想就变成脱离现实的空洞口号。正确处理共产主义理想和个人理想，就会自觉地参加实践共产主义的行动，在崇高理想的指引下，用自己平凡的劳动和奋斗的成果，去为共产主义的大厦添砖加瓦。

三、用人民至上的根本理念教育青年

革命的事业是人民的事业，只有动员人民群众，才能进行革命事业；只有依靠人民群众，才能取得革命事业的胜利。

（一）延安青年与工农群众相结合的必要性

延安青年走与工农结合的道路，有一个转变立场、转变感情的问题。青年是否和工农群众相结合是一个根本性的原则问题，它决定青年运动的性质。

1. 与工农群众相结合，是由我们党的指导思想决定的

我们党是以马克思主义作为全党的指导思想的。马克思主义是为人民立言、为人民代言的理论，是为改变人民命运而创立，在人民求解放的实践中丰富和发展的。全心全意为人民服务是共产党人的人生观，有了这种人生观才能高瞻远瞩，才能有坚定的共产主义理想和信念。延安青年只有和工农群众相结合，才能找到自己的政治归宿。马克思主义认为，无产阶级应当把一切被剥削劳动者吸引到自己党的周围，唤起越来越多的革命阶层参加革命。农民是民主革命可靠的重要同盟军。中国共产党领导的新民主主义革命，是人民大众的反帝反封建的革命。工人阶级和农民阶级是最有革命觉悟的阶级和最坚固的革命同盟军，他们是革命运动的最积极最坚决的参加者，是革命的主力军，"没有工农这个主力军，单靠知识青年和学生青年这支军队，要达到反帝反封建的胜利，是做不到的"①。这就是说，知识青年要想取得斗争的胜利，非得和工农

---

① 《毛泽东选集》第2卷，北京：人民出版社1991年版，第565~566页。

群众相结合不可，因为工农群众才是革命斗争的主力军。延安青年要想成为革命的参加者，真正发挥先锋和桥梁作用，就要重视民众发动工作。脱离了工农群众，实际上就是脱离了共产党领导的人民革命运动，无论有多么伟大的抱负，也将一事无成，只能做一场伟大社会变革的旁观者和局外人。

2. 与工农群众相结合，是由我们党的性质和宗旨决定的

能否与广大人民群众保持最密切的联系，历来是无产阶级政党与其他一切政党的本质区别之一。我们党是按照马列主义建党原则建立起来的，毛泽东为中国共产党规定了一条最重要的原则："共产党人的一切言论行动，必须以合乎最广大人民群众的最大利益，为最广大人民群众所拥护为最高标准。"[1]人民作为历史的创造者，不仅是物质财富的创造者，也是精神财富的创造者。我们党在长期革命斗争中形成了密切联系群众的作风。无产阶级登上历史舞台以后，它的命运就和广大人民群众的命运紧密相连，它的利益就同广大人民群众的根本利益完全一致，无产阶级只有解放全人类，才能使自己得到彻底解放。中国共产党要充当历史前进的舵手，领导无产阶级完成自己的历史任务，就必须在自己的纲领、路线中科学地反映和代表最广大人民群众的利益，在自己的政策和全部活动中，始终坚定不移地依靠群众，为最广大人民群众的利益而奋斗。延安青年只有同工农群众相结合，才能改变自己的立场，坚定自己的革命意志，成为一个坚强的革命者。毛泽东曾强调，知识分子和青年学生，由于他们的家庭出身、生活条件和社会经历所限，"在其未和群众的革命斗争打成一片，在其未下决心为群众利益服务并与群众相结合的时候，往往带有主观主义和个人主义的倾向，他们的思想往往是空虚的，他们的行动往往是动摇的"[2]。可见，青年学生克服弱点的根本途径也在于与工农群众相结合，就是通过与工农群众相结合，熟悉工农群众，全面正确地认识自己，把握时代的脉搏，走出

---

① 《毛泽东选集》第3卷，北京：人民出版社1991年版，第1096页。
② 《毛泽东选集》第2卷，北京：人民出版社1991年版，第641~642页。

"自我"的藩篱，增强责任感，逐步消除自身的不足。因此，青年与工农群众相结合，是发挥自己长处、克服自身不足的最佳途径。青年学生虽有很大的革命性，但不是所有人都能革命到底的，有的在紧要关头就会掉队，有的甚至会站到革命的对立面。那些在残酷的对敌斗争中浴血奋战于第一线的工农群众，出于阶级的自觉意志，最富有革命的坚定性，在必要的时候往往能献出自己的一切。

3. 与工农相结合，是由正确政治方向决定的

与工农相结合，不仅是知识青年树立坚定正确政治方向的必经途径，同时也是判断他们政治倾向的唯一标准。把这一点作为唯一的标准，是因为中国新民主主义革命在五四运动后不久已经越过了舆论准备阶段而发展为蓬勃的实践运动，工农群众斗争实践已成为革命的主要方式。实践是检验人们政治属性的试金石，看一个青年是否真革命，不是看他在口头上怎样讲，而是看他行动中如何做，如果青年不与这场革命运动的主体——工农群众相结合，甚至根本反对工农，就是在实践中把自己置于旁流或逆流中，即使在口头上大谈马克思主义，大唱革命高调，也不能作为衡量其政治态度的真正标志。愿意革命的知识青年，只有用与工农斗争相结合的标准要求自己，才能在实践中始终坚持正确的政治方向。

(二)深入群众斗争实际，才能获得真知

1938 年 4 月，毛泽东在与抗大第三期毕业生见面会时说：你们到抗大来学习，有三个阶段，要上三课：从西安到延安，八百里，这是第一课；在学校里住窑洞，吃小米，出操上课，这算第二课；现在第二课上完了，但是最重要的还是第三课，这便是到斗争中去学习，向实际学习。这段话深刻体现了实践出真知的道理。

1. 革命的理想必须和革命的实践结合起来

陕北公学学员经过短期学习后，主要是分配到敌后战场去工作，不论是分

配到什么岗位，当时最重要的工作就是动员千百万群众起来参加抗战。抗日战争没有民众的广泛参加是不可能胜利的。抗战初期，国民党战场失利，其根本原因就是实行单纯的政府片面抗战，没有发动群众，许多地方，群众听到炮声才知道日本侵略这回事。我们党一贯重视民众的发动工作，抗战时期尤为重视。毛泽东指出，真正的马克思主义理论家，"那就要能够真正领会马克思列宁主义的实质，真正领会马克思列宁主义的立场、观点和方法，真正领会列宁斯大林关于殖民地革命和中国革命的学说，并且应用了它去深刻地、科学地分析中国的实际问题，找出它的发展规律，这样才是我们真正需要的理论家"①。可见，中国共产党人对青年的理想信念教育，首先就是要广大青年深入掌握马克思主义的精髓与实质，学会充分灵活地运用马克思主义的立场、观点和方法来认识、分析和解决中国革命过程中遇到的实际问题，这往往比在书斋中研究"革命学问"的人理解得更具体、更生动、更扎实。

2. 深入群众才能发现真知灼见

我们党特别注重通过实践锻炼等方式引导青年学生深入群众，密切联系群众，坚持从人民的利益出发，在劳动中践行全心全意为人民服务的宗旨。比如抗大及各分校经常组织教师和学生集体帮助农民搞生产，抗灾救灾，重建家园等。抗大的学员们每到一个地方，都会帮助群众创办夜校、识字班，教唱歌，办墙报，组织各种形式的军民联欢会等，向人民群众宣传党的抗战方针政策；组织农会，开展助民劳动，挑水种菜，打扫卫生，甚至解下自己的粮袋救济困难群众。同时，十分注重维护人民群众的利益，模范地遵守群众纪律，真正做到对群众秋毫不犯，不拿群众一针一线。1940年抗大转入敌后，在浆水镇一带，核桃、栗子、柿子很多，每到夏秋季节，山谷里硕果累累，走到树下，稍不注意就会碰头，师生们尽管生活艰苦，却从没有一个人摘过百姓的一个核桃、栗子或柿子。在劳动和实践中了解工农群众，增强了同工农群众之间的感

---

① 《毛泽东选集》第3卷，北京：人民出版社1991年版，第814页。

情联系，学员逐渐懂得了全心全意为人民服务的宗旨。

（三）与工农相结合是一个长期的痛苦的磨练过程

1942年，毛泽东在延安文艺座谈会上指出："知识分子要和群众结合，要为群众服务，需要一个互相认识的过程。这个过程可能而且一定会发生许多痛苦，许多磨擦，但是只要大家有决心，这些要求是能够达到的。"①在这里，毛泽东一方面揭示了知识分子走与工农相结合道路的长期性、艰巨性，一方面对知识分子的锻炼成长提出了要求，并给予鼓励。

1. 知识分子与工农相结合的过程，是改造思想、克服自身弱点的过程

毛泽东指出，大批知识分子和青年学生投向革命队伍，走出了奔向光明的第一步，但"他们的灵魂深处还是一个小资产阶级知识分子的王国"②，还没有树立起无产阶级世界观，他们身上还或多或少地存在着自我中心、患得患失、感情冲动、粗暴浮躁、自由散漫、怕苦怕累等非无产阶级的东西。知识分子要克服这些弱点，就要在与工农相结合的过程中，在改造客观世界的同时，"也改造自己的主观世界——改造自己的认识能力，改造主观世界同客观世界的关系"③。这无疑是一个长期的痛苦的过程。

毛泽东曾以自己的切身体会，教育青年自觉地改造思想，只有在中国共产党的领导下，同劳动人民结合在一起，才能得到思想的彻底解放。他说："我是个学生出身的人，在学校养成了一种学生习惯，在一大群肩不能挑手不能提的学生面前做一点劳动的事，比如自己挑行李吧，也觉得不像样子。那时，我觉得世界上干净的人只有知识分子，工人农民总是比较脏的。……革命了，同工人农民和革命军的战士在一起了，我逐渐熟悉他们，他们也逐渐熟悉了我。这时，只是在这时，我才根本地改变了资产阶级学校所教给我的那种资产阶级

---

① 《毛泽东选集》第3卷，北京：人民出版社1991年版，第877页。
② 《毛泽东选集》第3卷，北京：人民出版社1991年版，第857页。
③ 《毛泽东选集》第1卷，北京：人民出版社1991年版，第296页。

的和小资产阶级的感情。"①他要求青年自觉地甚至强制地改造自己，即使花十年八年，或是更长的时间，也要坚持下去。青年作家萧军在延安的时候，为文艺工作的开展做了许多工作，提了很多的批评建议，他脾气急躁，且有时带有偏激情绪，与某些同志产生了矛盾和意见分歧，觉得不顺心，便想离开延安。毛泽东知道后，一方面肯定他是"极坦白豪爽的人"，恳切要求他留下来帮助工作，另一方面坦率地指出："我劝你同时注意自己方面的某些毛病，不要绝对地看问题，要有耐心，要注意调理人我关系，要故意地强制地省察自己的弱点，方有出路，方能'安心立命'。"②这"故意地强制地省察自己的弱点"，不仅为萧军，而且为所有青年指出了能够安定革命之心，确立为工农大众服务之使命的"出路"。后来，周恩来发挥了毛泽东关于自我改造的思想，提出"活到老，学到老，改造到老"的教育思想。

2. 青年与工农相结合的过程，又是改造客观世界的过程

主观世界与客观世界的改造是不可分割的，它们是一个过程的两个方面。延安革命根据地的所有学校从一开始就是用师生的劳动来创造教学的环境，又在教学过程中继续以生产劳动来保证学习，通过劳动又改造了学生的精神面貌。以陕北公学为例，成仿吾说，因为"陕公培养的学生为抗战服务，将来到敌后去工作，主要是农村环境，战争环境，不仅要能文能武，还要会劳动，和劳动人民(主要是农民)打成一片"，所以劳动教育是必不可少的。这样，陕北公学"有计划地组织学员参加建校劳动和农业生产劳动，通过劳动学习生产知识，培养与劳动人民的思想感情，改掉了学生腔"③，培养了一大批坚强的革命干部。青年在与工农结合的过程中，如果不注意改造主观世界，即使生活在工农群众中，也会始终与他们格格不入，但是主观世界的改造是一种精神活动，它需要以改造客观世界的物质活动为基础和动力，若离开后者，前者就成

---

① 《毛泽东选集》第 3 卷，北京：人民出版社 1991 年版，第 851 页。
② 《毛泽东文集》第 2 卷，北京：人民出版社 1993 年版，第 364 页。
③ 成仿吾：《战火中的大学》，北京：人民出版社 1982 年版，第 39 页。

为无源之水，无本之木。从这个意义上说，知识分子与工农相结合的过程，首先是他们与工农群众一起投入改造客观世界活动的过程。

我们党要求青年和知识分子在改造客观世界的过程中应艰苦奋斗，锻炼成长。任何一项改造客观世界的活动都需要经过长期、艰苦的奋斗，就中国人民的解放事业这项改造客观世界的活动而言，更是如此。没有脚踏实地、吃苦耐劳，不避艰险，不屈不挠的艰苦奋斗的决心、意志，不可能真正投入到革命实践中去，亦不可能获得改造的成长。当然，艰苦奋斗的意志不会凭空产生，而需要在艰苦的实践活动中培养。与工农相结合，是青年运动的方向，是青年成长的必由之路，这是实践的结论、历史的结论。

延安时期，改造客观世界的活动的主要内容，是进行生产劳动和革命战争。我们党总是鼓励、引导青年和知识分子参加生产劳动，参军参战，使青年真正认识到劳动创造世界这一平凡的真理，产生对劳动人民的阶级感情，尤其是参加集体劳动，更可以使他们感到只有集体力量才是伟大的，使他们树立群众观点。毛泽东曾把从苏联留学回国的毛岸英送到陕北的一位老农那里，让他拜老农为师，上"农业大学"。在毛岸英"毕业"之后，毛泽东还强调这种学习是没有止境的，"活到老，学到老"。在延安还流传着毛泽东送丁玲"当红军"的佳话。1936 年秋季，著名女作家丁玲来到陕北，毛泽东问她打算干什么，她回答"当红军"，毛泽东就让她随红军到了前线。丁玲到前线后，毛泽东还特地为她写了一首"昨日文小姐，今日武将军"的词，以示鼓励和关心。后来丁玲从前线回到延安，开始，许多干部战士对她不甚了解，以为她是作家，名气大架子也大，不敢轻易接近，甚至对她的某些作风也不太看得惯，她便主动接近他们，与他们谈心、拉家常，吃她不习惯的小米杂粮。渐渐地，隔阂消除了，她与战士们建立起了深厚感情。事后，她深有体会地说："知识分子出身的干部若不与工农群众相结合的政策，在革命战争中就会一事无成。我非常感谢红军干部战士对我的支持、帮助和爱护。他们是我的老师。"①

---

① 竞鸿、吴华编著：《毛泽东生平实录》，长春：吉林人民出版社 2001 年版，第 427~428 页。

在我们党的教导下，原来肩不能挑、手不能提的城市青年，"脱下学生装，穿上粗布衣"，他们在延安一边学习一边生产，用自己的双手开出了一眼眼窑洞，建起了一座座校舍，用辛勤的汗水浇灌了千亩万亩荒地；他们一边学习一边军训，行军宿营、侦察警戒、实弹射击……在学校时，他们以"学好本领上前线""青年的位置在前线"这样的口号互相勉励，毕业之后，他们打起背包，从抗日军政大学、延安大学、陕北公学、鲁艺、安吴青训班……一批批奔赴敌后，奔赴战区，在血与火的斗争中与群众同呼吸、共命运，成长为会劳动能打仗的坚强革命战士。

由于中国共产党深入、细致、耐心的教育和帮助，延安青年的政治方向是正确的，因为他们实行和工农群众相结合的政策；延安青年的政治方向是坚定的，因为他们既学到了革命理论，又在艰苦的环境中磨练了思想、砥砺了意志，他们是真正的中国革命的先锋。大批青年坚定地、源源不断地投入到以工农为主体的伟大的社会实践中，轻视劳动人民的思想也有了显著的转变，提高了参加生产劳动的积极性和自觉性，青年中存在的一些弱点得到克服，他们在群众中锻炼，在群众中成长。

中国共产党通过对青年进行马克思主义理论教育，树立辩证唯物主义的世界观；进行共产主义理想信念教育，树立崇高的共产主义理想价值观；进行全心全意为人民服务的根本宗旨的教育，树立全心全意为人民服务的人生观，使广大青年逐步明确了方向，认清了敌人的本质，坚定了共产主义必胜的信心，决心冒着杀头的危险跟着党干革命。一批又一批的革命青年在党的领导下，在马克思主义的指导下，最终成长为符合中国革命事业需要的合格人才，然后又作为革命的种子在群众中开花结果，这是中国共产党的事业最终取得胜利的一个重要因素。

第四章
延安时期青年理想信念教育的方法

青年理想信念教育的方法是为实现其教育的目的和任务而采取的方式和手段，它是取得理想信念教育效果的重要环节。教育内容和目的是通过教育形式来实现的，没有正确的方法，就不能达到预期的目的。毛泽东曾形象地将工作比喻成过河，把方法比喻成桥或船，没有桥和船过不了河，没有方法就做不好工作。他说："我们不但要提出任务，而且要解决完成任务的方法问题。我们的任务是过河，但是没有桥或没有船就不能过。不解决桥或船的问题，过河就是一句空话。不解决方法问题，任务也只是瞎说一顿。"①方法对路，事半功倍；反之，则事倍功半，甚至是一事无成。由此可见，延安青年理想信念教育的方法问题，是构成延安青年理想信念教育体系的一个基本的、不可或缺的组成部分。在确定了培养青年的正确方针与正确工作内容之后，只有采取适合于青年特点的工作方式方法，采用为青年所乐于接受的形式，才便于去接近他们，团结他们，充分发挥其优点，克服其缺点，而且教育效果也会来得更快。当时的延安，成千上万的青年汇聚于此，为早日打败日本侵略者解放全中国而工作和学习，窑洞做校舍，田野当课堂，到处呈现着团结、紧张、严肃、活泼的革命景象，优良的作风从那里传到各个抗日根据地，传遍全国。中国共产党遵循青年的理想信念教育特征及其规律，采取多种方法有效地引导教育青年，使他们百炼成钢，在山沟沟里把自己与世界联系起来，与祖国的命运和共产主义远大理想联系起来。

---

① 《毛泽东选集》第 1 卷，北京：人民出版社 1991 年版，第 139 页。

一、灌输教育

灌输教育，就是有领导、有计划地对受教育者进行马克思主义的理论教育，帮助他们树立辩证唯物主义和历史唯物主义的世界观和方法论，培养共产主义思想和道德品质。其基本精神就是通过因势利导、循循善诱，让先进的思想、理论起重要的影响作用，从而引导受教育者的思想朝着正确的方向发展。这种教育方法，一方面是教育者向受教育者传播先进思想和科学理论；另一方面是受教育者通过各种渠道学习、接受先进思想和科学理论。可以说，前者是由他人灌输，后者则是自我灌输，都是向受教育者的头脑输入新鲜思想。但这并不意味着灌输带有某种强制性，强迫人接受某种思想意识，强制灌输只会使人反感，甚至产生"抗药性"，而是通过摆事实，讲道理，晓理明义，以"随风潜入夜，润物细无声"的效果来提高广大受教育者思想觉悟的一种科学方法，这也是坚持疏导方针的具体体现。

之所以对青年进行灌输教育，是因为，实践表明，每个人的正确思想和知识都不可能完全靠自己的亲身实践获得。反映正确思想的科学知识是极其丰富的，而一个人的亲身实践无论在时间上和空间上都是极其有限的。因此，对于个人来说，绝大部分知识是由他人在实践中发现、总结和积累起来的。广大青年要想获得大量新思想、新观念来充实自己的头脑，就必须接受思想和知识的灌输。正如列宁在《怎么办?》中所指出的，社会民主主义的意识"只能从外面灌输进去"①。毛泽东对于"灌输"的思想也有过论述，他在《论持久战》中说："没有进步的政治精神贯注于军队之中，没有进步的政治工作去执行这种贯注，就不能达到真正的官长和士兵的一致，就不能激发官兵最大限度的抗战热忱。"②延安青年是从半封建半殖民地的中国养育出来的，他们一方面在帝国主

---

① 《列宁选集》第 1 卷，北京：人民出版社 1995 年版，第 317 页。
② 《毛泽东选集》第 2 卷，北京：人民出版社 1991 年版，第 511 页。

义与封建势力压迫挣扎中成长，具有强烈的反帝反封建的民族的民主的革命意识与真诚的革命热情，另一方面从小生产者小资产阶级的环境中养成，思想上还存在不少小资产阶级的烙印，富于空想，容易偏于意气，受不住挫折与困难。他们既缺乏革命理论武装，又缺乏实际斗争的锻炼，如果没有灌输教育，仅仅靠青年的自我意识和自我教育，大部分青年就不可能全面了解和掌握革命理论基础、革命工作方法等方面的知识，也很难适应抗战需要。只有对延安青年进行有目的、多层次的灌输教育，增强灌输教育的生动性、针对性和有效性，才能使青年全面系统地接受马克思主义理论。

（一）灌输教育的条件

对青年进行灌输教育是相对青年自发性而言的。灌输教育是以广大青年接受为前提的，必须抛开那种"填鸭式"注入，坚持正确的原则，把握灌输教育所应具备的条件。

1. 内容正确，灌输教育的根本前提

一个民族要走在时代前列，就一刻不能没有理论思维，一刻不能没有正确思想指引。恩格斯曾深刻指出，一个民族要想站在科学的最高峰，就一刻也不能没有理论思维。灌输教育就是通过摆事实、讲道理来提高受教育者的思想觉悟和理论水平的方法。也就是说，对青年进行理想信念教育，应完整、准确、全面地向青年进行马克思列宁主义理论的系统教育，而不能断章取义，各取所需，或因为强调某一原理而贬低或否定另一原理，更不能把一些不正确的甚至是错误的思想向青年灌输，只有内容正确的说理才有基础，才有力量。灌输教育越深入，对青年理想信念教育的支撑就越坚强有力。

延安时期，青年们对于马克思主义理论素养是薄弱的，革命的工作经验也是缺乏的，没有系统地甚至没有看过马列主义的理论书籍，或者是从社会上流传的一些马列主义小册子里看到一些条文，了解是肤浅的，因而对中国革命问题认识也是非常模糊的。中国共产党根据当时的国际环境，结合中华民族彻底

解放的任务，运用马克思主义理论和革命的大道理对延安青年进行正面教育，讲出他们想听之理，讲清他们要知之理，教育青年为建立一个民族独立、民权自由、民生幸福的社会理想而奋斗，把革命的理想与革命的实践紧密联系起来，使革命理想确实能在中国革命的实际生活中发挥导航定向的"定盘星"作用，让青年把准方向，提高认识，启发自觉，求得进步。

在革命的炮火中创立的陕北公学，为抗日战争的需要，将全国各地来延安的青年集中起来施以抗日战争的知识教育，使其了解陕甘宁边区，我们党的抗日主张、方针、政策及抗战必胜，日本必败的道理，坚定抗日战争的信心。青年们从理论上学到了什么是真正的民主政治，懂得了为什么没有民主政治就不可能有抗战胜利的真理，学会了领导民众运动、开辟根据地的本领，从而深刻地认识到国民党和共产党的根本区别，国共两党两条抗战路线的根本区别，更重要的是培养了青年的群众观点和民主精神，树立起为人民服务的革命人生观。1937 年 10 月 19 日，陕北公学隆重举行鲁迅逝世周年纪念会，毛泽东到陕北公学讲演，指出："陕北公学主要的任务是培养抗日先锋队"，"当着这伟大的民族自卫战争迅速地向前发展的时候，我们需要大批的积极分子来领导，需要大批的精练的先锋队来开辟道路"①。陕北公学始终把稳政治方向之舵，在信仰上不强迫学员，但在教育过程中，始终坚持以马克思列宁主义真理、革命理论来培养青年，使他们成为自觉的革命战士。从陕北公学毕业的青年，均积极响应学校"到抗战前线去，到民众中去，到困难的地方去"的号召，奔赴全国各地从事宣传、组织与武装民众的工作。

又如，中共中央和中央领导也十分重视抗大教育工作，强调要转变青年的思想，最根本的是用马列主义理论武装他们的头脑，把青年培养成为政治上的明白人，树立远大的革命理想。毛泽东曾经谆谆教导抗大教员要"忠诚党的教育事业"，并在提出抗大的教育方针时，特别强调要引导青年牢牢把握坚定正确的政治方向这一根本。抗大每一期的教育内容虽然随着当时的重点任务和学

---

① 《毛泽东文集》第 2 卷，北京：人民出版社 1993 年版，第 42 页。

员成分的不同而有所变动，但基本的政治教育内容以及形势、任务和党的路线、方针、政策的教育则是不变的。中央领导人毛泽东、张闻天、朱德等都曾到抗大授课。毛泽东在抗大讲授的内容就包括《中国革命战争的战略问题》《实践论》《矛盾论》等重要文献。通过教育，抗大青年进一步认清抗日战争的发展形势，认识到社会主义、共产主义是社会发展的必然趋势，弄清了什么是阶级，什么是剥削，自己受穷受苦不是命注定，而是剥削制度造成的，只有推翻整个剥削制度，才能得到彻底解放。特别是在认识到只有社会主义才能救中国，共产主义一定会实现的真理后，更加明确自己肩负着"人类解放、救国责任"的使命，初步树立起共产主义世界观，逐渐从一个民主主义者转变为共产主义者。

再如，中国共产党创办的中国女子大学，就是第一所专门培养妇女干部的学校，从 1939 年成立到 1941 年秋结束，共办两期。开办时，有学生近五百名，既有来自国内的 21 个省市，也有来自朝鲜、南洋、泰国等地的华侨女青年，平均年龄 20 岁左右。虽然她们有着不同的社会出身，不同的文化程度，不同的信仰，但学习内容和学习方法是一致的，都是学习马列主义、社会形势发展史、政治经济学、中国问题、妇女运动等，都在学如何用马列主义的原理具体分析研究实际中的各种问题。中国女子大学创办的历程虽短暂，却加强了马列主义和党的知识的教育，为培养出一批掌握革命理论基础、懂得革命工作方法和抗战救国知识、具有妇女运动专长的优秀妇女干部打下了坚实的思想基础。同时也为中国共产党积累了培养妇女干部的宝贵经验，对提高陕甘宁边区妇女运动的水平有着重大的意义。可见，精心组织编排正确的内容，把内容灌输得有条有理，就能抓住人心，扣人心弦。

2. 有的放矢，灌输教育联系实际进行

人的思想问题都不是凭空产生的，而是产生于实际生活之中。因此，灌输教育也不能空洞地说教，而要紧密联系实际，进行有理、有据的讲解。理论一旦和实践相脱离，它就成为无源之水，无本之木。毛泽东曾经生动地将理论联

系实践比为"有的放矢"，马克思列宁主义和中国革命的关系，就是箭和靶的关系，并且指出能否用马克思主义的理论来解决实际的问题是衡量工作成绩的唯一标准。如果把马克思主义的理论背得很熟，却不会运用，就不是一个好的马克思主义者。

首先，说理要根据事实，深入调查研究。说理的针对性越强，说理的效果也就越显著。广泛地了解青年的思想实际，知道他们的所想、所虑、所需、所求，便可对症下药，科学引导，否则，情况不明，胸中无数，就无法联系实际。说理教育不是表演，是实实在在的感情交流。要做到灌输教育和实际相结合，就要求在进行理想信念教育时，有针对性地回答青年中的思想认识问题，这样说理才有基础，才有力量。延安时期，青年接触到新的情况，面对着新的矛盾，必然会产生许多思想认识上的问题，只有及时地正确地回答这些问题，用马克思主义的立场、观点、方法武装青年，帮助青年从因果联系上看待问题，通过事物的现象去认识事物的本质，从而从根本上消除思想上的疑难和症结，解决他们所渴望知道的革命道理，才能真正提高他们的思想觉悟，把党的路线、方针、政策变为青年的自觉行动。如果在理想信念教育中不接触青年思想实际，不弄清实际情况，回避青年的问题，空谈理论，就存在很大盲目性，不仅不会有成效，而且会引起青年的反感。这就是说，说理一定要有针对性，激起青年思想上的波澜，进而转化为内心的信念，才有成效。在讲清马克思主义道理时要与青年的思想实际相结合，只有更加全面地深入地了解教育对象，有针对性地进行理想信念教育，才能更好地促进青年进步。

其次，事实胜于雄辩。要摆事实，讲道理，用事实说话，寓理于事实之中。缺乏事实为依据的道理是苍白无力的，离开事实或违背事实讲道理，会使人反感。如果一味地空洞地说教，就改变了理论教育的性质。青年对事实充分、生动有力的说理非常感兴趣。抗战时期，由于战争环境恶劣，物质生活艰苦，青年运动迅猛发展，没有条件坐下来接受系统教育，同时还存在着学用脱节的问题，虽然学习一大堆马列主义的抽象原则，但在实际工作中不能把看似常规的现象"问题化"、感性的认识理性化、零碎的体验系统化、分散的观点结构化，这就使青年奔着更高目标去追求的时候，显得有点急躁。为此，中国共产党紧密联系实际，注重指导青年以研究中国革命实际为中心，增加中国历史及党的历史与党的政策的教育，从而使马列主义理论融于青年的日常生活、工作和学习之中，不是单纯地为学理论而学理论，而是学以致用，使受教育者在潜移默化中受到教育。

抗大政治教育能够卓有成效，最重要的经验之一就是发扬"理论联系实际"的优良学风。1939年春天，王明到抗大作关于中国抗日战争形势的报告，口若悬河，滔滔不绝，可是空话连篇。当他劲头十足地宣称："根据世界和中国历次战争的规律，抗日战争不会超过四年"的时候，话音刚落，台下马上议论纷纷。有的说，抗日战争是"持久战"，为什么不会超过四年？有的说，这是"速胜论"思想，不符合中国的实际情况。说来也很凑巧，正在这时，宝塔山、清凉山和凤凰山的三个山头上突然响起急促的高射机枪声，王明以为敌机临空，也顾不得"教授"的尊严，推开门就往山边防空洞的方向跑，主持会议的同志喊也喊不住他。事后他才知道，这是一场防空演习，因为办事人员疏忽，通知了抗大，却忘记了通知他，才闹了这场笑话。这件事反映了抗大师生学会运用马克思主义的观点实事求是地分析形势，真正理解党中央关于持久战的战略思想，这样，就不容易被王明等人的主观主义所迷惑，也就能够坚定地同党中央保持一致。

理论联系实际重要的是联系中国革命斗争实际，把革命理想与现实斗争紧密结合起来，在斗争中学习，在斗争中提高。当时，抗大总校和各分校除了英勇地对日、伪军进行反"扫荡"、反"蚕食"斗争外，还经常遇到国民党顽固派挑起的摩擦事件。对国民党顽固派进行"有理、有利、有节"的反摩擦斗争，不仅要有坚定的政治立场，还要掌握党的政策和运用灵活的斗争策略，每一场斗争对抗大的青年都是一次很好的考验和锻炼。1939年1月，设在瓦窑堡的国民党安定县政府，在县长田杰生阴谋策划下，非法抓捕驻瓦窑堡的安定县抗日民主政府的县长和几名工作人员，挑起严重的摩擦事件。当时驻瓦窑堡的抗大第一大队在苏振华等同志的领导下，坚持党的统一战线中的独立自主方针和又联合又斗争的原则，与田杰生进行了针锋相对的斗争。他们与边区警备队联合行动，做好反击战斗的准备，并举行大示威游行，通过报纸公开揭露田杰生的罪行；同时，以八路军后方留守处主任兼河防司令萧劲光的名义通电国民党当局，提出强烈抗议，终于迫使田杰生释放了非法抓捕人员，取得斗争的胜利。不久，第三大队与第一大队换防，田杰生又乘机从榆林调来一个骑兵团，企图制造更大的摩擦。三大队领导干部为了弄清情况，应田杰生之邀，派大队保卫干部龚培生以参加瓦窑堡各界"欢迎"骑兵团进城为名，侦察其实力，以便作好对策。龚培生是 1937 年 8 月到抗大学习的学员，毕业后分配做保卫工作，因反摩擦与保卫工作有关，大队干部不嫌他年轻资历浅，大胆使用他，派他出面周旋。当时他才 20 岁，处事还缺乏经验，但组织的信任，领导的具体指示，使他增添了勇气和力量。他以抗大代表的身份，与田杰生及各地士绅一起出城"迎接"国民党骑兵，大大方方，不卑不亢，对答如流，使田杰生及骑兵团都不敢小看他。他既完成统战和侦察双重任务，又增长了见识。三大队掌握情况后，经请示上级，中央军委也针锋相对，调来三五九旅一个骑兵团到瓦窑堡周围支援三大队，牵制国民党骑兵团，使田杰生不敢轻举妄动。抗大的学员就是在这样一场场斗争中，增长了胆识和才干。总之，由理论到实践的转化环节，既有正确的理论灌输，又结合实际提出具体的行动要求。灌输不是目的，目的是启发人，引导人产生正确的行为，表现出宝贵的革命热情以及可贵的斗争精神和牺牲精神，自觉地为实现共产主义而奋斗。

3. 活灵活现，注重提高灌输的艺术

说理教育是一项极其复杂的思维、文字和演讲劳动，教育者在讲授、传播马克思主义时，不能是一种简单的灌输，必须具有较高的灌输艺术。说理艺术的掌握，对灌输的功效有着直接的影响。同是一个道理，有人讲得活灵活现，很受欢迎，有人却讲得干巴巴，枯燥无味，这正表明了掌握说理艺术的重要性。尤其对青年进行灌输，他们兴趣广泛，求知欲强，不满足于泛泛的论述，

希望听到熔思想性、知识性、兴趣性于一炉的强有力的道理。因此，灌输艺术是增强说理教育的生动性、感染性和有效性的必由之路。

1940 年 7 月，抗日战争进入极其艰苦阶段。为了发扬共产党人的光荣传统，贺龙在党员训练班讲了一场党的群众路线专题党课。开讲之前，他从桌子上端起一个碗来给大家看，并说："这碗里的小米是做啥子用的？"听了学员们的回答后，他紧接着讲："我们吃进肚里倒很容易，可是它来之不易。"说完，数着指头，"耕地，下种，选苗，锄草，收割，下场，磨米……要经过七八道工序"，接着又说："老百姓吃黑豆，为什么把好粮食给我们吃？不就是为了打败日寇，人民得解放，将来建设一个富强的新中国。和群众关系搞不好，群众就不拥护我们，不给粮食吃，我们就会挨饿，打败仗，甚至不能生存。"这朴素而深刻的道理，句句触动学员的心。话音刚落，学员中站起一个人来，说道："我军和群众关系搞得好，群众把我们当自己的军队，拥护我们，给我们做军鞋，穿上它打日寇。"贺龙兴奋地开导说："眼下，群众连衣服都穿不上，还想方设法给我们做军鞋，这是为什么？"贺龙沉思了一下，将手里的烟斗放在桌子上，又从另一个碗里拿出一条小鱼。鱼摇摆着尾巴，扑打着他的手，不一会儿，鱼不动了。贺龙指着桌上的鱼说："我们和群众的关系，就像鱼和水一样。群众是水，我们是鱼。鱼离开水，军队离开群众就不能生存。我们的军队为什么能够发展壮大？根据地为什么能够存在，就是我们的军队是人民的军队，正确执行了党的群众路线，群众拥护我们。"多么深入浅出的道理，贺龙讲得通俗，讲得形象，讲得透彻，学员们在情绪上受到鼓舞，心灵上受到感染。他们听得认真，犹如夏天喝了一杯甘泉，清凉解渴。这种把要阐述的抽象的大道理同具体而又有说服力的事例结合起来，使之具体化、通俗化、形象化，从而收到使枯燥的概念活跃起来的效果。这种寓理于事例中的活灵活现的灌输艺术，帮助青年坚定了政治方向，使他们不但有远大的革命理想和高尚的革命情操，更有革命的实际行动。

4. 精准滴灌，注重分层分类施教

青年因所处的环境，所受的教育不同，思想觉悟和认识水平相差较大，因此对同一问题往往会有许多不同看法，有的觉悟快，有的觉悟慢，因而要因人、因时、因地而异，要根据不同对象安排不同的内容，采取不同的方法，不能一个标准、一个模式，这样才能创设一种合适的理论环境，并使青年在这种环境中运用自己的切身经验去理解、掌握和发展革命理论。当时来延安的部分青年，还缺乏政治上的坚韧性，这表现在容易冲动，易于喜怒，胜利时会发狂，受挫折时会垂头丧气，冲动时不顾一切，在长期艰苦生活中表现出不耐烦情绪。据王仲方老人说："到延安来的人，成分不同，动机也不同。有些人是怀着好奇来看看共产党是什么样子，有的是不满国民党的黑暗弃暗投明的，有的是旧社会走投无路来找出路的，有的是不满包办婚姻逃离家庭的。动机和出发点多种多样，甚至是奇怪的。但绝大多数是青年学生，他们是人群中的主流，是怀着热情和理想真心奔向共产党干革命的。"①正因为青年觉悟高低不同，社会地位、接受能力不一，教育的内容和要求应因人而异，不能搞"一刀切""一锅煮"。

抗大一分校的教育方法，就是根据学员的特点，分层分类开班。其一，开办第一期学员班。这期学员中的青年多是从沦陷区和国民党统治区冲破重重阻力，闯过道道封锁，奔向延安的。共有学员 2337 人，其中 420 人是在晋东南招收的部队连排干部。因此，政治课设社会发展史、什么是列宁主义等，教学目的是为了转变学员思想，确立革命人生观。其二，开办政工干部训练班。抗大第一分校开学后，面临的问题之一是缺少基层政工干部。学校认为这个问题应当认真解决，否则将会影响学校的长远建设。学校要求每一个政治工作者必须切实研究教育工作的各方面，必须懂得教育实施的全过程，把政治工作与教育工作密切结合起来。校政治部发布政治工作检查提纲，提纲扼要地提出了总结经验的内容和方法，如：怎样抓工作中的主要环节，怎样概括问题，怎样总结经验教训，怎样写总结报告等，并要求各营教导员动手修改指导员写的经验

---

① 王仲方：《延安风情画：一个"三八式"老人的情思》，北京：中国青年出版社 2010 年版，第 3 页。

材料、总结报告。其三，开办军事、政治教员训练班。1939 年初，学校基于当前和长远的需要，开办了军事、政治教员训练班。这两个班的学员，是从在职干部和学员中选调的。选调的主要条件是文化程度较高，抗日意志坚定。军事教员训练班的个别学员，是从来抗大学习的友军部队的基层军官中挑选的。由于教学紧密结合实际，学员一致反映既学习了军事理论知识，又学到了丰富的抗战经验，收获很大。其四，开设特科营与防化训练队。学校根据部队的需要和抗日战争形势的发展编设了特科营，培养机枪、工兵、炮兵等军事技术干部。突出军事技术训练，分为机枪、工兵、炮兵等专业队。根据日军在战场上使用毒剂，造成抗日军民多次中毒的情况，增设了防化训练队。学校挑选 50 多名政治条件好、文化程度较高、身体健康的学员到防化队学习。因此，抗大每一学期，甚至同一学期的各队，其教育内容及方法不是千篇一律，而是因教学对象的不同而各有侧重，有进行马克思列宁主义基本理论教育的，有进行形势与任务教育的，有进行共产党政策教育的，有进行革命传统教育的，这种分层次、分类别进行的"量身定制"，推动延安时期青年理想信念教育由"大水漫灌"向"精准滴灌"转变，提高了理想信念教育的精准度、贴近性。在抗日的烽火中，抗大共培养了 20 多万名政治性强、懂理论、懂军事的优秀指挥员，抗大好比一块磨刀石，青年学员毕业时已被磨得锋芒四射。

(二)灌输教育的方式

对青年进行灌输教育，是对受教育者进行正面系统教育或受教育者自己系统学习某种思想体系和理论知识，目的是解决青年的认识问题，关键在于采取得当的方式。人的认识过程是一个由浅入深、由简单到复杂、由低到高的过程，解决青年中存在的思想认识问题，也要有一个提高和认识的过程，不能操之过急，草率从事。为使延安青年具有热烈的革命情绪与艰苦的奋斗精神，中国共产党随着形势和环境的变化，广泛地组织青年，根据不同对象，从理论的逻辑体系出发，由浅入深地对青年进行灌输教育。

1. 利用讲课和报告进行科学讲授

这是对青年系统、科学讲授马克思主义理论，提高青年认识能力和思想水平的一种方式。习近平总书记强调："对马克思主义的学习和研究，不能采取浅尝辄止、蜻蜓点水的态度。有的人马克思主义经典著作没读几本，一知半解就哇啦哇啦发表意见，这是一种不负责任的态度，也有悖于科学精神。"①学习理论不能停留在知字面、作注释上，而要开动脑筋，明逻辑、懂精髓。讲课和报告主要是通过语言向青年讲授道理进行科学灌输。可见，科学讲授就是指教育工作者用语言系统连贯地向受教育者进行马克思主义理论教育，是一种潜移默化的教育方法。它通过长期的、多次的、耐心的理论教育，来提高青年的思想觉悟和政治理论水平，因而讲授要有计划性、系统性、逻辑性，哪些先讲，哪些后讲，哪些详讲，哪些略讲都要反复构思，科学安排。要注意讲授理论的系统性，不能抓住一点不及其余，要有机进行联系。同时，还要有较强的逻辑性，观点和材料要统一，层次要分明，结构严谨，重点突出。同时语言还要有启发性、形象性和生动性，语言既要有趣、逼真，又要言之成理，言之有物，深入浅出，使人如临其境，如见其人，如闻其声。

没有革命的理论，就不会有革命的行动，错误的理论，必然导致革命的挫折或失败。组织青年听中央领导同志的政治报告，则是对青年进行时事政治教育和革命传统教育的最主要的也是最好的形式。讲授人只有具有坚定的政治信念，掌握科学的理论体系，才能不为现象所迷惑，深入地透视事物的本质，才能在说理时得心应手，游刃有余，可以有意识、有目的地让先进的思想、理论起重要的影响作用，使共产主义思想体系在青年中起支配作用，从而引导他们的思想朝着正确的方向发展，真正做到"以其昭昭，使人昭昭"。

针对革命形势的发展需要，培养一大批具有理论基础的青年就成为中国共

_____

①　《习近平在哲学社会科学工作座谈会上的讲话》，《人民日报》2016 年 5 月 19 日，第 2 版。

产党的一项十分重大的任务。1941年8月，中央决定把在延安党校学习和分散在机关工作的"七大"代表都集中在马列学院，学习《党的六大以来的路线》，由于学员中青年人多，对文件的历史背景不清楚，阅读这些文件很吃力，大家普遍要求中央作辅导报告，意见反映上去后，中央很重视。在延安中央研究院开学典礼上，毛泽东亲自给学员们作"党的路线问题"报告，他以通俗易懂的语言，生动地总结了党的历史经验教训。他把第一次大革命在右倾机会主义领导下失败的经验教训归结为陈独秀的"土"办法，使轰轰烈烈的大革命失败；他指出第二次国内革命战争时期，第三次"左"倾路线，王明的"洋"办法给革命带来的严重损失，直到遵义会议，才挽救了革命的危机。他把历次机会主义路线形容如"蠢猪"一般，他说猪走路碰了头还会掉方向，而"机会主义"就是脱离实际的主观主义，还不如猪。犯了错误，碰了头还不掉转方向，直碰得头破血流，还是昏昏然。他在这次开学典礼上的讲话，着重用党的历史经验教育青年，用马克思主义立场观点方法来总结分析党的历史，把马克思主义哲学、辩证法讲活了。他并号召大家碰到任何事情都要问个为什么，一定要学会运用马克思主义"分析"的方法，一切事物都是可以分析的，通过分析才能掌握客观事物，防止主观主义和片面性。

2. 通过讨论和争辩相互启发

这是一种民主的方法、讨论的方法，即把自己置于与受教育者平等的地位，允许受教育者把自己的思想认识充分说出来，各抒己见，相互启发，集思广益，取长补短，加深理解，防止流于形式。正如列宁所说："我们不赞成的只有一点，那就是强制的成分。我们不赞成用棍棒把人赶进天堂。"①错误的思想只有为正确的思想所征服，才能得到改正。压服，只能是压而不服，或者是口服心不服，并不是真正解决了问题。

其形式主要是课堂讨论和课后讨论。在讨论中坚持做到：一是充分准备，

---

① 《列宁全集》第24卷，北京：人民出版社2017年版，第314页。

谈出真知灼见。题目出完后，给充足时间，让学员读书、思考、搞调查、写提纲，并且有意提出一些容易产生认识分歧，而又有实际意义的问题来引导大家讨论。讨论题目既不过深、过大，也不过浅、过小，避免了讨论难以展开、"没有什么可谈的"、争辩不起来的问题。二是讨论时心平气和，以理服人，不能以权压人，以势压人，也不能打棍子、扣帽子、装袋子，或者固执己见，搞人身攻击等，保持真诚团结的人际关系。三是讨论时紧紧围绕主题，不能漫无边际，离题万里，海阔天空地"瞎扯""胡侃"，更不是把讨论变成"信息交流会"。四是加强指导。讨论结束时，及时进行小结，归纳整理，对错误观点要有理有据地进行批驳。

在延安，陈云学习小组是享有盛名的，对理论学习抓得紧，抓得细。讨论、争论是学习的重要一环，当时陈云提出"读本本书"，先后学习了《共产党宣言》《政治经济学》等马列原著，同时学习了《中共党史》等著作，陈云规定学员每周阅读几十页，然后组织讨论，提出问题，还专门聘请教员帮助指导学习，有时也组织学员进行试讲，并逐页进行质疑。在学习中，陈云重视大家不同观点的争论，强调要摆事实，讲道理，用事实说话，寓理于事实之中；强调要善于听取不同意见，启发大家多思考问题，提倡讲不同意见，讨论中相互吸收正确意见，纠正错误意见，但不强加于人，从而创造出一个生动活泼、个人心情舒畅的学习局面。

3. 采用学校正规培训强化系统学习

马克思主义博大精深，往往不是青年人一下子能够读懂的，要掌握一定的理论知识，具有一定的理论修养，得付出艰辛的劳动。为了保证青年以坚强的毅力接受灌输，建立正规化学习制度，辅以必要的措施，固定学习时间，进行课后考核实属必要。通过正规培训学习马克思主义基本知识以后，学员对社会发展规律、前途，对党的最高最低纲领，对国家前途有了比较清晰系统的认识，信心更加坚定，更加心明眼亮。

1941 年是中国人民抗日战争艰苦卓绝的困难时期，日本法西斯对抗日根

据地实行空前残酷的大扫荡，根据地在缩小，抗日军民遭受着日寇的血腥屠
杀，即使在这种极端困难和严峻的形势下，中共中央仍集中人力物力决定在延
安创办一所正规大学。1941 年 9 月，中国共产党创办了革命教育史上第一所
驰名内外的综合性大学：延安大学。这是一所以培养高中级人才为目的的新型
正规大学。学校从转变学员思想意识的角度出发，将革命理论知识和新民主主
义建设的思想教育，中国革命的历史与现状的教育，世界观、人生观和思想方
法的教育作为一条基本的教育方针。一是通过课堂教学，加强政治理论学习。
系统研究中国社会、中国革命性质、动力、前途，新民主主义和旧民主主义时
期中国革命的历史特点等问题。通过这方面的学习，启发学员执行党在新民主
主义时期的总路线的自觉性。二是破除封闭式的学校教育框框，敞开学校大
门，使学校变成开放式的社会教育机关，加强师生与社会的联系，增进师生与
工农群众的情感。一方面是请进来，主要是请从前方归来的将士讲他们在敌后
开辟抗日根据地和开展游击战的具体斗争、生活；请英雄模范人物讲他们的先
进事迹。另一方面是走出去，让学员们下乡、下工厂、下部队，参加实际的社
会工作，与工农群众同吃、同住、同劳动、同生产、同战斗。在实际斗争中磨
练意志，培养与群众的深厚感情。三是充分发挥党组织的作用，结合教学业务
进行思想政治教育工作。学校吸收的大部分是青年知识分子，给他们以短期马
列主义基础知识的教育，不仅让他们懂得了如何从思想上、政治上、组织上巩
固党的道理，而且联系个人思想实际，力求改造自己的非无产阶级思想，做一
名名副其实的共产主义战士。

4. 开展文字教育助力文化素质提升

　　文字教育包括刊物、报纸书籍以及有关决议、指示、理论著作等学习宣传
活动。这种方式往往与其他方式结合运用。抗战前，陕甘宁边区的文化教育事
业十分落后，识字率仅占 1%。为了尽快提高人民的文化素质，以扫盲为中心
的社会教育也得到党的高度重视。在"为教育新后代而努力"的号召下，1940
年秋，陕甘宁边区决定当年冬在延安市和延安县用新文字开展扫盲的新试验。

同年 11 月 7 日，由林伯渠、吴玉章、董必武、徐特立、谢觉哉发起的边区新文字协会在延安举行成立大会。协会从陕北公学调来 70 名学生，开办了新文字冬学教师训练班，吴玉章亲自授课，培养新文字教学骨干。1940 年 12 月 5 日，边区政府颁布《关于推行新文字的决定》，规定从 1941 年 1 月 1 日起新文字与汉字有同等法律地位。1941 年 5 月，毛泽东为创刊不久的《新文字报》题词："切实推行，越广越好"；朱德的题词是："大家适用的新文字努力推行到全国去"。他们的题词对新文字运动的开展起到推动作用。1941 年冬，边区政府决定在边区各县推广试办新文字冬学。识字班、夜校、冬学、读报组遍及乡村，到处出现了孩子教母亲识字、夫妻互教互学的动人场面。

灌输的形式是非常丰富的，有报告、谈话，讨论、座谈会、讲解等，这些不同的形式，在灌输的过程中，既可以单一运用，也可以互相配合综合运用，采用哪种形式，怎样实施和操作，均根据具体的情况来确定。总体来看，青年人喜欢生动新颖的形式，而反对千篇一律的老生常谈方式。因此，延安时期青年理想信念教育的灌输形式常变常新，丰富多彩，成为广大青年汲取营养和力量、交流思想和学习体会的重要方式。

二、实践教育

所谓实践教育，就是有领导、有计划、有目的地组织、引导青年参加各种有意义的社会实践活动，促使青年的情感和认识向积极、健康的方面逐步转化，在改造客观世界的过程中，同时改造自己主观世界的教育方法。这种方法丰富具体、生动活泼，可以使青年从大量的情感认识中加深对问题的认识，是青年自己教育自己的好方法，也是对青年进行教育的重要形式。

(一)实践教育的特点

实践教育开展起来，一般来说比较复杂，工作量也比较大，必须遵循实践教育的特点。

1. 有明确的目的和周密的计划

无论哪种实践活动，都应该明确要达到什么目的，根据一定的目的制定具体的实施方案，然后按照方案的具体步骤，逐步实现教育目标。只有这样才能克服为实践而实践、为活动而活动的盲目性和无计划性。

中国共产党对延安青年进行理想信念教育的一个重要任务，就是运用实践的经验，来促进青年改变错误思想，使之向着正确积极的方向转化。1939 年 5 月 4 日，在延安举行的纪念五四运动 20 周年大会上，毛泽东指出了青年运动的方向，就是"走历史必由之路"，首先是为建立人民民主的制度而斗争，然后为实现社会主义而斗争。要完成反帝反封建的民主革命，离不开工农群众这个根本力量，离不开工人阶级的领导。革命青年必须到工农中去，走工农相结合的道路，才能发挥青年作用，否则一事无成。为响应党的号召，实现这一宏大目标，抗大一分校立即在全校范围内开展了"红五月"革命竞赛活动。单位与单位、个人与个人互相挑战，互相比赛，比思想，比学习，比工作，比劳动，比团结，你追我赶，热火朝天。为使活动富有成效，学校进行了细致的动员工作，组织了认真的检查评比。这次以转变学员思想为主要内容的竞赛活动，以实践活动形式展开，对全校师生进一步树立革命的人生观产生了深远影响。

2. 科学安排实践教育内容

在实践教育内容的设计上要考虑两个方面：一是围绕中国共产党的中心工作来设计，二是照顾到青年人的特点，这样就优先考虑和解决了两个根本性问题：一个是"方向问题"，这是解决为谁服务的问题；另一个是"质量问题"，即解决怎样更好地服务青年的问题，使青年人乐意参加。

延安青年学到一些马列主义的基本理论后，锻炼自己的最好方法是到实践中去。只有在实践中认清抗战形势与抗战前途，才能作好持久抗战的精神准备，坚定抗战必胜的信心。1939 年，中共中央将延安自然科学研究院改建为自然科学院，加强培养"既是技术的专家，又是革命的通才"学员的力度。按照改革后的教学方针，学院调整了学科，开始设有物理系、化学系、地矿系、生物系，后又调整增加机械工程系、化学工程系和农学系，并加强课程建设，分为基础课、技术基础课和专业课，强调各课应加强实践。除学院附设的机械实习工厂、化工实习工厂、玻璃厂作为实习基地外，师生们还采取各种形式参加边区的经济建设。如地矿系承担了陕甘宁边区一些铁矿、煤矿资源的勘测；地矿系教师武衡组织的边区地质考察团，紧密配合党的斗争任务，从1941年至1942年先后考察了延长、延川、安定、安塞、甘泉，以及关中等地的地质构造，为边区发展工业提供了条件；生物系师生赴南泥湾考察，为359旅的屯垦提供了科学依据。

3. 选择合理的实践教育形式

实践教育的形式虽然多种多样，但在具体运用时，中国共产党很注意从青年实际思想水平出发，选择适当的时机和恰当的形式，以社会实践作为教育的基本途径，循循善诱，逐步提高他们的思想觉悟。

根据党的号召和中央妇委要求，中国女子大学灵活地运用和积极地创造各种适当的实践教育形式，以实现"理论与实践统一"的教学方针。比较大的活动有：1940年初，抽出十多名同学，在教务长张琴秋的指导下，发起成立"延安各界妇女宪政促进会"，组织召开了全市两千多人的妇女大会，发出《告全国姊妹书》，有力揭露国民党所谓"实行宪政"的欺骗宣传，把延安妇女对国民党大会和对宪政的意见公布全国。1940年9月，学校抽出四班、五班大批学员，由孔筱、王开同学分别带队，分赴绥德专区，参加陕甘宁边区征粮工作。1940年底，学校又抽出四五十名学员，参加陕甘宁边区选举工作。由庞文华、丁雪松同学带队，分赴绥德专区，深入农村，逐户发动群众参加选举，建立"三三制"民主政权。被派出的学员，绝大多数是第一次下到贫瘠山区的知识青年，受到最深刻的实际锻炼，既在战火中增长了斗志，锻炼了胆识，又给学员们以生动而实际的警示教育。

（二）实践教育的经验

在实践教育中，我党创造了许多切实可行的方法，积累了丰富的经验。

1. 组织参加实际工作，提高主体自觉性

来延安的青年除了平时过着严格的军事生活、不断进行军事训练和军事演习外，我党还经常组织他们参加社会服务和基层劳动，帮助群众恢复生产，以此使青年们在实践中克服轻视工农大众和鄙视劳动的思想，认识到和工农相结合的必要性和重要性。为了使陕北公学的师生学习民主选举的理论、方法和经验，学校除了在课堂上讲解中共中央和陕甘宁边区政府关于选举问题的文件和材料外，还把全体学员组织起来，到附近地区宣传和发动群众积极参加选举工作。这不仅推动了陕甘宁边区民主选举运动的迅速开展，而且也使青年们学会了民主选举的方法，养成了民主选举的习惯。陕北公学的历届学生会都是通过民主选举产生的。当 1939 年初总校和分校合并后又一次选举学生会时，各队学员运用各种形式开展竞选活动，许多队还编印了《竞选日报》和传单，为本队的候选人进行宣传。候选人还要当众发表竞选演说，宣布施政政纲。他们在选举中用无记名的方法进行直接选举。后来，这些青年结业后分配到各个抗日根据地，他们把民主的作风、民主的精神贯彻到实际工作中，对各地实施民主制度起到了积极的推动作用。

2. 广泛开展课外活动，彰显主体完整性

为了提高青年们的积极性，活跃学校生活，根据青年人的特点，我党开展了丰富多彩的课外活动，经常组织文娱晚会、歌咏比赛和体育活动，还组建了"文艺工作团"。1938 年 8 月陕北公学成立了流动剧团。流动剧团的演员大部分是来自大城市的知识青年。他们的政治热情很高，在没有布景、没有道具，只有一套锣鼓、几把二胡和一些简单乐器的条件下，排练出了许多独幕剧和活报剧。其中有些反映工农兵的剧目，由于演员缺乏对工农群众的了解，所以他们尽管穿上了工农的服装，但仍然是满口学生腔。成仿吾了解到这个情况后，恳切地对流动剧团的青年讲："你们是为工农服务的革命文艺战士，不能脱离工农群众。资产阶级、小资产阶级的文艺，工农大众不欢迎。"①他要求剧团"要下乡去演出，向农民学习，学习他们的语言，了解他们打土豪、分田地后的生活变化，以及怎样支援抗日战争等等"②。从此，在成仿吾的直接领导下，为工农群众服务、向工农群众学习就成为陕北公学流动剧团努力的方向。演员下乡时总是自己背行李、道具，到达目的地后就帮助当地老乡担水、劈柴、扫院子、送粪。他们在和群众共同劳动、共同生活的过程中，学习群众的语言，体会群众的感情，了解群众的习惯，把自己当作群众中的一分子。这样，戏就演得真，就能打动群众的心，起到教育群众、团结群众、激发群众斗志的作用。流动剧团在演出过程中还根据当地的生动事例及时创作小歌剧，用陕北民歌曲调演出，很受群众欢迎。这样的演出不但教育了群众，活跃了群众的文化生活，而且使参加演出的青年演员从思想感情到语言气质都发生了明显的变化。这些青年开始深深地扎根于人民群众的泥土里，深深懂得人民群众是历史的真正创造者这个历史唯物主义的根本原理。陕北公学流动剧团除在陕甘宁边区演出外，还到国民党管辖的地区演出。他们创作并演出了大量富有战斗性、艺术性的文艺节目，运用文艺形式宣传共产党的团结抗日主张，宣传八路军、新四军的抗敌战绩，不仅活跃了文化生活，也陶冶了心灵。这些活动对于扩大中国共产党的影响，争取国民党统治区广大群众起到很好的作用。

3. 常态化进行劳动教育，突出主体意义性

实践、认识、再实践、再认识是一个无限循环往复的过程，中国共产党不认为只经过某一次实践教育就能解决问题，而是经常地不断地开展劳动实践教育活动，通过劳动锻炼，让青年具有刻苦耐劳的精神和艰苦朴素的作风，养成

---

① 成仿吾：《战火中的大学》，北京：人民教育出版社 1982 年版，第 57~58 页。
② 成仿吾：《战火中的大学》，北京：人民教育出版社 1982 年版，第 58~59 页。

良好的劳动习惯。开展的大生产运动是我党对延安青年进行实践教育的主要方式。

陕甘宁边区地处黄土高原西北部，地广人稀，土地贫瘠，交通不便，生产落后，且"三年一旱，五年两旱"，经济基础十分薄弱。抗日战争进入相持阶段后，由于长期战争的消耗、日军的残酷"扫荡"与国民党顽固派的经济封锁，加上自然灾害的侵袭，抗日根据地遇到了极大的困难。边区军民一度只能用米糠、野菜充饥。为了摆脱困境，抵御自然灾害及财政困难，中国共产党教育青年自己动手，多开一亩荒，就多增加一份革命力量。陕甘宁边区及敌后各根据地，开展了以农业为主的轰轰烈烈大生产运动。青年学生坚决响应"自己动手，丰衣足食"的伟大号召，高唱"革命战士不怕苦，生产自给反封锁"的民谣，焕发出革命和生产热情，凭着一颗红心两只手，战天斗地，推动大生产运动的热潮一浪高过一浪。劳动中没有闲人，没有特权，出现了八路军三五九旅、延安县南区合作社等许多先进单位，涌现出不少"气死牛"式的劳动英雄。在中国共产党的坚强领导下，广大青年辛勤劳动、艰苦奋斗，有一份光发一份热，发扬大无畏的革命精神，在劳动中砥砺前行。

从1939年到抗战胜利，抗大总校和一些有条件的分校，每年都要进行生产，把生产劳动列入教学计划之中，使教育与生产劳动结合起来。1939年春天，总校开展开荒突击运动，全校教职学员5000多人齐动员，向荒山秃岭进军，展开了热火朝天的劳动竞赛。在这支开荒大军中特别让人钦佩的是女生队的学员，她们的体力虽然赶不上男生队，但样样不肯落后，每天傍晚收工时，她们的进度虽比男生队慢，可是第二天，她们天不亮就提前上了山，把落下的进度补上，有时还超过男生队。所以，大家都竖起大拇指称赞她们不愧是"巾帼英雄"。时任中央组织部副部长的李富春，在1939年为《新中华报》写的专论中描写了当时发生的变化，颂扬青年学生的革命精神。他写道："现在从事劳动的劳动者，在一个月以前，或者是从未拿锄的文弱书生，或者是刚刚离开了大都市富裕的家庭与舒适的学校而来延安的男女青年学生，或者历来是只知'笔耕'的文艺人才，他们都下决心自觉的改变了他们的习惯、生活与意识，拿起锄头，爬上山头，不怕风尘仆仆，不怕皮破血流，不畏疾病侵袭，兴趣豪迈、歌声扬扬地努力开荒，用锄头，用血汗，开辟了自己的新的人生！使劳动与学习，与工作，与战斗，从自己的实践中联系起来，使每人自己体会了、实践了'劳动神圣'的光荣！"①这段生动的描写，就是对当年青年们实践教育的真实写照。生产劳动使青年认识到劳动的价值和意义，并在积极的劳动过程中和劳动人民建立了深厚的感情，走上同工农群众相结合、体力劳动和脑力劳动相结合的道路。

三、批评与自我批评教育

所谓批评，就是指出缺点错误，分析产生的原因并提出克服的意见。批评是开展思想政治教育经常采用的方法，是一种普遍使用的方法。我们解决思想矛盾，开展思想斗争，不能采取粗暴的方法，简单的方法，"只有采取讨论的方法，批评的方法，说理的方法，才能真正发展正确的意见，克服错误的意见，才能真正解决问题"②。所谓自我批评，就是自觉地公开地对自己的过失、缺点、错误进行剖析和检查。自我批评和批评是紧密联系在一起的，正如习近平总书记所强调的："对批评和自我批评这个武器，我们要大胆使用、经常使用、用够用好，使之成为一种习惯、一种自觉、一种责任，使这个武器越用越灵、越用越有效果。"③批评的主体是他人，自我批评的主体是自我，两者是相辅相成的。克服不良思想和行为，改正缺点和错误，既要靠内因，靠自我改造，自我批评，这是主要的；同时，也要有外因的作用，即要有组织和他人的监督、批评。没有批评，难以开展自我批评，没有自我批评，无法真正接受批

---

① 房维中、金冲及主编：《李富春传》，北京：中央文献出版社 2001 年版，第 238~239 页。

② 《毛泽东文集》第 7 卷，北京：人民出版社 1999 年版，第 232 页。

③ 习近平：《在党的群众路线教育实践活动总结大会上的讲话》，《人民日报》2014 年 10 月 9 日。

评，因此，批评和自我批评要结合起来运用。延安时期中国共产党既充分相信青年能够在思想上自己教育自己，克服缺点错误，又激发、启迪青年采用批评的方式，抵制错误思想。

（一）批评与自我批评的目的

批评与自我批评这一武器，必须自觉地掌握好，才能充分发挥它的作用。明确批评与自我批评的目的，是正确开展批评与自我批评的基础。

1. 坚持真理，修正错误，促使青年不断进步

正确开展批评和自我批评，是我们党一以贯之的优良传统和作风，是解决党内矛盾和人民内部矛盾的基本方法，是团结一致，不断提高战斗力的一个强大动力，是抵制政治微生物的侵蚀，保持思想纯洁的有力武器。毛泽东曾强调，正确开展批评与自我批评，"是推动大家坚持真理、修正错误的很好的方法"①。从某种意义上讲，离开了批评和自我批评，既不能坚持真理，也无法修正错误。这是因为：其一，真理是在同谬误作斗争中向前发展的，而批评与自我批评则是这种斗争的主要形式和手段。只有经常开展批评与自我批评，才能克服谬误，发现真理和坚持真理，并且在实践中进一步发展真理。马克思主义科学真理就是在不断批评各种错误思潮的过程中发展起来的。其二，真理和谬误在一定条件下是可以转化的，俗话讲，真理再进一步就是谬误。因此，要防止真理转化为谬误，就必须经常开展批评与自我批评。马克思主义认为，真理是对一定的时间、地点、条件下的一定对象的认识，超过一定时间、地点和条件，真理就会变成谬误。正如列宁所说："任何真理，如果把它说得'过火'，加以夸大，把它运用到实际适用的范围之外，便可以弄到荒谬绝伦的地步。"②这就告诉我们，要保护真理的纯洁性，就必须克服思想认识上的极端化

---

① 《毛泽东文集》第 6 卷，北京：人民出版社 1999 年版，第 81 页。
② 《列宁选集》第 4 卷，北京：人民出版社 1995 年版，第 172 页。

和片面性，就必须自觉地开展批评与自我批评。真理不仅在一定条件下会变成谬误，而且谬误在一定条件下也会转化为真理。这里说的"一定条件"就包含有批评与自我批评。可见，坚持真理、修正错误是开展批评与自我批评的重要目的，如果离开了这个大目标，批评与自我批评就丧失了它的重大意义。总之，能否达到坚持真理、修正错误，促使青年共同进步的目的，是我们党衡量批评与自我批评开展得好不好的重要标志，也是衡量批评与自我批评有无良好效果的重要尺度。

2. 解决矛盾，消除分歧，加强革命团结

开展批评与自我批评的另一个重要目的，就是为了解决党内和人民内部矛盾，消除彼此间的意见分歧，加强革命队伍的团结。团结就是力量，这是一条人尽皆知的真理。中国共产党人历来十分重视团结，视团结如生命。党的团结，是整个革命队伍团结的核心。只有全党思想统一，行动一致，才能有力量。所谓党的团结，就是全党在马克思主义原则基础上形成的思想上、政治上和组织上的一致，以及由此而产生的行动上的一致。这种团结是在马克思主义原则基础上的团结，绝不是无原则的团结，只有坚持马克思主义根本原则，全党才能达到真正的团结。但是，在这些根本原则问题上，常常会出现一些意见分歧，产生一些矛盾，而要解决这些分歧和矛盾，就必须开展批评和自我批评。从辩证唯物主义的观点看，要从根本上永远避免党内分歧和矛盾是不可能的。因为无产阶级政党和其他一切事物一样，也是一个矛盾的统一体。矛盾存在于中国共产党的全部生活，贯穿于我们党的全部历史，中国共产党就是在矛盾运动中不断发展起来的。我们党的团结统一和党内的批评斗争，是党内矛盾运动的两个方面。团结统一是批评斗争的出发点和归宿，批评斗争是解决党内矛盾达到全党团结的重要途径和手段。所以，在进行批评与自我批评时，一定要牢牢记住维护全党团结统一这个目的。毛泽东曾对批评与自我批评方法的性质和作用，作过科学的概述："我们曾经把解决人民内部矛盾的这种民主的方法，具体化为一个公式，叫做'团结——批评——团结'，讲详细一点，就是

从团结的愿望出发，经过批评或者斗争使矛盾得到解决，从而在新的基础上达到新的团结。"①这个公式的基本含义，就是从团结的愿望出发，经过批评或者斗争，分清是非，使矛盾得到解决，从而在新的基础上达到新的团结。很显然，这个公式，把正确解决党内矛盾的出发点、目的和有效方法统一起来，融为一体，形成一个完整的合乎规律的公式。正确的批评，是从团结出发的，批评是方法，团结是目的。没有批评的方法不能达到团结的目的，没有从团结出发的目的，当然也不会有正确的批评。党的团结就是在不断地与违反马克思主义的思想、言论、行动的批评与自我批评中求得的，因此，批评与自我批评是增强党的团结的根本保证。

3. 增强党性，提高战斗力，推动革命事业发展

批评与自我批评和党性的关系，从一定意义上来说，是标与本的关系。我们既要治标，更要治本。如果撇开党性不管，孤立地谈批评与自我批评的某个现象问题，那就成了就事论事，舍本逐末。这样搞的结果，即使暂时有效，也绝不可能长远，绝不可能巩固。毛泽东曾指出，党组织要教育党员，"明白批评的目的是增加党的战斗力以达到阶级斗争的胜利，不应当利用批评去做攻击个人的工具"②。这就告诉我们，明确批评与自我批评的根本目的是何等的重要。如果根本目的不明确，就不会自觉地把批评与自我批评同提高党的战斗力以达到革命的胜利联系起来。这样，就会在党内思想斗争中偏离正确方向，以致利用批评攻击个人，把批评变成打击报复和整人的工具。可见明确批评与自我批评的根本目的，是一个极其重要的问题。这里，关键是增强党性。那么，什么是党性呢？怎样增强党性呢？从广义上讲，党性就是一个政党的本质特性，即党的性质。中国共产党的党性就是党的无产阶级先锋队性质的简称。刘少奇曾经说过，党性就是党的无产阶级的阶级性最高而集中的表现，就是党的

---

① 《毛泽东文集》第 7 卷，北京：人民出版社 1999 年版，第 210 页。
② 《毛泽东选集》第 1 卷，北京：人民出版社 1991 年版，第 90 页。

先锋队性质。从狭义上讲,党性是指共产党人在长期革命斗争中形成的本质优良特性,它是党的无产阶级先锋队性质在党员身上的体现。增强党性,就是要把共产党的无产阶级本质优良特性变成党员的优良素质,使他们真正成为具有共产主义觉悟的先锋战士。增强党性的过程就是运用批评与自我批评的武器进行思想斗争的过程。因为共产党人生活在现实的社会环境中,各种错误思想不断袭来,要保持党的先进性和纯洁性,就必须经常而自觉地拿起批评与自我批评的武器。

延安时期,特别是通过延安整风,我们党纠正了过去"残酷斗争,无情打击"的偏向,以"惩前毖后,治病救人"为宗旨,开展批评与自我批评,增强了党的团结统一,加强了党与群众的联系,收到了良好的效果。这时,批评与自我批评不仅理论上已发展完备,而且在革命队伍内已形成风气,它是增强团结和总结革命经验的有力武器,没有它,党的优良传统和作风就难以科学总结和不断弘扬。

(二)实现批评与自我批评的科学化

发扬批评与自我批评的优良传统和作风,只解决"为什么"的问题是远远不够的,它仅仅是一个前提或基础,而掌握批评与自我批评的方针、方法,实现批评与自我批评的科学化,才是达到目的的关键。

1. 掌握批评与自我批评的正确方针

所谓方针是指指导工作或事业前进的指针。批评与自我批评的方针,简而言之就是"惩前毖后,治病救人"。所谓"惩前毖后,治病救人",包含两个方面的意思:其一是说,对错误一定要不讲情面地揭发,以科学的态度加以分析和批判,以便使后来的工作慎重些,做得好些。其二是说,揭发错误、批评缺点的目的,要像医生治病一样,完全是为了救人,而不是为了把人整死。这就是说,对于任何犯错误的人,只要他真正愿意改正错误,就要欢迎他,把他的毛病治好,使他变成一个好同志。"惩前毖后"与"治病救人"是不可分割的。

不实行"惩前毖后"，就无从"治病救人"；没有"治病救人"的态度，就不可能收到"惩前毖后"的效果。这一方针之所以是正确的，行之有效的，一是因为它严格区分了党内斗争与党外斗争及人民内部矛盾和敌我矛盾的界限。二是因为它有正确的目的。批评和自我批评的宗旨是增强全党在马克思主义思想基础上的团结。三是因为它是在正确地总结了我们党内斗争的经验教训的基础上制定出来的。

首先要有团结的愿望，要有与人为善的态度。犯了错误就需要别人的帮助，正所谓"一个好汉三个帮，一个篱笆三个桩"，"荷花虽好，也要绿叶扶持"。对待犯错误的同志，究竟是采取诚恳帮助态度、与人为善态度，还是采取落井下石、冷嘲暗箭的态度，这是区别有没有团结愿望的一个标准。如果在主观上没有团结的愿望，势必把问题搞乱，根本达不到团结的目的。开展批评与自我批评，不是为了批评而批评，为了斗争而斗争，它的落脚点和归宿是救人，是摆事实，讲道理，分析其危害和产生原因，帮助犯错误的同志放下包袱，振作精神，继续前进，这完全是对同志的关心、爱护和帮助，是团结同志，是在新的基础上达到新的团结。这样做，才能有效地帮助青年提高认识，改正缺点和错误。国统区《新民报》的一位记者参观延安后不无感慨地说：延安政风的特点之一是检讨的认真和批评的严肃。事有错误必求反省，人有错误立刻批评。这种贯穿着民主精神的坦诚真挚的批评和自我批评，增进了相互理解、信任和友谊，促进了团结。

其次要敢于揭露矛盾，不讲情面地开展批评与自我批评。俗话说："良药苦口利于病，忠言逆耳利于行。"批评如果不尖锐，轻描淡写，被批评者就不痛不痒，就不会触及问题的实质，认识不到缺点和错误的危害，仍然不能解决问题。共产党人是主张积极的思想斗争的，在党内，不管是政治上、思想上、组织上以及作风上的矛盾，只要是原则性的，总有是和非的问题。在原则问题上是非必须搞清楚。如果在原则问题上不分是非，不对行为进行理直气壮的批评，不对不正之风进行严肃的斗争，各种错误思潮就有了扩散的条件。为了搞清是与非，作为批评者应当"知无不言，言无不尽"，作为被批评者应当闻过则喜，闻过则改，只要二者都能讲真理，不讲面子，是非就会越来越明，团结就能有一个坚实的基础。

2. 开展批评与自我批评的具体方法

开展批评与自我批评，不仅要遵循正确的方针，还必须讲究适当的方式和方法。

一要实事求是。开展批评与自我批评时，必须以事实为依据，有一说一，有二说二。实事求是就是要求人们的认识符合客观实际。实事求是，"实事"是基础，因为"是"只能从"实事"中求出来。只有首先弄清事实，才能求出真正的"是"。人们常常说，"说话要有证据"，这个证据就是事实。开展批评与自我批评，应有高度负责的态度，采取实事求是的科学分析态度，不能捕风捉影，道听途说，主观片面，必须进行调查核实，没有核实或与事实不符的，就不要当成批评的依据，绝不能凭个人好恶，或者粗枝大叶、浮光掠影地看人看事。开展批评是为了弄清思想，团结同志，如果离开了实事求是的原则，以错误的态度对待同志的缺点、错误，不仅不能达到这个目的，而且还会起相反的作用，不能收到应有的效果。实事求是地指出错误或缺点，使批评的内容符合实际，力求准确，否则，团结的愿望就会落空，矛盾不可能得到解决。这一点说起来容易，做起来却很难。比如，有的人有一种特殊嗜好，就是热衷于搞小广播，传递小道消息，甚至添枝加叶予以渲染，而其他人又往往认为"无风不起浪"，以致"将信将疑"或偏听偏信。把批评与自我批评建立在这样的"沙滩"上，不但明辨不了是非，而且还会伤害自己的同志。在延安就发生过类似的事情：在1937年前后批判张国焘分裂主义时，有个别人反映，张国焘曾在天全县召开过反对中央北上的分裂会议，在这个会上，原红五军团保卫局局长欧阳毅曾发言表示支持。事实上，欧阳毅对张国焘的分裂主义是进行坚决斗争的。再说，欧阳毅当时所在的红五军团驻地是丹巴，与开会地址天全相距四百多里路，他假如去开会，没有几天时间是不行的。但是，在有人反映后，有些人就偏听偏信了，使欧阳毅受到打击。到1939年，因调查不充分，结论上还留下一个"尾巴"，直到 1940 年，欧阳毅先后找到毛泽东、陈云、朱德，问题才得以解决。朱德当时对他说："我已看到你写的材料。没想到，还搞了你这么个问题！现在要我写证明，我一定要写，但写了还不够，我提议要召开会议，我还要在会上讲。"不久，总政党务委员会召开，朱德也参加了。会上，根据重新调查的材料和朱德的证明，给欧阳毅做出了完全符合实际情况的结论。这说明，道听途说或"有人反映"往往"有水分"，必须要进行调查核实，没有核实或与事实不符的，就不要当成批评的依据。只有实事求是地检查认识，对就是对，错就是错，对多少就讲多少，错在哪里就指出错在哪里，才有可能在新的基础上，收到"吃一堑，长一智"的效果。

二要以理服人。开展批评与自我批评既要尖锐，又要讲道理，说服而不能压服。刘少奇曾指出："在党内一切要讲道理，一切要讲清楚道理，一切要有道理可讲。否则不行。道理讲清楚了，一切都好办，都容易办。……我在这里所说的道理，当然不是那些空洞的似是而非的道理，而是那些实际的与被实践所证明了的真正的道理。"①针对某一个缺点、错误进行批评帮助，坚持说服教育、以理服人，就是要帮助被批评者分析认识自己错在什么地方、错误的性质和危害，使其认真审视自己出现的问题，坚定改正错误的信心和决心。着重点应放在真正解决思想问题上，推心置腹地交换意见，让人"脸上火辣辣、心里热乎乎"，启发被批评者主动剖析自己，虚心接受批评，自觉地改正自己的缺点和错误。这也是说服教育、以理服人所要达到的目的。要做到以理服人，首先针对性要强。所谓针对性，就是有的放矢，因人而异采取不同形式和方法，做到"对症下药"。批评帮助能否取得实效，很重要一点就是能不能把话说到点子上，说到被批评者的心坎上。其次说理要充分、透彻。是什么问题就解决什么问题，把革命道理与青年的思想实际结合起来，通过具体工作，讲清革命道理。如陕甘宁边区政府曾发生这样一件事。一次，办公厅党支部讨论一个同志入党问题。开会前，主持会议的同志说："今天除去出差的同志和工作繁忙

---

① 《刘少奇选集》上卷，人民出版社 1981 年版，第 216~217 页。

的林主席没通知外，办公厅的党员全部都到齐了。"他的话刚说完，林伯渠走进了会场。他环顾了在场的同志，说："支部书记同志，我来晚了。"然后坐下，认真地听完大家的评议，和党员们一起举手表决。最后，主持会议的同志请林伯渠讲话。他站起来，语重心长地说："我今天讲两点，一是检查，二是请求。我所检查的是，参加党员大会，是每个党员组织观念强弱的表现，我没有准时参加，应该受到批评。二是请求支部书记不要取消我参加党日活动的资格。"支部书记听了，忙说："林老，你工作那么忙，我不愿打扰你。"林伯渠说："你不打扰我，自由主义就要来打扰我，你要记住，我是一个普通党员，没有什么特权可讲。"他看了看在座的同志，笑着说："还要请诸位监督执行。"林伯渠开展批评与自我批评，不是就问题谈问题、就现象谈现象，而是从维护党的利益出发，和风细雨，讲究实效。这就是说服教育、以理服人所要达到的目的，有效地帮助青年提高认识，同时也教育其他人，使有缺点或错误的同志，有改正的机会，继续为党为人民工作，真正解决思想问题，是非问题，这对避免矛盾激化也是十分有利，非常必要的。

三要以情感人。所谓以情感人，就是指在批评帮助同志的时候，要以真挚的感情作为先导，给予信任和尊重。人是有感情的，其行为往往受感情支配。如果理与情不结合，即使道理讲得对，也不能打动人心。为此，要做到：首先，要设身处地，将心比心。刘少奇在《论共产党员的修养》一书中说："他（共产党员）就可能有很好的共产主义的道德。因为他有明确坚定的无产阶级立场，所以他能够对一切同志、革命者、劳动人民表示他的忠诚热爱，无条件地帮助他们，平等地看待他们，不肯为着自己的利益去损害他们中间的任何人。他能够'将心比心'，设身处地为人家着想，体贴人家。"①彼此设身处地、将心比心，能站在对方的位置上，就能更好地摸准对方的思想脉络，加深相互间的了解，有助于正确开展批评与自我批评。其次，要以诚相见，真正知心。这不仅是共产党人在政治生活中一种不可缺少的品德，也是检验我们对批评武

---

① 《刘少奇选集》上卷，北京：人民出版社 1981 年版，第 131~132 页。

器掌握得好坏的一个标志。只要做到知心，就会得到彼此的信任，被批评者就会认识到批评是从关怀和爱护的角度出发的，才会真正认识错误。最后，批评帮助要使人乐于接受，情理结合。这就是说，"情"不通，则"理"不达，离开以情动人，"理"也会干巴巴的，没有血肉，很难被批评者所接受。但是，感情不能代替道理，"情"固然重要，若不晓之以理，就会感情用事，损害原则。归根到底还是要靠充分说理，以理服人。只有把情与理有机结合起来，才能取得批评帮助的良好效果。

四要防微杜渐。在批评与自我批评中，要及时抓住苗头，"防患于未然"，不要等问题成了堆，才去解决。犯错误的同志认识错误有一个过程，犯错误也有一个从量变到质变的过程。开展批评与自我批评，不是等小错已经酿成大错才去处理，而是发现一些蛛丝马迹时，就要经常提醒、帮助，使犯错误的同志能认识和改正它。

1939 年春，抗日战争进入相持阶段。八路军一二九师政委邓小平率领十七团一营三连准备插入敌后。当队伍行至山西阳城县雪泉岭、黄汉镇时，被"扫荡"的日伪军冲散了。之后，邓小平找到了在这一带活动的十七团三营九连，和九连的干部战士们一起度过了七个昼夜。由于日寇疯狂"扫荡"，地方伪政权气焰也很嚣张，九连经常转移阵地，有时一个晚上要换五六个地方。夜行军时，邓小平总是走在队伍的最前面。在此情况下，邓小平特别注意教育干部战士们要遵守群众纪律。他对九连的干部们说："要教育部队，环境越是艰苦，我们越要特别注意群众纪律。""我们要争取群众，团结群众，依靠群众。这是我党我军的光荣传统。任何时候，任何情况下，千万注意，不可忘记。如果我们不注意这一点，把群众惹毛了，部队就寸步难行。"

一次，一位新战士实在不忍心看着邓小平政委和大家一起挨饿，就设法搞来一个玉米棒子，高高兴兴地送给邓小平。"为了它，你费了不少劲吧?"邓小平笑着问。"那当然，我好不容易找到一个藏粮食的树洞，才搞到的。"这位战士擦着头上的汗水回答。邓小平又问："拿群众的东西，给群众留钱了吗?""当然留了，还写了一张条子呢!"这位战士理直气壮地回答。"好，"邓小平表扬了这位新战士，接着说，"这玉米是老百姓留的种子，你要立即把它送回去……"

事后，邓小平把九连全体战士召集到一起，问大家："毛主席讲，我们的八路军和新四军同老百姓是什么关系？""是鱼和水的关系。"战士们齐声响亮地回答。"鱼一旦离开了水，又会怎么样呢？"邓小平又问。"只有死路一条！""对。"邓小平斩钉截铁地说，"毛主席亲自为我军制定《三大纪律六项注意》（当时为六项注意，后来改为八项注意）的目的就是要让我们永远不脱离群众，事事为群众着想。"最后，邓小平满怀信心地说："革命是艰苦的，但只有通过我们的艰苦奋斗，才能使人民群众都过上好日子。同志们，这一天已经为时不远了。"邓小平的这一席话，说得干部战士心里暖烘烘的。这就是善于从偶然做错的一件小事情上，用高标准要求，严格对待，促其自觉地看到自己身上的错误，以防患于未然，收到防微杜渐之效。

3. 用唯物辩证法指导批评与自我批评

批评与自我批评是根据对党内矛盾的正确认识而采取的解决党内矛盾的有效方法，为此必须对批评与自我批评中存在的问题，有一个正确的、辩证的认识，没有正确的认识，就没有正确的行动。

用唯物辩证法指导批评与自我批评，首先要解决如何看待人的问题。所谓"金无足赤，人无完人"。无论什么人，缺点错误总是难免的。在批评与自我批评中，只看见功不看见过，或者只看见过不看见功，只看见今天的好，不看见昨天的坏，或者只看见今天的坏，不看见昨天的好，这种一只眼睛看人，往往会把问题绝对化。正确地、辩证地看待青年，要对成绩与缺点、历史与现实进行全面分析，既要看到一个人的长处，也要看到他的缺点。把握住一个问题的两个方面，在批评与自我批评中恰当地运用，被批评者的积极性就不会挫伤，能较好地变消极因素为积极因素。

用唯物辩证法指导批评与自我批评，其次要注意解决好主要矛盾的问题。在现实生活中，一个人的缺点或错误可能是多方面的，但是在批评与自我批评中不可能也没必要面面俱到。唯物辩证法要求，做任何工作，首先应该抓住主要矛盾、主要问题。主要矛盾、主要问题解决了，其他矛盾和问题就容易解决了。在批评与自我批评中主要解决的是政治立场问题、政治原则问题、组织观念问题、群众观念问题等大是大非问题，不能"眉毛胡须一把抓""芝麻西瓜一起拣"。正如毛泽东所说："有些同志的批评不注意大的方面，只注意小的方面。他们不明白批评的主要任务，是指出政治上的错误和组织上的错误。至于个人缺点，如果不是与政治的和组织的错误有联系，则不必多所指摘，使同志们无所措手足。而且这种批评一发展，党内精神完全集注到小的缺点方面，人人变成了谨小慎微的君子，就会忘记党的政治任务，这是很大的危险。"①把注意力集中到主要问题，即政治立场、原则上，批评与自我批评做到"牵牛要牵牛鼻子"，就能产生较佳的效果。

用唯物辩证法指导批评与自我批评，最后要正确地把握"度"。也就是说，任何事物，包括批评与自我批评，都应保持一定界限，即度，超过了度，就会发生质变。为此，要做到正确把握度，一是批评与自我批评不能草率从事，必须以严肃负责的态度来进行，必须站在党的立场上，必须首先调查研究，把事情弄清楚。二是在批评与自我批评中，多做正面教育，以求思想上、原则上的一致。三是在批评与自我批评中，应先"对事"，后"对人"。应该先把事实弄清楚，把错误与缺点的性质、严重程度、产生的原因弄清楚，然后再指出这些缺点错误应由谁负责。四是不要苛求被批评者对批评意见能马上理解，要允许被批评者有一个接受或转化的过程。

遵义会议以来，党中央的路线是正确的，马克思列宁主义的思想作风和工作作风在党内占主导地位，但是党本身还存在着不少缺点。一方面，第二次国内革命战争时期的几次"左"倾机会主义的错误虽然被克服了，但产生错误的思想根源却还没有在全党范围内遭到系统的彻底的清算。因此，主观主义、宗派主义等非无产阶级的思想作风，仍在党内继续存在，干扰革命路线，妨碍党的团结和统一。另一方面，抗战以来，党吸收了大量新党员，其中约90%是农

---

① 《毛泽东选集》第1卷，北京：人民出版社1991年版，第91~92页。

民和其他小资产阶级出身，他们虽然有革命积极性，并愿意接受马克思主义教育，但是，他们是带着自身原来不符合或不大符合马克思主义的思想入党的，这是一个严重的矛盾。如果不进行一次整风运动，党就不能健康地发展，革命就不能前进。正如毛泽东指出："我们的党，我们的队伍，虽然其中的大部分是纯洁的，但是为要领导革命运动更好地发展，更快地完成，就必须从思想上组织上认真地整顿一番。而为要从组织上整顿，首先需要在思想上整顿，需要展开一个无产阶级对非无产阶级的思想斗争。"①整风运动就是全国范围内的普遍的马克思列宁主义教育运动，也是打破党内以王明为代表的教条主义束缚的伟大的思想解放运动，批评与自我批评是整风运动的一个突出特征。

延安整风运动大致分为三个阶段，即准备阶段、普遍开展阶段、总结阶段。1940 年 12 月到 1942 年 1 月，为整风运动的准备阶段。1940 年 12 月 25 日，毛泽东起草了《论政策》的党内指示，明确指出土地革命时期以王明为代表的"一切斗争，否认联合"的"左"倾错误是路线错误。但是有些人认为不是路线错误，是策略上的错误。这说明党的马列主义水平还不高，识别真假马列主义的能力还不强。同时，毛泽东还主持汇编了我党历史上代表正反两条路线的文件和文章，让大家对照学习，要求用马列主义的立场、观点和方法，结合路线斗争的实际，研究总结我党历史上的经验教训。为了反对主观主义，1941 年三四月间，我党重新出版了《农村调查》一书，毛泽东为此书写了《〈农村调查〉的序言和跋》，阐明了"没有调查就没有发言权"的真理。5 月，毛泽东发表了《改造我们的学习》，批判了理论脱离实际的主观主义学风，从思想上总结了党内路线的分歧。9 月，党中央在延安召开政治局扩大会议，讨论了党的历史，特别是第二次国内革命战争时期的路线问题，肯定王明的错误是路线错误，统一了高级干部的认识，为全党整风作了思想上、组织上的准备。

1942 年 2 月到 1943 年 10 月，为全党普遍整风阶段。1942 年 2 月，毛泽东在延安作了《整顿党的作风》《反对党八股》的报告，标志着全党整风运动的

---

① 《毛泽东选集》第 3 卷，北京：人民出版社 1991 年版，第 875 页。

开始。4月3日，中共中央宣传部发出了《关于在延安讨论中央决定及毛泽东同志整顿三风报告的决定》，整风运动首先在延安开展起来。整风任务是："反对主观主义以整顿学风，反对宗派主义以整顿党风，反对党八股以整顿文风。"①毛泽东指出，主观主义"是共产党的大敌，是工人阶级的大敌，是人民的大敌，是民族的大敌，是党性不纯的一种表现。大敌当前，我们有打倒它的必要。只有打倒了主观主义，马克思列宁主义的真理才会抬头，党性才会巩固，革命才会胜利"②。因此，整风运动首先把矛头对准主观主义，以克服广泛存在于党内的资产阶级和一切非无产阶级的思想作风。

主观主义有两种表现形式：一种是教条主义，一种是经验主义。整风运动主要反对危害最大的教条主义，教条主义者不是为了解决中国革命的实际问题去从马列主义寻找立场、观点、方法，而是把马列主义的个别词句当作包治百病的灵丹妙药，否认"理论若不和革命实践联系起来，就会变成无对象的理论"这个真理。他们披着马克思列宁主义的外衣，死记硬背马列主义的条文，生搬硬套外国的经验，对中国革命的现状和历史不作调查研究，不和中国革命的具体实践相结合。经验主义者否认"实践若不以革命理论为指南，就会变成盲目实践"这个真理，轻视马克思主义理论的学习，把局部经验当作普遍真理，到处搬用。主观主义者最根本的思想特征是理论和实践相分离。毛泽东反复强调说明，理论和实践的统一是马克思列宁主义的基本原则，要做到理论和实践结合的正确办法是：有书本知识的人向实践方面发展，才可以不停止在书本上，才可以不犯教条主义的错误；有工作经验的人，要向理论方面学习，要认真读书，才可以使经验上升为理论，才可以不犯经验主义的错误。毛泽东向全党提出了系统地周密地研究周围环境的任务，指出在全党推行调查研究计划，是转变党的作风的基础一环。调查研究，就是要使同志们懂得共产党的基本任务，就是了解情况和掌握政策两件大事，前一件事就是所谓认识世界，后

①《毛泽东选集》第3卷，北京：人民出版社1991年版，第812页。
②《毛泽东选集》第3卷，北京：人民出版社1991年版，第800页。

一件事就是所谓改造世界，这是解决马克思列宁主义的普遍真理和中国革命的具体实践相结合的唯一途径。了解情况的唯一方法，就是用马克思主义的基本观点，即阶级分析的方法，向社会作调查。"没有满腔的热忱，没有眼睛向下的决心，没有求知的渴望，没有放下臭架子、甘当小学生的精神，是一定不能做，也一定做不好的。必须明白：群众是真正的英雄，而我们自己则往往是幼稚可笑的，不了解这一点，就不能得到起码的知识。"①这对指导青年掌握马列主义的普遍真理和中国革命的具体实践相结合这一基本方向，起了极大的作用，并将永远放射着灿烂的光辉。

宗派主义是主观主义在政治生活上和组织关系上的表现，对内则产生排内性，破坏党的统一和团结，对外则产生排外性，不能正确处理党和群众的关系，破坏党和群众的血肉联系。在反对宗派主义的斗争中，必须坚决反对两面派的行为。为了反对宗派主义，中国共产党一再强调在党内必须坚持少数服从多数，下级服从上级，局部服从全局，全党服从中央的民主集中制原则。党八股是主观主义和宗派主义的宣传工具和表现形式。毛泽东指出，有了党八股，生动活泼的革命精神就不能焕发，真正的马列主义就不能得到广泛的传播和发展。

1943年10月到1945年4月为整风运动的总结阶段。在整顿"三风"的基础上，为了吸取经验教训，巩固整风运动的成果，凡是参加整风的单位和个人，都写了整风总结，大大提高了全党的马克思列宁主义水平，使广大青年克服了广泛存在于党内的伪马克思列宁主义的小资产阶级思想作风。从思想上划清了马列主义路线和机会主义路线、无产阶级思想和非无产阶级思想的界限，把历史问题和工作问题，提到思想原则的高度来加以分析，从思想上解决路线问题、领导方法和工作方法问题，为党的"七大"胜利召开，为抗日战争的最后胜利，为夺取民主革命的胜利，奠定了巩固的思想基础。

延安整风运动的方法就是，相信群众，依靠群众，让群众自己教育自己，自己解放自己。就是在党的统一领导下，有组织有计划地学习马克思列宁主

①　《毛泽东选集》第3卷，北京：人民出版社1991年版，第790页。

义，学习经典著作和党的有关文件，联系思想和工作实际，开展批评与自我批评，以科学的态度具体分析，肯定正确的方面，批评不正确的方面，从世界观上找根源，提出改正错误的办法。谁有缺点、错误，都要作自我批评。

革命队伍内部的团结，也有团结与斗争的问题，斗争不是动手动脚，而是批评与自我批评。批评和自我批评是相互信任的润滑剂，是青年加强党性修养的有效武器和成长提高的重要阶梯。

四、示范教育

示范教育法，就是以先进典型作为人们仿效的典范，而进行的一种抓点带面，树立典型带动一般的教育方法，也叫榜样教育法。它可以启发和推动人们不断提高思想觉悟，改正缺点错误，向更高的思想境界迈进。示范教育具有形象、具体、生动的特点，它较说理教育更富有感染性和易接受性，是我们党传统的思想政治教育方法之一。榜样是人们学习的楷模，是做人做事的标杆，反映了历史发展的方向，其事迹极有说服力，可以激励、感召、引导人们奋发向上，具有深刻的教育意义和生动的教育作用，是推动历史前进的巨大力量。

(一)搞好示范教育的意义

延安时期树立榜样，通过典型示范，让有理想的人讲理想，守纪律的人讲纪律，有牺牲精神的人讲牺牲精神，有血有肉，有思想有材料，有教训有体会，富有感染力和说服力，从而也更能打动人心，收到最佳教育效果。

1. 产生正向激励效果，具有很强的感召力

选树典型，营造宣传榜样、学习榜样、争当榜样的浓厚氛围，就可以把崇高的精神境界范畴的抽象说教变成看得见、摸得着的具体形象示范，从而达到"点燃一盏灯，照亮一大片"的效果。如在大生产运动中，王震领导的三五九旅，以开垦南泥湾而闻名，他们把昔日杂草丛生、荒无人烟的南泥湾变成了稻

谷飘香、遍地牛羊的"陕北江南"，不仅实现了吃用全部自给，而且每年给政府交公粮一万石，成为全军大生产运动的一面旗帜。1942 年，毛泽东在西北局高干会上亲自推广了这个典型，高度赞扬了三五九旅的生产自给工作，并为22 位劳动英雄题词。给王震的题词是"有创造精神"，给晏福生的题词是"坚决执行屯田政策"。在他们的带动下，边区青年也踊跃投入了争取丰衣足食的大生产运动，开展劳动竞赛，涌现出了许多劳动模范，这充分地证明，榜样的力量是无穷的，典型示范有很强的感召力。

2. 起到正面引导作用，具有很强的说服力

树立的榜样或典型，既来源于生活，又高于生活，既能代表一般、具有共性，又比一般突出、具有个性。像白求恩、张思德、徐特立，他们都不是"圣人""完人"，而是革命队伍中的普通一兵，他们所作所为，代表着一般共产党人和革命者的行为价值取向，是每一个人经过一番努力都能够做到的。而他们之所以能脱颖而出，被树为典型，是由于他们又具有超出一般的个性，他们把共产主义的理想信念与个人事业追求、生活目标融为一体，达到思想上、道德上、行为上的升华。这样的榜样使青年们觉得不是"空中楼阁"，可望而不可即，而是可信、可学，从而自觉做到与之看齐，"见贤思齐"。当然延安时期树立的榜样，远远不止他们三人，而是以他们为代表的一个榜样群。譬如，"生的伟大，死的光荣"的刘胡兰，"做无产阶级和人民大众的'牛'"的鲁迅，等等，正是在这些榜样的鼓舞下，各位青年崇尚先进、争做先进，依照榜样的言行去规范自己，并能从自己与榜样的对比中，看到自己的错误、缺点、弱点和毛病，决心向榜样看齐，同时主动接受共产主义理想的教育，养成社会主义、共产主义的道德品质。

(二)搞好示范教育的基本要求

示范教育法是一种行之有效的方法，其主要作用表现为对青年言行的导向和调控。导向作用即通过树立榜样为青年指出努力的方向和前进的目标，激发青年正确的行为；调控作用即在行为过程中，通过与榜样的比较对照，自觉抵制不良诱惑，终止不良的想法和行动，不断发扬优点，改正缺点，向榜样趋同。榜样的力量虽是无穷的，但榜样作用的发挥并不是无条件的。那么，如何搞好榜样示范教育呢？

1. 必须实事求是树立好榜样

实事求是树立好榜样，包括示范典型本身的真实性和在宣传过程中的真实性两个方面。好典型、好榜样对广大青年来说，是非常现实、十分直观的教育和引导参照对象，是激励鞭策青年努力进取的直接动力。榜样必须真实可信，源于现实生活和一定的历史条件，如此才具有榜样的意义，才有示范的作用。否则任意拔高，人为夸张，都有损榜样的形象，不仅起不了好的作用，还会产生恶劣的影响和后果。著名女作家丁玲曾指出，成仿吾：是一个使你可以在他面前自由谈话的人。他不会花言巧语，也不是谈笑风生，但他使任何见到他的人都觉得他是一个诚实的人，一个可以信赖的人，一个尊重别人，对什么人都平等对待的人。他是一个普通人却又不是一般普通人能够做到的那么热情、虚心。成仿吾最大的特点是重视言教，更重视身教。正是因为这样，所以成仿吾处处亲自示范。例如，他在陕北公学担任着行政领导职务，但始终没有脱离教学一线。他亲自备课讲课，还经常深入各队各班，调查了解学员情况，征求学员对教学工作的意见。那时候，因为教员少，各门课程的讲授都采用上大课的办法。五六百人集中在一起，露天上课，学员席地而坐，认真记笔记，鸦雀无声。即使冬天北风刺骨，学员手指冻僵，口中哈哈气，仍然继续记笔记，露天课堂的秩序非常好，成仿吾除自己讲课外，其他教员讲课他也经常旁听。课后还到学员的宿舍参加讨论，对教学工作抓得很紧。

抗战初期，日军的飞机经常轰炸延安。有一次，周恩来正在陕北公学作报告，突然敌机临空，警报呼叫。在危急之际，成仿吾和周恩来从容不迫地先招呼大家不要惊慌，听指挥，并迅速组织大家进行防空疏散。大家安全转移之后，敌机的马达轰鸣声已经越来越大，这时成仿吾才陪着周恩来跑进了防空洞。目睹这一事实的学员在心灵上受到极大的震撼。众所周知，在那兵荒马乱、日机狂轰滥炸的年代，国民党的达官显贵是闻风丧胆，弃民众死活于不顾的。而成仿吾与周恩来却如此临危不惧，"冲锋在前，退却在后"，这怎么能不使青年感动呢？①

2. 自觉向榜样学习，率先垂范

延安时期典型示范的一个基本要求，就是共产党员要在各个方面发挥先锋模范作用。要吃苦在前，享受在后。要始终把人民的利益看得高于一切，以召唤亿万群众同我们党战斗在一起，形成无坚不摧的巨大力量。中国共产党之所以能够领导一支小米加步枪的队伍由弱到强，逐步发展壮大，最后取得新民主主义革命胜利，不仅在于中国共产党人找到了一条正确的、有中国特色的革命道路，更因他们身先士卒，以身示范，以自己的实际行动践行了为人民服务的人生观。

如 1942 年，在中国革命最困难的时期，毛泽东、周恩来、朱德、任弼时等中央领导人带头参加大生产运动，毛泽东在自己的窑洞前，开了一块地种上蔬菜，亲自栽种、浇水、施肥。周恩来虽然手臂有伤，但仍然艰苦、细致地学习纺线，他纺出的线又细又长，被大家誉为"纺线英雄"。又如 1945 年 8 月，当玩弄和平阴谋的蒋介石三次电邀毛泽东赴重庆进行"和平"谈判时，毛泽东为了表明共产党人对和平的诚意，教育和争取群众，置个人生死于度外，毅然飞往重庆，受到了重庆各界和全国人民的赞誉和拥护。1947 年春，蒋介石纠集兵力 23 万，向中共中央所在地延安和陕甘宁边区发动重点进攻，毛泽东审时度势决定撤离延安。就在延安的机关、学校、工厂、医院及市民、老乡开始有组织地撤退、疏散时，毛泽东却不顾个人安危，坚持要等老百姓全部撤离之后再走。敌人的炮弹落在他住的院子里，可他却对前来催他启程的警卫战士和周恩来说："延安的老百姓还没走完，老百姓走完了我再走！"朱德是深受人民

---

① 《成仿吾校长纪念文集》，北京：中国人民大学出版社 1992 年版，第 247 页。

爱戴的总司令，他非常关心人民群众的疾苦。一次，他从外面工作回来，途中看到一个老乡背着粮食吃力地走着，朱德从马上跳下来说："老乡，你这么大年纪还背东西，来，放在我的马上。"不等老乡回答，就帮助把粮食放在马背上，自己跟着走，后来这位老乡知道他就是朱德总司令时，感激得不知说什么好。延安时期老一辈革命家的伟大人格，感召着每一位战士和群众，在革命队伍中形成了一股巨大的凝聚力。

3. 学习榜样重在学其精神，学其思想

不是说榜样曾经做过什么事，就模仿做这件事，而是要学习榜样的先进思想和精神实质，不要不顾时间、地点、条件生搬硬套。榜样的精神是永恒的，是取之不尽的宝藏，永远值得人们学习和效仿，具有强大的生命力。这是因为，榜样的力量，完善的人格，作为一种高尚的精神需求，随着生产的发展、社会的进步和人们物质生活的充裕，必将愈益成为人民的普遍追求目标。邓小平指出："政治干部更要强调以身作则，我们过去在战争年代就是这样。那时，你打仗不勇敢，怕死，你不同战士心连心，不联系实际，不联系群众，做政治工作就没有人听。政治干部不能说的是一套，做的又是一套。……我们的毛泽东同志、周恩来同志以身作则，严于律己，艰苦奋斗，几十年如一日，成为我党我军优良传统和作风的化身。他们的感人事迹在全党、全军、全国人民中，发生了多么巨大和深远的影响！不仅影响到我们这一代，而且影响到子孙后代。"[①]

延安时期，中国共产党对青年理想信念教育选择示范典型时坚持先进性要求。所谓先进性，就是要符合新民主主义革命的发展方向和历史要求。我们党紧抓榜样对青年的示范引领，教育青年学习榜样精神，汲取奋进力量。通过请老一辈讲故事，阅读革命烈士传记，进行气节教育，进一步加强了青年不怕牺牲、永不叛党的教育。如李大钊烈士在狱中受尽酷刑，法庭上公开承认信仰共产主义，只字不提党的秘密，阻止组织对他的劫狱营救，努力保存革命力量。

---

① 《邓小平文选》第 2 卷，北京：人民出版社 1994 年版，第 124~125 页。

敌人将他与同案 19 人秘密残杀。临刑时他镇静从容地走上刑台，高呼："共产主义在中国终将胜利！""共产党万岁！"李大钊为人民、为理想忠贞不屈的牺牲精神，深深教育了青年。何叔衡被俘前，对敌人说："我愿为苏维埃流尽最后一滴血"，用自己的手枪自击牺牲。彭湃出身大地主家庭，在本地海陆丰发动农民起来革命，不顾家族的反对，坚决要解除人民的痛苦。在上海龙华被害时，高呼："打倒帝国主义！""中国共产党万岁！"吴玉章老前辈曾对青年讲述他在辛亥革命、北伐战争的经历，谈他如何从一个民主主义者转变为共产主义者，以及为什么要转变为共产主义者，并坚信只有共产主义才能救中国……这些感人事迹，深深鼓舞着革命青年，青年革命者的灵魂也被鲜血铸造得更加坚强。

示范教育法在延安得到了普遍运用，并产生了巨大的威力，当时，在革命队伍和解放区中，掀起了前方战士争当杀敌英雄，后方群众争当支前勇士，大生产运动中人人争当劳动模范的风潮，各种类型的先进人物如雨后春笋般涌现出来，极大地促进了广大青年坚定政治方向，投身改革实践，建功成才的决心。

第五章
延安时期青年理想信念教育的特点

　　延安时期的青年理想信念教育是在特定的历史背景下展开的。在此之前，中国共产党领导的中国革命经历了多次挫折和失败，革命队伍中部分青年对共产主义信仰产生了怀疑和动摇，与此同时，日本帝国主义对中国的侵略加剧，中华民族面临着生死存亡的严重危机，在这一背景下，中国共产党急需培养有坚定信念的青年干部来加入革命事业。因此，在延安建立了稳定的根据地后，党开展了大规模的理想信念教育。延安时期的青年理想信念教育具有广泛的教育对象，包括党员、干部、部队官兵、知识分子等各种群体，党注重发挥人民群众的主体作用，通过群众路线的工作方法，将理想信念教育融入到人民群众的日常生活和生产劳动之中，形成了人人参与、人人教育、人人受益的生动局面。

　　为了确保理想信念教育取得实效，中国共产党建立健全了一系列教育制度和机制，成立专门的教育部门，负责组织和管理干部教育工作；制订了详细的学习计划和考核标准，对学员的学习情况进行严格考核和监督；在教育内容上，涵盖了共产主义理想信念教育、马克思列宁主义理论教育、党史革命史教育、阶级教育和党性教育、爱国主义教育、革命必胜信念教育、形势与政策教育等诸多种类；推行教育教学改革和创新，不唯传统的课堂教学，注重"实践出真知"，鼓励教师和学员积极参与教育教学研究和实践活动。通过系统教育，中国共产党向广大青年传播了先进的革命理念和科学的世界观、人生观、价值观，激发了广大青年的爱国主义热情和革命斗志。

一、理想信念教育对象覆盖广泛

在对延安青年进行理想信念教育时，延安的教育工作者精心挑选了那些具有代表性、影响力和潜力的青年作为重点教育对象，这些青年不仅在学习、工作和革命斗争中表现出色，而且具有积极向上的生活态度，通过他们的示范和引领，能够激发更广大青年追求理想、坚守信念的热情。与此同时，在选择教育对象时，教育工作者注重教育对象的多样性和公平性，确保不同背景、经历和观点的青年都能接受到全面而深入的教育。

（一）教育者必须先受教育是理想信念教育的基本前提

遵循"教育者先受教育"的思想政治教育规律是理想信念教育工作得以顺利推进的重要前提。马克思深刻指出："教育者本人一定是受教育的。"①延安时期革命斗争形势瞬息万变，来自各领域、各战斗岗位的青年热血翻涌、思潮纷呈，但也不乏目标迷茫、意志不坚者，亟待通过良好的教育来凝聚青年的革命思想，使其树立崇高的革命理想及必胜信念。

1. 学高为师，为青年理想信念教育奠定坚实保障

教育者是教学活动中的重要引导人。教育者先受教育，可以充分发挥榜样作用。教育者具有深厚的理论素养和崇高的品德，才能在思想上、行动上为青年树立榜样，使他们更加信服和追随；教育者先受教育，可以确保教育效果，只有对教育内容有更深刻的理解和体会，才能更好地向青年传授知识、解答疑惑，提高教育质量；教育者先受教育，可以提高教育者的威望，当教育者学识渊博、道德高尚、信念坚定时，他们才会在青年心中树立崇高的形象，所从事的理想信念教育工作才能更加深入人心；教育者先受教育，可以促进教育者自

---

① 《马克思恩格斯选集》第 1 卷，北京：人民出版社 2012 年版，第 134 页。

我提升，延安时期青年理想信念教育的教育者首先是革命者，大多本身就是党开展革命事业的中坚力量，他们不断学习、反思和进步，可以实现自身素质的全面提升，更有利于党的工作。

好的教育者首先是一个好的学习者，要能准确理解和把握党的核心信念和中心任务，准确分析和理解革命形势的变化与发展，还需要有相应的教育能力以及身正为范的人格魅力，这样才能有效传递真理的力量。毛泽东在延安文艺座谈会上指出："只有做群众的学生才能做群众的先生。"[1]教育者的信念、阅历、视野、胸怀、革命斗争精神在延安时期青年理想信念教育中显得尤为重要。

2. 引培并举，系统开展青年理想信念教育教员队伍建设

鉴于理想信念教育需要高素质的教员队伍，党始终重视吸收知识分子，采取了一系列措施来培养教员队伍。首先，吸引了大批优秀的知识分子和青年来到延安。党在延安时期提出并实施了重要的"知识分子政策"，面对日益加深的民族危机及国民党政府的围追堵截，党积极团结吸收知识分子，建立广泛的抗日民族统一战线，1935 年 1 月 14 日在《总政治部关于地方工作的指示信》中明确提出要吸收和争取知识分子，这为党在群众工作中团结吸收知识分子奠定了政策基础。[2] 中国共产党充分认识到知识分子的专业特长对于革命事业的重要性，为了吸引和留住知识分子，党不仅在政策上给予知识分子充分的优待，积极引导和组织他们参与到根据地的各项建设事业中，鼓励知识分子和青年融入民主政治氛围参政议政，还努力为他们营造一个良好生活环境，给予无微不至的关心和照顾。党的"知识分子政策"为青年理想信念教育的教员队伍提供了较充分的人才储备。

其次，中国共产党高度重视知识分子的培养和教育，在延安成立中央青年

---

① 《毛泽东选集》第 3 卷，北京：人民出版社 1991 年版，第 864 页。
② 李亚洲：《抗战时期中国共产党对国统区知识分子的政治动员研究》，西安石油大学 2023 年博士学位论文。

工作委员会，专门负责青年教育和培养工作。在延安创办了抗日军政大学、陕北公学、鲁迅艺术学院等院校，在全国各地创办了青年干部学校、青年训练班等，培养了大批青年干部和革命志士。1937年，全面抗战爆发，"中国共产党在过去十年斗争中，干部损失了十几万"①，为了推动统一战线，培养抗战干部，呼应广大青年追求真理的诉求，党中央以"培养革命的先锋队"为办学目标创立了陕北公学。陕北公学立足理论与实际相结合，在教学内容上强调少而精，在教学方式上强调教学一致，在课程体系上实施"七分政治、三分军事"，办学特色鲜明，办学效果显著，大批爱国青年在陕北公学的培养下成为优秀的抗战干部，也为青年理想信念教育打造了一批优质教员队伍。

中国共产党在延安时期鼓励从事青年理想信念教育的教员进行实践教学和实地考察，以便更深入地了解国情和民情，从而更好地教育青年。教员深入基层，到农村、边区与农民、士兵等同吃同住同劳动，了解基层的生产生活情况，听取人民对革命和建设的意见和建议。通过这种方式，教员们积累了丰富的教育资料，能够为开展青年理想信念教育注入更为鲜活、深刻的元素。许多教员被派往工厂、矿山等一线工作，直接参与生产实践活动，通过亲身经历和实践体验，教员们能够更好地理解马克思主义理论的实际意义和应用价值，在坚定自身理想信念的同时，深化了对革命理论及党的历史使命的领悟。

(二)人民群众是理想信念教育的力量源泉

1943年6月，毛泽东在《关于领导方法的若干问题》一文中对群众路线作了深入的阐述，他指出在我党的一切实际工作中，凡属正确的领导，必须是从群众中来，到群众中去，这意味着，党的政策和决策应当基于广泛收集的群众意见，经过集中和提炼后，再转化为具体的行动指南，回到群众中接受实践的检验。当年10月，毛泽东又在《切实执行十大政策》一文中进一步明确了群众路线作为共产党人与国民党人的根本区别，强调它是革命的出发点和归宿。由

---

① 《陈云文选》第1卷，北京：人民出版社1995年版，第109页。

此可见，延安时期中国共产党人已深切体会到群众路线不仅是处理党与人民关系的核心原则，更是决定中国革命命运和发展路径的关键因素。党将群众路线提升到政治路线的核心地位，这一独特之处成为中国共产党领导革命与其他革命之间的显著区别，凸显了其革命性质的独特性和深远的历史意义。"从群众中来，到群众中去"这一重要理念，不仅在当时发挥了关键作用，也对后来的中国革命和建设产生了深远的影响。

正是因为党的群众路线的伟大实践，青年理想信念教育同样根植于人民群众，从群众中来，到群众中去，人民群众为青年理想信念教育提供可信赖的力量源泉，也成为理想信念教育的对象之一，这进一步夯实了党的革命群众基础。

1. 规范组织，确保群众理想信念教育有深度成系统

延安时期中国共产党高度重视组织建设工作在人民群众理想信念教育中的作用，通过建立各种群众组织和团体，如工会、农会、妇女联合会等，将人民群众组织起来，形成强大的集体力量，同时通过加强基层党组织的建设，发挥党员的先锋模范作用，引导人民群众向党组织靠拢。在延安时期创办的各种学校和培训班也为人民群众提供了接受政治理论教育的机会，通过这些学校和培训班的学习，人们可以更加深入地了解马克思主义理论、党的路线方针政策以及抗日战争的战略战术。1938年6月24日，毛泽东在《关于目前党的组织中的几个重要问题》中指出要大力加强党内马列主义的教育。在以延安为中心的陕甘宁边区，众多如抗日军政大学的干部培训学校虽各有特色，但其在课程设置上有一个共同的显著特点：均将马列主义理论视作核心课程。中国共产党领导人如毛泽东、周恩来、朱德等也经常到学校、群众中去宣讲政治理论，他们通过深入浅出的语言，向人民群众解释马克思主义的基本原理和党的政策，对塑造和坚定学员们的理想信念起到了重要的作用。

2. 润物无声，多样化教育方式构建理想信念教育新格局

政治宣传对理想信念具有塑造和强化作用。中国共产党为了更好地向广大人民群众传播党的政治理论和方针政策，组织了各种政治工作队、宣传队和文艺团体，这些队伍深入农村、工厂和部队，不畏艰辛，通过多种方式进行宣传活动。他们利用演出、展览等群众喜闻乐见的形式，将党的政治理论以生动、形象的方式展现给广大人民群众。在演出方面，文艺工作者们表演各种形式的文艺节目，如戏剧、音乐、舞蹈等，用艺术的力量感染和启迪群众，使他们在欣赏节目的同时，也能深刻领会到党的思想和方针。政治工作队和宣传队还组织举办与抗日战争、民主革命相关的各种主题展览，通过展示图片、文物和模型等实物，生动再现历史场景和革命历程，这些展览吸引了广大群众前来参观学习，让他们更加深入地了解党的历史和方针政策。此外，这些宣传队还利用演讲的方式，向群众讲解党的政策和理论，领导干部和专家学者也经常深入基层，与群众面对面交流，用通俗易懂的语言阐述党的理论和路线，帮助群众更好地理解和接受。

在延安时期，中国共产党不仅通过创办《解放日报》《新华日报》等报刊和出版如《论持久战》《新民主主义论》等著作，广泛传播党的思想和方针政策，还大量出版发行了马克思主义经典著作等书籍，有效提升了群众的政治觉悟和文化素养。同时，组织各类社会实践活动，让群众亲身体验党的政策和成果，增强了他们对党的信任和支持。此外，还创新利用广播、电影等新媒体，使理想信念教育更为及时、生动和广泛。这些多样化的教育方式共同构建了全方位、多层次的教育格局，极大地扩大了党的政治理论和方针政策在群众中的影响力和覆盖面。

（三）党员干部是理想信念教育的关键核心

党员干部是中国共产党的骨干力量，是党和人民事业的领导者，他们的理想信念是否坚定，直接关系到党的事业能否顺利成功。延安时期党高度重视对党员干部的理想信念教育，毛泽东在《中国共产党在民族战争中的地位》一文中指出，共产党员必须随时随地地坚定自己的共产主义理想信念，不能有任何动摇和妥协。

1. 身正为范，强化党员干部在理想信念教育中的带头作用

党员干部的理想信念是党团结统一的思想基础。在延安时期，面对复杂的革命斗争形势，党员干部需要具备坚定的政治立场和辨别能力，党员干部通过接受理想信念教育，深刻理解党的宗旨、纲领和路线方针政策，从而在思想上保持与党中央的高度一致，坚决抵制各种错误思想和诱惑，更加忠诚于党的事业，更加积极地投身于革命斗争，这种思想上的统一是党团结奋斗的重要前提，确保党始终沿着正确的道路前进。

党员干部的理想信念是推动党的事业发展的精神动力。在延安时期，党员干部通过接受理想信念教育，激发了革命热情和奉献精神，积极投身于革命事业。理想信念教育能够帮助党员干部克服各种困难，始终保持对胜利的信心，他们不畏艰难险阻，不怕流血牺牲，为了党和人民的利益奋斗终生，这种精神动力是推动党的事业不断发展的重要力量。

党员干部作为党的骨干力量，他们的言行举止对普通党员和群众具有重要的引领示范作用，如果党员干部具备坚定的理想信念，就能够带动其他人共同为革命事业奋斗。党员干部通过理想信念教育，能够更加紧密地联系群众，了解他们的需求和困难，这样就能够更好地发挥党员干部的作用，提高党在人民群众中的影响力。延安时期，党员干部通过与人民群众密切联系，积极宣传党的理想信念和政策主张，赢得了人民群众的信任和支持，他们用自己的实际行动践行党的宗旨，为党在人民群众中树立了良好形象，提高了党的威信和凝聚力。

2. 实干笃行，深化延安时期党员干部理想信念教育的多维实践

为了扎实开展党员干部的理想信念教育工作，中国共产党采取了众多举措。首先，是加强理论学习，这是理想信念教育的基础。毛泽东深刻认识到创办学校并培育抗日干部是增强抗战实力的最佳途径，在《论政策》一文中，他进一步强调：各根据地应尽力创办大规模的干部培训学校，规模越大、数量越

多，对抗战的贡献就越大。党开设中央党校等各类教育及培训机构，组织党员干部学习马克思列宁主义、毛泽东思想等革命理论以及党的路线、方针、政策，系统培训党员干部，增强党员干部对共产主义信仰的理解和认同，提高他们的政治素质和理论水平，使党员干部在思想上与党中央保持高度一致。同时，党中央也发布了一系列关于干部培训学校的指导文件，如《中央关于办理党校的指示》《关于延安干部学校的决定》等，这些文件都着重强调了干部学校在塑造和坚定理想信念教育中的重要作用。①

其次是重视党性教育。党性教育使党员干部牢记党的宗旨，增强组织纪律性，保持高尚的道德品质。党性教育包括党的历史、党的建设、党的优良传统等方面的内容。1943年，中共中央发布了《关于增强党性的决定》，指出：为了增强党性，共产党员必须做到自觉遵守党的政治原则和组织原则，坚决维护党的团结和统一，坚决反对一切分裂党的活动。1942年至1945年，中国共产党在全党范围内开展了一场深入的整风运动。在整风运动中，党员干部们积极参与到批评与自我批评中，坦诚地交流思想，深入剖析自己的错误和不足，他们勇于承认并纠正自己的错误，虚心接受他人的批评和建议，从而实现了自我净化、自我完善、自我革新、自我提高。通过整风运动，党员干部们进一步坚定了为人民服务的宗旨意识，也增强了党的凝聚力和战斗力。

革命实践教育也是延安时期开展党员干部理想信念教育的重要方式，中国共产党鼓励党员干部参与实际工作和革命斗争，在实际工作中践行革命精神，增强为人民服务、为共产主义事业奋斗的信念。通过组织党员干部参加生产劳动、开展调查研究等，党员干部了解了群众需求，增进与群众的感情；通过参加战斗、建立根据地、进行土地改革等实践，党员干部能够深入了解群众需求，增强革命斗争的经验和勇气。在一系列的革命实践中，党员干部由衷地理解了革命的意义，理想信念更加坚定，责任感和使命感更加强烈。

---

① 康小怀：《延安时期理想信念教育的"六个始终"》，《学习时报》2021年1月8日。

自我教育也是党进行党员干部理想信念教育的法宝之一。延安时期，中国共产党强调党员干部要进行自我反省和自我批评，以纠正自身错误和提高政治觉悟，鼓励党员干部通过读书学习、自我反思等方式进行自我教育，不断提高自身素质和思想觉悟。党组织定期召开反省会，要求党员干部对自己的工作和思想进行深刻反思，找出自己的不足之处，明确今后努力的方向。党倡导在党内开展批评与自我批评，鼓励党员干部互相指正、互相帮助、共同提高，党员干部要在反省中勇于承认自己的错误，虚心接受他人的批评建议，要制订个人反省计划，明确反省的时间、内容和目标，按照计划进行自我反省。通过自我教育，党员干部深入了解了自己的思想动态和工作情况，从而找到问题所在，及时改进和提高自己。

(四)部队官兵是理想信念教育的重要阵地

抗日战争期间，中国共产党所领导的抗日根据地遭遇了极大的政治、军事和生活压力，对于军队官兵而言，他们的理想信念强弱直接影响着整个部队的存亡与战斗力，唯有坚守坚定的理想信念，才能稳固军心，进而增强部队的整体作战能力。因此，党始终紧抓部队官兵的理想信念教育，将其作为重点工作来推进。

1. 铸魂育人，强化部队官兵在政治理论教育中的基石作用

毛泽东曾深刻指出，全党应当被视作一所庞大的学校，其中中央担任着引领者的角色，而各个地方党组织、八路军、新四军以及游击队，均可视为这所学校的分支，在这个学习体系中，无论是党员还是非党员战士，都应当积极参与其中，共同学习进步。在具体教育实践中，党充分运用抗大等教育及培训学校，对部队官兵开展马克思列宁主义、毛泽东思想和党的方针政策的学习教育，教育过程中制订详细的政治教育计划，确保政治理论教育的系统性；与革命实践紧密结合创造性地进行课程设置、教材编写、教学方法和考核标准改革，确保政治教育的有效性。同时，党经常组织政治研讨会和讲座，邀请专家

学者和领导干部为部队官兵讲解政治理论问题，这些研讨会和讲座有助于官兵拓宽政治视野，提高政治素养。通过政治理论教育，部队官兵了解了时事大势，增强政治觉悟，这不仅是理想信念教育的重要途径，也是提升部队凝聚力和战斗力的关键因素。

2. 榜样引领，激发部队官兵向英雄模范学习的内在动力

在理想信念教育过程中，中国共产党始终注重宣传推广身边的先进典型和模范事迹，将这些英雄模范作为加强理想信念教育的重要资源。通过引导广大官兵自觉向这些先进人物学习，关注日常生活中的点滴细节，党成功地运用平实易懂的语言和普通人的光辉事迹，塑造了理想信念教育的生动范例。党利用各种宣传手段，如报纸、刊物、广播及在全国各地举办英雄模范事迹展览等，广泛宣传诸如宁死不屈的赵一曼、坚贞不屈的彭湃等英雄模范人物的先进事迹，他们的英雄壮举激励了无数人加入革命队伍。中国共产党对于在革命事业中做出突出贡献的英雄模范进行表彰，授予他们各种荣誉称号，如"战斗英雄""劳动模范"等，这些荣誉不仅是对英雄模范个人付出的肯定，更是对他们革命精神的弘扬，极大地激发了全体党员、广大部队官兵和人民群众的战斗积极性和革命斗志。

3. 启智明心，扫盲教育夯实部队官兵理想信念的文化根基

中国共产党历来重视文化普及，1939 年 4 月 24 日，在延安东关，两个小八路兴冲冲地向毛主席问好，毛泽东笑道："我不叫毛主席，我叫毛泽东。"说着，他在手心里写下这三个字，教他们怎么写，这一画面被一旁的摄影记者石少华拍了下来，事后不久，延安开始推行义务教育。扫盲是中华民族对世界文明史做出的杰出贡献，扫盲路上，一个人都不能落下，一个人都不能少，部队官兵同样也开展了轰轰烈烈的扫盲运动，这为部队官兵的理想信念教育提供了重要的文化素质保障。

为确保扫盲成效，各级党组织根据部队官兵的文化水平，制订扫盲计划和目标，明确扫盲工作的重点和方向，在部队中成立识字班、夜校和培训班，为官兵提供学习机会，帮助他们掌握基本的文化知识和技能。通过演讲、宣传标语、墙报等形式，进行扫盲运动的宣传教育，提高官兵对扫盲运动重要性的认识。编写适合部队官兵特点的扫盲教材，如《工农兵识字课本》等，以便官兵学习。鼓励官兵利用业余时间自学，提高自己的文化水平，为官兵提供图书、资料等学习资源，帮助他们克服困难，提高学习效果。鼓励官兵结成学习对子，开展互助学习，文化水平较高的官兵可以帮助文化水平较低的官兵，共同提高。此外，注重在部队中营造良好的学习环境，提供必要的学习设施，如黑板、桌椅等，为官兵创造便利的学习条件。定期对官兵的扫盲学习成果进行考核，对学习进步显著的官兵给予奖励，激发他们的学习热情。

一系列理想信念教育，确保了军队始终保持政治本色，部队官兵更加坚定共产主义信仰，对党的宗旨和路线方针政策理解得更深刻，增强了为民族解放和人民幸福而英勇斗争的决心，提高了部队的战斗力，使广大官兵成为党和人民的忠诚卫士。广大官兵的政治觉悟大大提高，官兵更加明确自己的使命和责任，知道"为谁而战、为何而战"，自觉凝心聚力为实现党的事业努力奋斗。部队官兵的纪律性得到增强，更加严守军纪，服从命令，团结协作，形成了艰苦奋斗、英勇顽强、实事求是、密切联系群众等优良作风。通过教育和实践，在部队官兵中传承了红色基因，党培育了一代又一代革命接班人，为中国革命事业的胜利奠定了坚实基础。

二、理想信念教育内容丰富多元

在对延安青年进行理想信念教育过程中，内容的丰富多元是一个显著的亮点，这种丰富多元并不是简单地堆砌各种教育元素，而是基于当时青年人的思想特点、历史背景和时代需求，经过精心选择和设计的结果。这些内容不仅包含了共产主义的远大理想，还有马克思列宁主义的科学理论，更有对党的历史、革命精神的深刻挖掘，这样的教育安排，旨在帮助青年们树立坚定的信念，明确前进的方向，同时也注重培养青年的理论素养、政治觉悟和实践能力。在实施过程中，党还特别注意将理论与实际相结合，将教育内容与时代发展、革命需要、国家未来紧密相连，确保青年们能够真正从中受益，成长为有理想、有本领、有担当的时代青年。

(一)共产主义理想信念教育

延安时期对青年开展共产主义理想信念教育，注重理论与实践相结合、个人利益与集体利益相结合、教育与管理相结合，使青年树立起共产主义理想信念，为党的发展和新中国的建立培养了一大批忠诚可靠的接班人。

1. 理论与实践并举，培育共产主义青年的坚定信念与实践品质

在共产主义理想信念教育中，延安时期中国共产党特别强调思想引领的作用，重视对青年的思想教育。通过开设党课、组织读书会、开展演讲比赛等多种形式，加强对青年的思想政治教育，培养青年的革命道德品质，包括坚定信仰、忠诚老实、艰苦奋斗、英勇顽强等，引导青年树立正确的世界观、人生观和价值观，使他们具备坚定的革命意志。

在艰苦卓绝的革命环境下，坚持实事求是原则，引导青年们通过参加生产劳动、社会实践、军事训练、政治运动、抗日救亡运动等方式，亲身感受革命斗争的实际状况，增强革命的实践能力，锤炼意志品质，增强集体观念，提高组织纪律性。结合实践锻炼，党的教育者们从实际情况出发，结合当时的历史条件和青年的思想实际，采取有针对性的教育方法和手段，将共产主义理想信念教育与青年的实际生活相结合，通过分析国内外形势、讲解党的方针政策、讲述革命先烈的事迹、表彰优秀青年代表和英雄模范人物、树立标杆和榜样等方式，使青年更加深入地理解共产主义的内涵和意义。同时，重视向青年传授阶级斗争、群众工作、游击战争等方面实际斗争经验和方法，提高青年的斗争能力和综合素质。

2. 统一与多样共融，引领青年深化对共产主义事业的理解与追求

在共产主义理想信念教育中，延安时期坚持统一性与多样性相结合的原则，既强调教育的整体性和统一性，又充分尊重青年的个性和特点，采取多样化的教育形式和方法，使教育更加贴近青年的实际需求。党注重引导青年进行自我教育，通过组织各种形式的讨论、辩论、座谈会等方式，激发青年的自我意识和自我教育能力，使他们在自我反省和自我完善中不断成长进步。

党还注重加强中国革命和共产主义事业教育。党的教育者们向青年讲解中国半殖民地半封建社会的性质和主要矛盾，阐述中国革命的历史必然性和共产党的领导地位，介绍中国共产党的纲领和路线方针政策，包括土地改革、抗日民族统一战线、新民主主义革命等，使他们了解党的政治主张和实际行动，认识到只有中国共产党才能领导中国人民取得革命的胜利。同时，向青年们讲授马克思列宁主义关于无产阶级革命的基本理论和策略，包括革命的性质、对象、动力、任务和前途等，使青年们掌握中国革命的基本原理和方法，使他们认识到共产主义事业的伟大意义，激发青年的革命热情和奋斗精神。

(二) 马克思列宁主义理论教育

延安时期是中国共产党对马克思列宁主义理论进行系统学习和全面实践的重要时期，为了培养忠诚可靠的革命接班人，党对青年开展了全面的马克思列宁主义理论教育。

1. 哲学原理的传授与思维方式的塑造

在延安时期，学习马克思主义理论的首要问题是确定学习的内容。经过长期的学习和革命实践，毛泽东认识到，除了要让党员干部掌握马克思主义的基本原理，更重要的是教会他们如何运用这些理论来观察和解决实际问题。毛泽东强调，党员干部必须坚守无产阶级的立场，深入群众生活和斗争中，去学习社会知识，去领悟和实践活生生的马克思主义。此外，毛泽东还把为群众服务的需求分为直接和间接两大类，这一形象的分类方式有助于党员干部更好地理解和践行群众路线。

党的教育者们向青年传授唯物论、辩证法、历史观等基本哲学原理，使他们形成正确的哲学思维方式。引导青年深入学习马克思主义经典著作，如《共产党宣言》《资本论》《反杜林论》等，通过这些著作的学习，帮助青年掌握包括历史唯物主义、辩证唯物主义、剩余价值理论等马克思主义哲学的基本观点和方法论，掌握共产主义的基本原理和思想体系。1938 年，毛泽东陆续撰写了《论持久战》《论新阶段》《战争和战略问题》等著作，他指出："当前的运动的特点是什么？它有什么规律性？……如果有人拒绝对于这些作认真的过细的研究，那他就不是一个马克思主义者"①，强调对马克思主义理论的深入学习和研究对于指导革命实践的重要意义。为了进一步加强马克思主义理论对党员干部头脑的武装，在群众生活和群众斗争里学习活着的马克思主义，1939 年 2 月，中共中央设立干部教育部，专门领导全党的马列主义学习运动和在职干部教育，② 且自 1940 年起，每年 5 月 5 日即马克思诞辰纪念日这一天，被定为"五五"学习节，通过这个节日来教育引导党员干部特别是广大青年加强对马克思主义基本原理和立场观点方法的学习。

2. 政治经济学原理的普及与对中国经济现实的解读

为了使青年了解社会经济发展的规律和趋势，党的教育者们向青年们传授马克思主义政治经济学的原理和方法，促进马克思主义政治经济学基本原理的宣传和普及。向青年宣传和普及商品经济、资本运动、剩余价值、阶级斗争和商品、价值、剩余价值等概念，以及资本主义经济危机和帝国主义殖民扩张的实质等，这些教育活动旨在帮助青年理解资本主义经济制度的本质和局限以及社会主义经济制度的优越性。

---

① 《毛泽东选集》第 2 卷，北京：人民出版社 1991 年版，第 534~535 页。
② 王骁：《延安时期思想政治工作历史经验研究》，山西大学 2015 年博士学位论文。

同时，党注重结合政治经济学原理和中国实际，向青年解读中国经济现实，分析中国经济现实中的问题和挑战。例如，如何解决农民的土地问题、如何发展民族工业等，这些教育活动旨在帮助青年理解中国经济的实际状况和发展方向，培养他们解决实际问题的能力。革命根据地经济建设的实践经验也有利于青年切身体悟马克思主义政治经济学的原理和方法，延安时期，中国共产党领导的革命根据地进行了大量的经济建设实践，取得了一些宝贵的经验，例如，实行土地改革、发展农业生产和工业生产等，这些经验被总结出来，向青年进行宣传和教育，有利于青年了解经济建设的实际操作情况。

(三)党史革命史教育

以史为鉴可以知兴替，党史革命史教育是延安时期青年理想信念教育的重要内容，通过向青年们讲授党的历史和中国革命的历史，包括党的发展历程、重大事件、历史经验等，可使青年深入了解党的奋斗历程和光辉业绩，增强对党的信仰和忠诚。

1. 开展中国共产党历史和现状教育

向年轻一代全面介绍中国共产党深远的诞生背景、清晰的发展脉络、关键的历史事件及其重大影响，是让青年深刻理解党的奋斗史和辉煌成就的重要途径，这样的教育旨在加深广大青年对党的信任和忠诚。然而，在建立抗日民族统一战线的过程中，党内对国共关系及中共历史的认知分歧和模糊性成为一个问题，导致了许多错误观点的传播，这种历史认知的不清晰对党的事业、党的建设和抗日民族统一战线的形成都产生了不利影响，为了应对这一挑战，并考虑到对六届四中全会以来党的历史作全面总结的条件尚不成熟，党史的学习和研究在当时主要还是聚焦于建立抗日民族统一战线这一首要任务。1947 年，华北新华书店出版的《中国现代革命运动史》从宝贵的历史视角，以近代各阶级的救亡运动为线索，重点关注了中国共产党的诞生、国共合作与分裂等重大议题，对于深入研究中国现代历史具有重要的参考价值。通过开展中国共产党历史和现状教育，广大青年了解了中国共产党从无到有、从小到大、由弱变强的光辉历程，了解了中国共产党在中国革命和建设中取得的伟大成就和宝贵经验，深刻认识到中国共产党是中国工人阶级的先锋队，是中国人民的主心骨，是中国社会主义事业的领导核心。

2. 传承中国共产党的优良传统和作风

中国共产党在长期革命斗争中形成了优良的革命传统和作风，如艰苦奋斗、实事求是、团结协作等，这些优良传统和作风是中国共产党取得胜利的重要法宝，也是中国共产党不断发展壮大的重要原因。让青年们深刻认识到只有坚持党的优良传统和作风，才能保持共产党员的先进性和纯洁性，在开展党的优良传统和作风教育时，党的教育者们重点讲解中国共产党在工作中所贯彻执行的群众路线和民主集中制原则，强调这两项工作是中国共产党取得人民群众支持和信任的关键所在，让青年们深刻认识到只有深入了解人民群众的需求和利益，才能更好地为人民服务；只有实行民主集中制，才能保证决策的科学性和公正性。

3. 传承中国共产党领袖人物及革命典型的思想

在抗日战争时期，毛泽东撰写了《〈共产党人〉发刊词》《中国革命和中国共产党》《新民主主义论》等一系列将马克思主义与中国实际相结合的经典著作，这些著作标志着毛泽东思想进入了成熟阶段。经过延安整风运动的洗礼，全党深刻领悟到马克思主义中国化的重要性，并初步确立了"实事求是"的思想路线，同时，毛泽东的理论创新和成就得到了全党的高度认可，在党的七大上，毛泽东思想被确立为全党的指导思想，这一科学思想作为马克思主义中国化的集大成者，为延安精神的形成提供了坚实的思想理论基础。延安精神则是毛泽东思想在实践中的具体展现，体现了将革命理论转化为实际行动时的政治品格、道德情操和精神风貌。

在延安时期，全党逐渐形成了全心全意为人民服务的宗旨观念。这一观念是在各级干部为人民服务的实际行动中不断得到提炼和升华的。陕甘宁边区政府始终坚持以党和人民的利益为出发点，制定并执行了一系列符合民意的方针政策，赢得了群众的广泛赞誉，被誉为民主廉洁的政府典范。同时，涌现出大批以身作则、与民同乐、勇于实干、廉洁自律、无私奉献的领导干部，他们深受人民群众的爱戴和信任。例如，毛泽东在繁忙的工作间隙，常常走出办公室与群众交流，关心他们的生产生活状况；每逢节假日，中央机关都会组织文艺演出，毛泽东总是邀请周边群众一同观看，并要求干部战士礼让群众；边区政府主席林伯渠深入基层、调查研究、为民解忧的公仆形象也深入人心。在延安，毛泽东和中央机关干部为群众拜年、帮助修建水利设施、救治生病儿童等感人事迹层出不穷，还涌现了像白求恩、张思德等英雄人物，以及为革命献身、服务人民的"五老精神"和大生产运动中的劳模精神等。通过介绍毛泽东及众多革命典型的革命思想，并分析其对中国革命和建设事业的深远影响，广大青年更加深刻地认识到领袖人物的思想和理论对于政党发展壮大的重要性，以及坚持正确指导思想在革命道路上的探索和创新意义。

(四)阶级教育和党性教育

在延安时期，为了使广大青年党员能够牢固地站稳无产阶级立场，青年理想信念教育不仅注重阶级教育，以提高广大青年特别是青年党员的无产阶级觉悟，使他们深刻理解无产阶级的历史使命和阶级利益，以及为实现无产阶级解放而斗争的重要性，同时，还高度重视党性教育，通过深入传授党的理论、纲领、路线、方针和政策，增强党员对党的性质、宗旨和历史使命的认识，提升青年党员的党性修养，使其始终保持共产党员的先进性。

1. 阶级觉悟是锤炼党性的坚实基础

延安时期，毛泽东对中国革命的阶级问题进行了深刻的论述。毛泽东认为，阶级斗争是中国革命的主要动力，中国革命的根本问题是农民问题，而农民问题归根结底是阶级斗争问题，要取得革命的胜利，必须动员和组织广大农民参加革命，开展反对封建地主阶级的阶级斗争。毛泽东强调，工人阶级是革命的领导力量，是无产阶级专政的领导阶级，工人阶级要联合农民阶级和其他革命力量，共同反对封建主义和帝国主义，争取国家独立和人民解放。毛泽东指出，农民阶级是中国革命的基本力量，是工人阶级的可靠同盟军，农民阶级要摆脱封建地主阶级的剥削和压迫，争取土地和自由，必须进行坚决的斗争。毛泽东认为，民族资产阶级具有一定的革命性，但同时也具有较强的妥协性和动摇性，是一个有两面性的阶级，无产阶级在反对帝国主义和封建势力的斗争中，要争取民族资产阶级的加入，同时又要对其保持警惕，防止其妥协和背叛。毛泽东强调，知识分子在中国革命中具有重要地位，是无产阶级的得力助手，是革命的重要力量，无产阶级要团结和争取知识分子，发挥他们的知识才能，为革命事业服务。延安时期毛泽东对阶级的论述，为中国共产党制定正确的革命路线和策略提供了重要的理论依据。

马克思主义经典作家认为，政党的党性是其所代表阶级的阶级性、阶级利益的集中体现。正是基于对中国革命阶级问题的科学认识，毛泽东在《论持久战》中指出："共产党是为民族、为人民谋利益的政党，它本身决无私利可图。"①他强调了共产党的宗旨是全心全意为人民服务，而不是为少数剥削者谋利益。毛泽东还提出了"三大纪律八项注意"，要求共产党员必须以人民利益为重，对待人民群众要像对待自己的父母一样，不能对人民的疾苦漠不关心，这些论述都体现了毛泽东对于阶级问题的深刻思考和关注。中国共产党的党性自觉，源自对马克思主义政党本质属性的深刻理解与实践中的自我鞭策，这种自觉不仅体现在思想层面的坚定信仰，更体现在政治行动上对人民立场的毫不动摇。作为马克思主义与中国工人运动紧密结合的结晶，中国共产党始终深刻铭记自身的初心与使命，这不仅关乎党的诞生本源，更是对党性原则的不断追问与自我革新。

2. 党性锤炼有助于牢固树立阶级观念

为了坚守初心，中国共产党在延安时期对党性教育给予了高度重视，从而

---

① 《毛泽东选集》第 3 卷，北京：人民出版社 1991 年版，第 809 页。

开启了党性教育的崭新篇章，为之后各阶段的党性教育工作奠定了坚实基础。作为坚定的马克思主义政党，中国共产党深知党性教育的根基在于思想建设，必须以马克思主义科学理论来全面武装党的思想。在延安时期，党性教育的核心内容便是加强学习、不断深化理论武装，同时根据时代背景和实际需求，对学习内容进行适时的调整与优化。1939年，刘少奇在延安马列学院发表了《论共产党员的修养》的重要报告，深入阐述了共产党员在党性锻炼与修养方面的要求，他着重指出，共产党员的党性锻炼和修养，实质上是对党员本质的深刻改造和提升，因此，要有效开展党性教育，就必须通过深入的马克思主义理论教育，帮助党员在思想上牢固树立起无产阶级的世界观、人生观和价值观，从而确保党始终保持先进性和纯洁性。①

毛泽东在《关于农村调查》一文中提出，马克思主义的博大精深，在于它的普遍真理同各国具体实际相结合。他认为，只有将马克思主义基本原理与中国的实际情况相结合，才能更好地指导中国的革命和建设事业。马克思主义与中国实际相结合产生了中国共产党的阶级性质和先进品格，这种先进品格使中国共产党一经诞生就肩负起实现中华民族伟大复兴的历史使命，决定了中国共产党从一开始就将最广大人民群众的根本利益作为自己的最高利益，要求中国共产党始终站在人民的立场上思考问题并采取一切措施为人民谋利益；这种先进品格使中国共产党具有了其他阶级政党所不具备的无产阶级先锋队的特征，最终决定了中国共产党能够领导中国人民夺取革命胜利并在新的历史条件下继续前进。

（五）爱国主义教育

在延安时期，中国共产党非常重视对青年进行爱国主义教育。爱国主义是中华民族的优良传统和民族精神的核心内容，是中国共产党领导人民夺取革命

---

① 段妍：《延安时期中国共产党党性教育探索及启示》，《中国教育报》2022年3月31日。

胜利、创建新中国、建设新中国的强大精神力量。

1. 弘扬中华民族优秀文化传统，激发爱国情感

传统文化所蕴含的精神财富是激发青年爱国情感、坚定理想信念的重要源泉，中国共产党高度重视对青年进行中华民族优秀文化传统的教育，始终把爱国主义作为党的核心价值观之一。党倡导青年积极学习和深入领会民族文化的精髓，通过举办讲座、演讲、展览、演出等形式多样的活动，向青年生动地展示中华民族悠久的历史、灿烂的文化和光荣的传统，宣传中国人民反帝反封建斗争的历史，尤其是鸦片战争以来中国人民英勇反抗帝国主义侵略的壮丽篇章，讲述中国共产党领导的土地革命战争、抗日战争等革命斗争的英勇事迹。通过阐述这段历史，向青年传递中华民族和中国共产党的爱国理念和实践经验，使广大青年深刻认识到帝国主义对中国的残酷剥削和压迫，增强了青年的民族自尊心和自豪感。

2. 倡导为人民服务的精神，明确为谁而战

在延安时期，中国共产党积极倡导为人民服务的革命精神，将这一理念深深根植于青年心中。广大革命青年从群众中来，亲身体验过社会的疾苦和需求，为人民服务的理念能够引起青年的天然共鸣，让他们深刻地认识到个人的命运与国家、民族的命运紧密相连，进而将为人民服务不单视为一种责任，更视为爱国的具体体现。在爱民报国之志的指引下，广大青年踊跃投身宣传抗日、组织抗日武装、慰问抗日将士等抗日救亡活动之中，积极参加国防教育和军事训练，不断提升国防意识和军事素质，通过实际行动在战斗中践行爱国主义情感。

（六）革命必胜信念教育

中国共产党为了实现民族解放和国家独立的目标，领导全国人民进行抗日战争和国内解放战争，在这个过程中，坚定的革命必胜信念对于激发青年斗志、广泛动员群众参加革命至关重要。

1.《论持久战》：指引抗战胜利的革命纲领与坚定信念之源

自诞生之初，中国共产党就肩负起了实现中华民族伟大复兴的历史重任。在这一伟大征程中，党始终坚持以马克思主义科学真理为行动指南，深刻认识并遵循历史发展规律，精准把握时代前进的脉搏，团结并带领全国各族人民，为实现共产主义这一远大理想而持续不懈地奋斗。1938年，毛泽东撰写了《论持久战》这一军事政治经典，它不仅是关于中国抗战策略的权威著作，更是中国共产党在抗战时期的指导性文献，通过对国际与国内形势的全面审视，毛泽东汇聚全党的集体智慧，明确而系统地论述了党所倡导的抗日持久战战略思想，这部作品为那段艰苦的抗战岁月指引了前行的方向，同时也极大地增强了全国人民通过持久抗战走向胜利的决心与信念，更难能可贵的是，它所蕴含的深邃的科学世界观和方法论，时至今日仍对我们解决当下人类所面临的发展难题具有重要的启示意义。《论持久战》的革命思想为全国人民提供了宝贵的指导，坚定了革命必将胜利的信念，这种信念是中国共产党领导人民进行革命斗争的精神支柱，也是取得最终胜利的重要保障。

2."纸老虎"论断：毛泽东的革命信念与人民战争的胜利之源

自毛泽东提出"帝国主义和一切反动派都是纸老虎"的论断以来，这一充满豪迈与科学精神的观点，始终是我们民族面对各种威胁与挑战的宝贵精神财富。1946年8月6日，在延安杨家岭的居所内，毛泽东接受了美国记者安娜·路易斯·斯特朗的采访，在这次访谈中，他明确而坚定地提出了"一切反动派都是纸老虎"的论断。毛泽东深入阐述了人民在战争中的决定性作用，强调"战争胜败的关键在于人民，而非仅仅依赖新式武器"，基于这一理念，毛泽东坚信，尽管中国人民在西方帝国主义和国内反动派的联合打压下会经历漫长的苦难，但最终的胜利必将属于我们。"纸老虎"论断不仅极大地鼓舞了全国人民的斗志，也在人民解放战争中发挥了至关重要的作用，短短三年后，毛泽东的预言便成为现实，彰显了其深刻的洞察力与战略远见。"纸老虎"论断的持续影响力，使得人们在革命必胜的信念下更加紧密地团结在一起，坚如磐石。

面对严峻的战争形势，"帝国主义和一切反动派都是纸老虎"等一系列科学论断让青年认识到只有共产主义才能救中国，激发了青年的内在革命动力，从而坚定地信仰共产主义事业，也为党培养了一大批具有坚定革命信念和英勇斗争精神的青年，为革命战争的胜利提供了坚实保障。

（七）形势与政策教育

形势与政策教育在延安时期青年理想信念教育中占有举足轻重的地位，它不仅是引导青年正确解读国内外复杂形势、深入理解党的路线方针政策的关键途径，更有助于增强青年的社会责任感和使命感，使广大青年将个人的理想与国家命运紧密相连，自觉地将个人追求融入到国家和民族发展大局中，以更加坚定的信念和热情投身于革命与建设的伟大事业。

1. 精神指引：明确形势与政策的教育要求

中共中央在 1940 年 7 月发布了一份重要的文件，名为《关于目前形势与党的政策的决定》，这份文件对当时的国内外形势进行了深入的分析，明确提出了中国共产党在抗日战争中的策略和任务。文件强调，中国共产党应以积极的态度和行动，坚决维护抗日民族统一战线，坚守抗日根据地，坚定持久战的信念，同时做好应对突发事件的准备。此外，文件还强调了扩大自身力量、巩固统一战线、粉碎敌人的"扫荡"和"统一"企图，以实现抗日战争的最终胜利。在文件中，中共中央不仅提出了明确的政策和任务，还特别强调了加强策略教育的重要性。中央认为，一些干部在理解和执行政策上存在片面性和单纯军事观点的问题，这在一定程度上影响了党的抗日斗争效果。因此，中共中央要求各级领导干部必须深入研究和掌握抗日民族统一战线的策略方针，提高执行政策的自觉性和灵活性。同年 8 月，中共中央又发布了一份名为《关于加强干部策略教育的指示》的文件，进一步强调了策略教育在党的干部教育中的重要地位，要求各级党委将策略教育纳入到全党在职干部教育计划中，为了确保策略教育的有效实施，文件还详细列举了一系列相关的学习材料，包括《论反对日本帝国主义的策略》《统一战线中的独立自主问题》《战争和战略问题》等重要文献。

2. 精神内核：形势与政策教育对青年理想信念的深远影响

党在形势与政策教育中强调了坚决维护抗日民族统一战线的重要性，这一点对于青年理想信念教育来说，意味着要培养青年坚定的民族意识和爱国主义情怀，增强团结协作的精神，认识到个人的命运与国家和民族的命运紧密相连。通过学习历史，了解抗日战争的艰苦历程，广大青年更加珍惜来之不易的和平环境，增强了维护国家利益和民族尊严的责任感。同时，形式与政策教育要求坚守抗日根据地、坚定持久战的信念，这为青年理想信念教育提供了坚定信念、勇于担当的教育方向。青年通过学习先烈们不怕牺牲、百折不挠的英雄气概，养成了坚韧不拔的意志品质，面对困难和挑战时能够保持坚定的信念，不畏艰难，勇往直前。此外，形式与政策教育要求做好应对突发事件的准备，这对于青年来说，意味着要有预见性和应变能力，学会分析形势，提前作好准备，培养解决复杂问题的能力，以便在国家和民族需要时能够挺身而出，做出贡献。形式与政策教育还强调了扩大自身力量，巩固统一战线，粉碎敌人的"扫荡"和"统一"企图，这要求青年要有大局意识，不仅要关注个人发展，还要关心国家和民族的未来。

三、理想信念教育形式持续创新

延安时期，教育形式的多样性是中国共产党开展青年理想信念教育的一大鲜明特点。通过创新教育形式，党赋予了理想信念教育以生动的实际内容，满足了青年群体的不同需求，有效地吸引并激发了广大青年的学习热情和参与精神，极大地增强了理想信念教育的感染力和传播力。

(一)党校系统培训

中国共产党在延安时期面临着前所未有的政治、军事和环境挑战，为了提高党员素质、加强党的组织建设、推动革命事业发展，党中央决定加强党校教育工作。延安时期的党校教育对于统一党的思想、提高党员的理论水平、培养革命事业所需的人才发挥了关键作用，是党开展青年理想信念教育的重要形式，为新民主主义革命的胜利和新中国成立后党的干部培养奠定了基础。

1. 构建系统化的党校教育体系

延安时期的党校教育体系涵盖了多个层次和领域，包括中央党校、地方党校和军队党校等。中央党校可追溯到 1933 年 3 月成立的马克思共产主义学校，尽管长征期间党校课程一度中断，但该校的创立及其活动对长征的最终胜利会师起到了重要作用，长征不仅考验了党校，也加深了全党对党校的认同。1935 年 10 月，红军长征抵达陕北后，党中央迅速决定重启中央党校，在延安时期，毛泽东亲自担任中央党校校长，并确立了"实事求是"的校训。无论是共产党初创时期的安源党校，还是国共合作时期的上海区委党校和北京党校，它们都专注于培养党的干部，此外，还有专门针对妇女干部、青年干部和企业干部的党校以及其他知名学府，它们的核心课程都是党的理论和马列主义思想，这些学校的建立对于坚定共产党员的信仰、推动革命运动的发展起到了积极作用。

2. 创设理实一体的党校教育内容

延安时期的党校教育强调系统性和实践性，注重培养青年的马克思主义理论素养和实际工作能力。在党校的教学计划中，以马克思列宁主义、毛泽东思想、党的路线方针政策为核心内容，注重对青年知识分子的理论教育和实践能力的培养。比如，为加强政治理论教育，中央党校开设了《共产党宣言》《社会主义从空想到科学的发展》《国家与革命》《唯物主义与经验批判主义》等一系列政治理论课程，帮助学员掌握马克思主义基本原理；为了提高学员的军事素质和指挥能力，中央党校开设了战争论、战略战术、地形学等课程，并组织学员进行实弹射击、作战演习等实践活动，而且中央党校在延安时期采取了"抗大式"教学法，即采用启发式、讨论式、研究式的教学方法，注重启发学员独立思考，提高分析问题和解决问题的能力；中央党校还组织学员进行社会调查，深入了解中国革命的实际情况，使学员能够将所学理论知识与革命实践相结合。陕北公学在教学上注重培养学员的实际工作能力，采取了"生产教育"模式，学员在学习的同时，还要参加生产劳动，① 如种地、纺线等，以培养学员的艰苦奋斗精神和实际工作能力，这种教学模式不仅使学员掌握了理论知识，还培养了他们的实践能力和劳动精神。抗日军政大学在延安时期注重军事训练，开设了各种军事课程，如步兵战术、射击、刺杀等，学员不仅要学习军事理论，还要进行实际的军事训练，以提高学员的军事素质和实战能力。

3. 实施知行合一的党校教育方法

党校的课程设置紧密围绕党的现实需求和革命事业的发展，针对不同层次、不同需求的学员开设了各类专业课程。为了使青年知识分子更好地了解实际情况，教学方法强调课堂教学、小组讨论、社会实践等多种理论与实践相结合的形式，学员们通过分组或全班集体的形式，就某个问题展开讨论，交流思想，加深理解；组织学员到农村、工厂、部队等基层单位进行实地考察，增强感性认识；通过参加社会服务活动，如支农、支教、宣传等，学员们将所学知识运用到实践中，同时增强群众观念和服务意识；鼓励学员进行自我教育，通过读书、写心得体会等方式，不断反思自己的思想和行为。各种形式的实践活动，使青年们更好地了解了社会，增强了青年的实践能力。此外，党校还注重培养学生的党性修养和革命精神，注重对学员的思想教育，通过开展各种形式

---

① 周耀宏：《中国共产党新民主主义革命时期思想理论教育研究》，武汉大学 2011 年博士学位论文。

的思想教育活动，引导学员树立正确的世界观、人生观和价值观。比如，中央党校强调学员要树立坚定的共产主义信仰和坚强的党性，通过学习《论共产党员的修养》《中国共产党章程》等相关文献，提高学员的思想觉悟和组织纪律性。在党校的培训中，还注重培养青年的组织纪律性，通过严格的组织管理、纪律要求等手段，使青年知识分子养成遵守纪律的良好习惯。

(二)整党整风净化

延安整风运动无疑是党内思想建设的一次里程碑式创新，它不仅体现了党在自我革新方面的魄力，而且在思想层面树立了崭新的标杆。作为首次以马列主义为核心思想、规模宏大的思想改造运动，延安整风的主要目标是运用无产阶级思想去纠正和肃清党内存在的非无产阶级思想，特别是那些渗透着资产阶级元素的思想苗头。整风运动最先从党的高层领导群体开始实施，通过系统的学习和深刻的自我反省，引领全党范围的思想变革，并成为培养青年一代理想信念的重要途径。

1. 坚定党员的理想信念，确保党的队伍的纯洁性

毛泽东同志深刻指出，党的基层组织工作的关键在于开展批评和自我批评，通过这一有力武器来解决党组织在成分和作风上的不纯问题。延安整风运动的实质正是通过批评和自我批评的方式，对共产党员进行深刻的理想信念教育。在1942年的延安整风运动中，毛泽东发表了《整顿党的作风》的报告，深入论述了整风的必要性和迫切性，为全党明确了前行的方向，紧随其后，全国各地的党组织积极响应，投身于这场深远的思想改造进程中。在整风期间，党内开展了多样化的学习比拼，目的在于创造浓郁的学习氛围，点燃党员们的学习激情，并着重加强对共产党员，特别是领导层的思想政治教育，这一过程中，强调了团结协作、遵纪守法以及坚守理想信念的至关重要性。这些措施显著地增强了全党的向心力与作战能力，确保了党员队伍的清正廉洁，对于身处战争年代的党员而言，这是一次思想层面的深刻净化和根本性的自我提升。

2. 加强组织体系建设，确保整风运动的实效性

延安整风运动是我党历史上首次广泛而深入的思想建设活动，其核心目的在于纠正党内文风、学风及党风的不良倾向。为了确保整风运动能够正确引领、扎实推进，党中央先后发布了《怎样做一个共产党员》《整顿党的作风》以及《关于纠正党内的错误思想》等多达 22 个相关指导文件，这些文件为运动的实施提供了坚实的理论支撑和实践指南。在延安整风期间，还涌现出一批关于党员理想信念建设的重要著述，诸如《关于调查研究的决定》《改造我们的学习》等文章，它们在增强党员领导干部的党性修养、推动党的作风建设方面扮演了举足轻重的角色。① 在整风运动期间，党的重要工作之一是通过纠正学风来抵御主观主义的侵害，同时通过整顿党风来防止宗派主义的蔓延。为实现这一目标，党采取了多种方式，其中包括运用说服教育的方法来化解问题，使得整风运动能够全面覆盖各级党组织和党员。同时，党还以优化组织结构、严肃处理违纪行为为手段，确保在抗战胜利的道路上纯洁队伍。此外，从基层到高层，党还开展了一系列整顿活动，旨在构建一种常态化的机制，以培育良好风气并确保抗战成果得以稳固，这些措施共同构成了延安整风运动的完整架构，为中国共产党的成长注入了新的生机与活力。

3. 深化马克思主义教育，全面提升青年党员的思想政治素质

延安整风运动，作为中国共产党深刻的马克思主义教育运动，成功地反对并纠正了党内的教条主义、主观主义和宗派主义等错误思想，从而大幅提升了党的思想理论水平。在这场运动中，广大青年接受了系统的马克思主义教育和思想改造，被锻造成坚定的共产主义战士。经过延安整风运动的洗礼，青年们更加坚定了对马克思主义、社会主义和共产主义的信仰，他们在困难和挫折面

---

① 李娅君：《抗日战争时期中国共产党理想信念教育研究》，内蒙古大学 2020 年博士学位论文。

前展现出积极乐观的精神状态，勇于迎接各种挑战。整风运动强调全党的团结统一，青年们积极响应，通过参与各种学习和培训活动，不断提高自己的政治素质和思想觉悟，深入掌握马克思主义理论，增强了辨别是非的能力。延安整风不仅注重理论教育，还着重培养党员的优良作风和道德品质，青年们通过参与实践活动，锤炼了意志品质，形成了艰苦奋斗、无私奉献和为人民服务的良好作风，他们认真思考人生的意义，深刻认识到只有为人民服务才能实现自己的人生价值。延安整风运动对中国革命事业的胜利和发展起到了重要推动作用，在抗日战争和解放战争时期，广大青年不畏艰难险阻，积极投身革命斗争，为推翻帝国主义、封建主义和官僚资本主义做出了重要贡献，他们的实际行动充分展现了延安整风对青年成长的积极影响，彰显了"坚持真理、坚守理想"的时代精神。

(三)生产生活渗透

马克思主义特别推崇教育与生产劳动的紧密结合。毛泽东强调指出，学习和生产一样，具有普遍性和永久性，是领导工作、改善工作与建设大党的"迫切需要"。学习与生产生活相结合，是塑造和坚定理想信念不可或缺的教育环节。

1. 在生产生活中学习，是革命斗争的现实需要

在艰苦卓绝的革命岁月里，民众的生活环境极其恶劣，严重制约党的宣传教育工作，极大增加了动员民众参与革命的难度。为了打破这一困境，中国共产党深知只有通过大力发展红色区域的经济生产，才能逐步改善民众的生活条件，为革命战争提供坚实的物质保障，从而更有力地推动军事斗争的胜利。

在延安时期，中国共产党推行了一场前所未有的教育与生产相结合的广泛实践，这场实践不仅触及了党、政、军、民、学等各个层面，而且深入到革命的每一个角落。1939年4月，《新华日报》刊发了一篇名为《论干部的学习》的文章，文章清晰地指出党内干部学习的三大途径：阅读书籍、投身生产实践以

及向广大群众汲取智慧。该文对那些能够兼顾学习与生产的青年给予了高度评价，称他们为全国的学习楷模，并授予他们"抗日救国先锋"的荣誉称号，这不仅是对他们个人奋斗的认可，更是对教育与生产相结合这一教育方式的强烈推崇。1940年，中央军委又发布了《关于开展生产运动的指示》，进一步凸显了经济问题在抗战中的关键地位，并明确指出边生产边学习对于解决经济难题、提升干部素养以及助力青年成长所具有的深远意义。

2. 在生产生活中锤炼，是培育青年革命精神的重要途径

在延安，中国共产党发起了大生产运动，号召青年积极参与生产劳动。在杨家岭的居所旁，毛泽东在忙碌的政务之余，特地在山坡边开垦了一片土地，用以种植各类蔬菜，每当有片刻的闲暇，他便投身于这片绿色的田园，锄草、施肥、浇水，每一项田间管理工作都做得细致入微，尽管工作人员时常提醒他政务繁忙，无须亲自劳作，但毛泽东总是笑着说："自己动手，才能真切地体会到克服困难的乐趣嘛！大生产运动是我们党的号召，我自然要与同志们并肩作战，响应号召，参与生产领导工作。"朱德从抗日前线凯旋后，也迅速融入了大生产运动的热潮，他不仅成为这场运动的杰出领导者之一，更成为生产战线上的一面旗帜，朱德与自己的小组成员携手合作，共同开垦了三亩丰饶的土地，种下了菠菜、葫芦、白菜、芥菜、南瓜、黄瓜和豆角等多种蔬菜。他坚持每天早晚精心照料，使得蔬菜生长得格外茂盛，收获也颇为可观。与此同时，中央书记处的其他领导成员们也纷纷效仿，亲自下地开荒种田，为了给大家的日常生活带来更多便利，中央直属机关的工作人员还自发集资（其中也包括了毛泽东的一份心意），在杨家岭沟口创办了一个合作社。此外，边区政府的各位主要领导也时常深入田间地头，他们既指导生产工作，解决实际难题，又以身作则，亲自参与生产劳动，与广大群众共同创造美好的新生活。许多青年也响应号召，投身到农业、手工业、工业等各个领域的生产中，他们开垦荒地、种植粮食、织布制衣，不仅为根据地提供了必要的物资支持，还通过自己的劳动改善了生活条件。

1941 年 3 月，中央向八路军第三五九旅下达指令，要求他们前往荒芜的南泥湾地区，进行军事屯垦和大规模的生产活动。面对资金匮乏、工具短缺等重重困难，三五九旅的官兵们展现了自强不息、艰苦奋斗的顽强精神，他们一边挖掘窑洞以解决住宿问题，一边勘探可开垦的土地，并学习农业耕作技术，自制生产工具，从旅长王震到普通士兵，甚至是随军家属，每个人都积极参与到开荒种地的行列中，经过三年的辛勤努力，到 1944 年，三五九旅共计开垦了 26.1 万亩土地，不仅实现了部队的自给自足，每年还能向边区政府缴纳公粮，南泥湾因此被誉为"陕北的江南胜地"①。南泥湾成为中国共产党在延安时期开发的一个重要农业基地，在这个过程中，大量青年被组织起来，参与土地开垦、农田建设等工作，他们和部队战士一起辛勤劳动，使南泥湾从一片荒芜之地变成了粮食丰收的米粮川，为抗日战争的胜利提供了重要物资保障。此外，为了发展根据地的工业生产，中国共产党还发起了工业合作社运动，许多青年积极参与其中，学习工业技术和管理经验，投身到机械制造、化工生产等领域，广大青年通过自己的努力，为根据地的工业发展做出了重要贡献。中国共产党通过引导青年参加革命生产活动，不仅为抗日战争和新中国的成立提供了重要支持，还培养了一大批具有坚定理想信念和优秀品质的革命青年，这些青年在革命斗争中发挥了重要作用，为中国革命的胜利奠定了坚实的基础。

（四）宣传媒介引导

延安时期，中国共产党为了更有效地推动革命事业的发展，高度重视宣传工作，并将其置于至关重要的位置。1937 年 8 月，在洛川会议上，党就明确提出了宣传在抗日战争中的极端重要性，确立了以宣传为中心的工作方针，要求充分利用一切可能的机会去教育和组织群众，通过广泛且深入的宣传手段，将党的方针政策、革命理念等传达给广大青年，引导他们走上正确的革命道路，共同为抗战胜利而努力奋斗。

---

①　肖霄瑶：《延安时期中国共产党人的劳动观研究》，西安建筑科技大学 2020 年博士学位论文。

1. 采用多元化的宣传策略

为了将党的声音传遍每个角落，并通过多种方式深入人心地开展理想信念教育，中共中央积极利用演讲、文章等手段进行广泛宣传。同时，中国共产党在延安时期组建了多样化的宣传队伍，如演剧队、艺术宣传队和孩子剧团等，这些队伍深入基层和前线，通过生动的表演和讲解，将党的政策和理念有效地传达给广大人民群众，起到了教育和组织群众的重要作用。1942 年，毛泽东在延安文艺座谈会上深入阐述了马克思主义的文艺理论，并提出了"艺术是人民大众的"这一重要观点，在这一思想的指导下，大量具有鲜明时代特色和深厚民众基础的文艺作品涌现出来，如《逼上梁山》《白毛女》《兄妹开荒》等，这些作品不仅艺术地再现了封建社会对人民的压迫，更激发了人民群众投身抗战事业的热情和勇气。

2. 巧用多媒介的宣传引导

延安时期，中国共产党巧妙地运用多种宣传媒介对青年进行理想信念教育。《解放日报》和《中国青年》等报刊成为传播党的方针政策、报道革命斗争形势的重要平台，这些刊物刊登的理论文章和革命故事对青年进行了深刻的思想启蒙。延安新华广播电台的开播使党的声音能够迅速传播到各根据地和解放区，也对青年产生了广泛的影响。此外，戏剧、歌曲和诗歌等文艺作品以生动的艺术形象展现了革命斗争的壮丽画卷，宣传画和标语则以简洁明快的语言和生动的画面传达了党的方针政策，共同激发着青年的革命热情。演讲和报告也是这一时期青年理想信念教育的重要方式之一，党的领导人和知名人士通过面对面的交流向青年阐述革命的理想和目标，躬身示范，引导青年树立正确的世界观、人生观和价值观。

(五)一线斗争考验

延安时期，中国共产党不仅是一个政治和军事的领导核心，更是一个理想信念的熔炉。在这个特殊的时期，党鼓励广大青年深入斗争一线，锤炼自己的革命意志，从而坚定共产主义信仰。

1. 青年成为抗日力量的重要组成部分

在艰苦卓绝的抗日战争时期，广大青年深入农村、工厂和学校，宣传抗日救国的思想，组织起各种抗日团体。1944年9月5日，经历了长征严峻考验，翻越雪山、穿越草地的张思德，在陕北安塞县率领战士们执行烧炭任务时遭遇不幸，在即将完成的窑洞突然坍塌时，张思德毫不犹豫地将战友推出危险区域，自己却不幸被埋在窑洞中，英勇牺牲，年仅29岁。为了缅怀这位英勇的战士，中央机关和中央警备团在延安枣园沟口的操场上为张思德举行了隆重的追悼会，毛泽东亲临现场，并亲手写下了"向为人民利益而牺牲的张思德同志致敬"的挽词，同时发表了著名的《为人民服务》演讲，对张思德那种全心全意为人民服务的精神给予了高度评价，张思德的名字因此成为为人民服务的象征和里程碑。2009年9月10日，张思德被荣选为"100位为新中国成立做出突出贡献的英雄模范人物"之一，诸如张思德等千千万万革命志士不惜牺牲自己的生命保卫家园，展现了青年的爱国情怀和牺牲精神。

2. 青年成为人民解放军和各支革命武装力量的生力军

解放战争时期，广大青年跟随党的脚步，转战南北，浴血奋战，在战斗中，他们表现出了顽强的意志和不屈的精神，成为革命队伍的中坚力量。青年战斗英雄董存瑞，在解放隆化县的战斗中，因部队受阻于敌军的桥型暗堡，董存瑞毅然抱起炸药包，在左腿负伤的情况下冲至桥底，由于无处安放炸药包，紧急时刻董存瑞用自己的身体充当支架，手托炸药包，舍身炸碉堡，牺牲时未满19岁。革命青年女烈士刘胡兰，在敌人的铡刀下坚贞不屈、视死如归，最终英勇就义，牺牲时只有15岁，她用短暂的一生谱写出永恒的诗篇，以不朽的精神矗立起生命的丰碑，铸就彪炳史册、光照千秋的刘胡兰精神。除了以上这些模范典型外，还有许多其他的青年英雄，他们在延安时期的一线斗争中表现出了坚定的革命信念、高尚的道德品质和出色的工作能力，这种精神正是中国共产党所倡导的革命精神的重要组成部分。

四、理想信念教育制度日趋完善

延安时期，中国共产党高度重视青年理想信念教育的制度化、规范化，将其作为一项核心工作来推进。通过建立和完善理想信念教育制度，党为青年构建了系统深入、全面细致的政治教育和思想教育平台。

(一)组织领导制度

中国共产党在延安时期为青年的理想信念教育建立了一套全面、详细、具体的组织领导制度，这一制度的核心目标是通过强有力的组织领导，推动落实理想信念教育，引导广大青年树立共产主义理想信念，积极投身革命事业。

1. 设立专门的青年教育机构，构建完善的青年教育体系

为了加强对青年的理想信念教育，党在这一时期成立了许多专门的青年教育机构，包括党的中央委员会、各级党委、青年团、青年救国会等，其中最为著名的是中国共产主义青年团委(后改名为中国共产主义青年团中央委员会)，这些机构在党的领导下，共同负责对青年进行马克思主义、列宁主义、毛泽东思想等基本理论的教育，帮助青年树立正确的理想信念。

在青年教育机构的指导下，为了更好地落实青年教育方针政策，党在延安建立了完整的青年教育体系。这个体系包括学校教育、社会教育和自我教育三个方面。面向青年的学校教育体系主要包括干部教育、群众教育，干部教育主要是为了培养革命和建设的领导人才，包括政治、军事、经济、文化等各类专业人才，这种教育主要通过各种干部学校、党校、军事学校等进行；群众教育主要是为了提高广大群众的文化素质和政治觉悟，包括成人教育和妇女教育，这种教育主要通过夜校、识字班、冬学等形式进行。

　　社会教育体系主要包括社会教育活动和社会实践等内容，社会教育活动有青年读书会、青年剧团、青年俱乐部、青年墙报等多种形式，这些活动旨在通过不同形式的文化活动来吸引青年的关注和参与，提高青年的文化素养和政治觉悟，其中，青年读书会是党的青年组织发起的一种读书活动，通过组织青年阅读马克思主义、列宁主义、毛泽东思想等革命书籍，帮助青年了解党的理论、路线、方针政策等，青年剧团则是通过组织青年编排和演出话剧、歌剧等文艺节目，来宣传党的革命思想和文化观念。在社会实践方面，青年们在党的领导下积极参与到抗日战争和解放战争中去，通过实际行动来践行党的革命理念和价值观念，此外，党的青年组织还通过组织青年开展调查研究和下乡实习等活动，让青年深入了解社会实际情况，增强青年的实践能力和创新精神。

　　延安时期，中国共产党积极倡导并推动形成了一种重要的教育模式——青年自我教育体系。这一体系的核心在于强调青年的自我学习、自我教育和自我提升，旨在通过培养青年的自主学习能力和独立思考精神，推动他们实现全面而均衡的发展。由于当时革命环境的艰苦和物质条件的限制，正规教育资源显得尤为稀缺，因此中国共产党特别注重培养青年的自主学习意识，鼓励他们发挥主观能动性，通过自学来不断充实自己的知识库。许多有志青年利用业余时间，如饥似渴地阅读马克思主义经典著作、党的文件以及其他进步书籍，从而在政治觉悟和理论水平上取得了显著提升。此外，这一体系还着重培养青年的批判性思维，在延安的学术氛围中，青年们被鼓励对各种观点和思想进行深入的批判性思考。通过积极参与讨论、辩论和写作等活动，广大青年不仅提升了自己的思维水平，还显著提高了表达能力，逐渐形成了独立思考和准确判断的本领。为了确保青年自我教育的质量和效果，党的青年组织也制定了一系列严谨的规章制度和管理措施。以自学小组为例，团组织精心选拔政治觉悟高、文化素养好的青年来担任小组负责人和组织者，他们负责小组的日常管理以及各类学习活动的组织与协调。团组织还建立了严格的考核制度和完善的管理机制，对自学小组和学生的学习成果进行全面、客观的考核和评价，这些举措不仅确保了青年自我教育工作的有序进行，还为其长期、稳定的发展奠定了坚实基础。

2. 制定明确的青年教育方针，引领青年全面成长

党在延安时期制定了一系列明确的青年教育方针，比如坚持教育与生产劳动相结合、坚持政治与业务并重、坚持因材施教和因地制宜、坚持教育为革命战争服务、坚持理论联系实际等。1944 年，在抗日战争的关键时刻，中共中央深刻认识到教育工作对于革命胜利和民族振兴的重要性，因此发布了《关于教育工作的指示》，这份具有里程碑意义的文件，明确提出对青年进行全面且深入的教育旨在培养他们的爱国情怀、共产主义信仰和民主主义精神，《关于教育工作的指示》强调，对青年的爱国主义教育应贯穿于整个教育过程中，通过讲述民族历史、革命传统和英雄事迹，激发他们的民族自豪感和为国家、为人民献身的决心；共产主义教育应被置于核心地位，旨在引导青年理解并接受共产主义理念，将其作为个人信仰和行动指南；民主主义教育则重在培养青年追求民主、自由和平等的价值观，使之成为具有现代意识的新时代青年。除了这些具体的教育内容外，《关于教育工作的指示》还着重指出，教育的根本目的在于帮助青年树立为人民服务的思想，这意味着青年应将自己的命运与国家、民族的命运紧密相连，将个人的发展与社会的进步相结合，通过实际行动为人民谋福利、为国家作贡献。为了实现这些教育目标，《关于教育工作的指示》还提出了一系列具体的措施和要求，包括改革教育内容和方法、加强师资队伍建设、完善教育制度和管理等。

(二)教育指导制度

延安时期，为了切实提升青年理想信念教育的效果，党制定了一系列精心设计的教育指导制度，这些制度在青年教育中发挥了举足轻重的作用，为青年们提供了明确的学习方向，在塑造青年坚定的革命信仰，培育其不屈不挠的革命精神方面起到了关键作用。

1. 严格干部教育，筑牢学习网络

作为培养青年干部的重要方式，延安时期的干部教育制度非常严格。中国共产党深知，干部特别是青年干部是革命的中坚力量，他们的政治觉悟和业务能力直接关系到革命事业的成败，因此党在延安时期建立了各级干部学校，如抗日军政大学、陕北公学等，对干部进行系统的马克思主义理论教育和革命实践培训。1939 年 2 月，为了加强对马列主义理论学习的领导，中央决定设立干部教育部（该部之后并入中央宣传部），同时成立中央干部教育委员会，以负责指导中央直属学校和党政军民各机关的教育事务。到了 1942 年 6 月，中央进一步成立了总学习委员会，由毛泽东担任主任委员，此后各级党委和各抗日根据地也相应设立了学习委员会，形成了一个由党中央直接领导的理论学习指导网络，[1] 从而确立了一种上级引导、下级负责的学习模式。为了确保学习活动的有序进行，中国共产党制定了一系列规章制度，包括组织领导制度、分类编组制度以及每日至少学习两小时的制度等，同时对学习内容和测评方式也作了详尽的规定，并根据学习进展和外部环境的变化进行适时调整。党中央还特别关注国民党统治区和敌后抗日根据地的教育工作，根据这些地区的特殊环境，如战争状态或秘密工作条件等，提出了灵活多样的学习方法，以确保学习成果的有效性。各抗日根据地积极响应中央的号召，在应对严峻的战争环境和完成自身建设任务的同时，充分发挥创造性，组织和完成了各项教育培养工作。

2. 普及在职教育，提升群众素质

在职教育制度是延安时期教育指导制度的重要组成部分。由于战争环境的限制，许多干部和群众无法脱产学习，为了解决这个问题，党组织积极开展在职教育活动，鼓励干部和群众在工作之余学习文化知识和业务技能，通过举办

---

[1]　王健、范为：《延安时期党如何培养理论人才队伍》，《学习时报》2022 年 6 月 17 日。

识字班、文化补习班、业务研讨会等形式，广大干部和群众的文化素质和业务能力得到了显著提高。例如，延安时期党制定了"三八制"教育制度，"三八制"是指将一天 24 小时分为三个八小时，即八小时学习、八小时生产劳动和八小时的休息时间，以马克思主义为指导思想，以培养抗战人才为目标，实行军事教育与政治教育相结合、学校正规化与半工半读相结合、统一的教育方针和灵活多样的教学形式相结合。在学习的八小时内，主要包括政治理论学习、文化知识学习和军事技能训练等内容，以确保党员干部和群众能够不断提升自己的理论水平和实践能力；生产劳动的八小时则是参与劳动，包括农业生产、工业生产等，以满足根据地的经济自给自足和支援战争的需要；最后的八小时则是休息和娱乐时间，保障了人们的身心健康，有利于提高工作效率和生活质量。这一制度的实施，使干部和群众在艰苦的战争环境中能够合理安排时间，既兼顾了学习与生产，又提高了整体素质和工作效率。

3. 推行指导员制度，确保教育实效

指导员制度在学习考核方面发挥了重要作用。在延安时期，党非常注重学员的思想动态和学习情况，为了加强对学员的指导和帮助，各级组织都选派了经验丰富的干部担任指导员。指导员不仅要指导学员的学习，还要关注他们的思想变化，及时进行思想教育和引导。各级组织还定期对学员的学习情况进行考核，了解他们的学习进度和掌握情况。通过这种制度，党能够及时发现和解决学员在学习和思想上存在的问题，确保教育培养工作的顺利进行。需要强调的是，延安时期的教育指导制度不仅注重理论教育和实践培训的结合，还注重教育内容的针对性和实效性，党根据抗日战争和解放战争的实际需要，不断调整和优化教育内容，确保教育培养工作能够满足革命斗争的需要。

(三)学习管理制度

毛泽东在延安时期多次强调青年学习的重要性，他认为，青年是国家和民族的希望，必须通过学习不断提高自己的政治觉悟和文化水平。为确保青年理

想信念教育的有序开展，中国共产党在延安时期精心构建了学习管理制度，这一制度涵盖了学习计划、学习组织、学习纪律等多个方面，为青年提供了明确的学习方向和目标。

1. 严格学习管理，确保青年教育有序开展

根据青年的实际情况和革命需要，党制订的学习计划包括学习内容、方式、时间等，使青年能够系统、有针对性地进行学习。张闻天在延安时期担任中央宣传部长，他对青年教育的方向和目标有着深刻的见解，张闻天认为，青年教育必须紧紧围绕革命斗争的实际需要，培养具有共产主义觉悟和革命精神的青年一代，张闻天积极推动青年教育内容的改革和创新，倡导将马克思主义理论与革命实践相结合，注重培养青年的独立思考能力和创新精神。他还亲自为青年学生编写教材，引导他们正确认识社会和历史发展的规律。

同时，建立各种学习组织，如学习小组、学习班等，为青年提供学习的平台和机会，这些组织不仅有专门的教师指导，还有完善的教学计划和资料，确保青年能够全面、深入地接受理想信念教育。在抗日军政大学，毛泽东亲自为学员讲授哲学课程，强调理论学习的重要性。他鼓励学员们要深入实际，将理论知识与革命实践相结合，培养革命斗争所需要的实际工作能力。陈云在延安时期担任中央组织部长，他非常重视青年干部的培养和学习管理。他提出，要通过系统的教育和培训，使青年干部具备坚定的政治信仰、高尚的道德品质和过硬的工作能力。陈云主持制订了详细的干部培养计划，包括政治理论教育、专业知识培训、实践锻炼等多个方面。他还亲自为青年干部讲授党的建设和组织工作的课程，帮助他们树立正确的世界观和人生观。

2. 严格学习纪律，提升青年学习效果

为了强化学习效果，党制定了严格的学习制度，要求青年按时参加学习、认真听讲、积极思考等。陕北公学是延安时期的一所著名学府，它在学习管理方面有许多创新的做法和经验，学校制定了严格的学习纪律和考勤制度，确保

学员们能够按时参加学习、认真完成作业，同时，学校还注重实践教学和劳动教育，让学员们在实践中增长才干、锻炼意志。陕北公学的学员们不仅要学习政治理论和文化知识，还要参加生产劳动和军事训练，通过这些实践活动，学员们不仅提高了自己的实际工作能力，还培养了艰苦奋斗和团结协作的精神，这种学习管理方式为后来的青年教育工作提供了有益的借鉴。鲁迅艺术学院是延安时期的一所著名艺术院校，它在学习管理方面也有着独特的做法和经验，学院注重艺术教育与革命斗争相结合，培养具有共产主义觉悟和艺术才华的青年艺术家。鲁迅艺术学院的学员们不仅要学习专业的艺术知识和技能，还要参加各种革命文艺活动，通过这些活动，学员们不仅提高了自己的艺术创作水平，还加深了对革命事业的认识和理解。这种将艺术教育与革命实践相结合的学习管理方式，为后来的艺术教育发展提供了重要的启示。

3. 严格学习考核，激励青年持续进步

为了确保青年学习的质量和效果，在延安时期，中国共产党建立了一套严格而全面的学习考核制度。这一制度不仅覆盖了青年学习的各个方面，还注重实践与应用，旨在培养既有理论素养又有实践能力的革命青年。延安的青年学习机构，如抗日军政大学、陕北公学等，均实施了定期的考试制度。这些考试不仅包括传统的笔试，以检验学员对理论知识的掌握程度，还包括口试、实践操作等形式，以全面评估学员的能力和素质。考试成绩成为衡量学员学习成效的重要依据，直接关系到他们的毕业与分配。为了激发青年的学习热情，各学校组织了诸如知识问答、主题演讲、辩论会等丰富的学习竞赛活动，通过竞技的方式促进学员间的交流与学习，优胜者不仅获得荣誉与奖励，更成为其他学员学习的榜样，激励整个青年群体不断追求进步。延安时期的各学习机构要求学员定期提交学习笔记和心得体会，这些文字记录不仅反映了学员的学习态度与努力程度，还是教师了解学员思想动态、学习进展的重要途径，通过对笔记和心得体会的定期检查，教师能够及时发现学员在学习中存在的问题与困惑，给予及时的指导与帮助。党中央高度重视青年的实践与实习环节，学员在学习

理论知识的同时，必须参与各种实践活动和实习项目，将所学知识应用于实际工作中。这些实践活动和实习项目不仅有助于学员巩固所学知识、提升实践能力，还成为衡量学员综合素质的重要标准之一。通过实践与实习的考核，学员们能够更好地将理论知识与实际工作相结合，为革命事业做出更大的贡献。延安时期的学习考核制度不仅注重考核过程的严谨性，还强调考核结果的反馈与指导作用，通过对学员学习成果的全面评估，各学习机构能够及时发现教学中存在的问题和不足，为后续的教学提供有针对性的改进建议，同时，学员们也能够从考核结果中了解自己的优点和不足，明确今后的学习方向和目标。此外，根据学习考核情况，延安时期的各学习机构还设立了各种激励机制，对于学习成绩优异、表现突出的青年，给予表彰和奖励，如颁发证书、提升职务等，这些激励机制有效地激励青年持续进步，成为学习榜样。

(四)教育考评制度

1942 年的整风运动中，毛泽东深入剖析了教育制度的变革，他明确指出，自抗战爆发以来，教育制度已经发生了显著变化，尤其在战区，这种改进更为突出，通过实施一系列整顿和改革措施，教育制度上存在的错误和弊端得到了有效解决。具体来说，那种不顾根据地实际情况和抗日战争需要、盲目推行旧式正规化教育制度的教条主义做法已被摒弃，从实践中总结出了一套全新的经验，过去那种只追求数量、忽视质量，急于求成的命令主义和形式主义办学思想也得到了纠正，取而代之的是数量与质量并重、稳步有序地发展教育的新方针，更为重要的是，解决了两种错误倾向：一种是短视，只看眼前而不顾将来；另一种是过于理想化，只憧憬未来却忽视了当前的实际需求。这些变革使教育制度更加完善，更加贴近抗日战争时期的实际需求。

1. 建立全面的教育质量评价体系

刘少奇在关于中原局的工作报告中指出："各种军事政治干部的训练，今后更增加其重要性，应该扩大教育机关，提高教育水准与质量，延长学习期间，并抽调好干部加以训练。"①延安时期的教育机构建立了全面的教育质量评价体系，旨在提升教学质量和学员学习效果，这一评价体系不仅涵盖教学内容、教学方法、教学效果等多个方面，还注重定量与定性评价的结合，从而更全面地反映教育工作的实际情况。

具体而言，延安时期的学校通过定期组织教学检查、听课、评教评学等活动，对教师的教学质量进行综合评价，及时发现并改进教学中存在的问题，这种检查制度不仅有助于及时发现教学中存在的问题，还为教师提供了改进教学方法和内容的依据，同时也促进了教师之间的交流与学习，推动教学水平的整体提升。

2. 开展群众性的教育评议活动

延安时期的教育机构还开展教学观摩、教育座谈会等群众性的教育评议活动，广泛征求群众对教育工作的意见和建议。这些活动不仅吸引教育工作者和学员的参与，还吸引广大群众的关注。在教学观摩结束后，教育机构会组织群众评议会议，邀请观摩的群众发表意见和建议，群众可以从教学内容、教学方法、教师表现等方面进行评价，并提出自己的看法和建议。教育座谈会邀请教育工作者、学员和广大群众代表参加，就教育工作中的热点问题和难点问题进行深入交流和探讨，在座谈会上群众代表可以畅所欲言，发表自己的看法和建议，教育机构会认真听取群众的意见和建议，并积极吸纳其中的有益部分。这些教育评议活动不仅有助于教育机构及时了解群众对教育的需求和期望，还为改进教育工作提供了重要依据。这些举措不仅确保了教育工作的质量和效果，还为革命事业培养了大量优秀的人才，也为当今的教育工作提供了重要的借鉴。

---

① 周耀宏：《中国共产党新民主主义革命时期思想理论教育研究》，武汉大学 2011 年博士学位论文。

第六章
延安时期青年理想信念教育的历史作用及当代启示

　　延安时期作为中国革命历史上一个独特的、充满挑战的时期，其对于青年理想信念教育的重视和实践，不仅深刻影响了当时的革命进程，也为后来的青年教育工作提供了宝贵的经验和启示。这一时期，面对内忧外患，中国共产党深知青年是国家的脊梁、民族的希望，因此在进行艰苦卓绝的抗日斗争和解放战争的同时，更在思想教育领域精耕细作，尤以对青年的理想信念教育最为突出。通过一系列深入而系统的教育实践，党引导广大青年树立起坚定的共产主义信仰，形成了高尚的理想追求，为抗日战争和解放战争的胜利奠定了坚不可摧的思想基石。

　　延安时期青年理想信念教育的深远影响体现在多个层面，它不仅在全党范围内坚定了信念，使党员和青年在风雨飘摇的时局中保持了坚定的革命意志，还为战争胜利提供了强大的精神支柱。青年们在理想信念的指引下，英勇投身抗日救亡和解放事业，用青春和热血谱写了壮丽的革命诗篇。更难能可贵的是，延安时期的理想信念教育并非空洞说教，而是紧密结合实际，以革命理论为武器，有效武装了青年的头脑，提高了他们的政治觉悟、理论素养和革命力量，打造了一支政治坚定、作风优良的青年队伍，在革命洪流中发挥了不可替代的作用。

　　时至今日，延安时期青年理想信念教育的宝贵经验对我们依然有着重要的启示意义，它不断提醒我们开展青年理想信念教育的重要性。青年作为国家的未来和希望，只有树立坚定的理想信念，才能在复杂多变的社会环境中保持清醒，抵御诱惑和挑战。因此，我们必须继续强化青年理想信念教育，不断创新教育理念和方法，使其更加符合时代要求，贴近青年实际。教育过程中要坚持实事求是的原则，结合当代中国实际情况，引导青年正确认识国家发展大势，积极为实现中华民族伟大复兴的中国梦贡献力量。

一、延安时期青年理想信念教育的历史作用

延安时期青年理想信念教育产生了深远的影响，它助力全党树立坚定的信仰，为革命斗争注入了不竭的动力，广泛点燃了青年的爱国热情与革命意志，为抗日战争和解放战争的胜利奠定了坚实的基础。通过系统而深入的教育实践，青年们得以深刻领悟革命理论，提升了政治觉悟和战斗力，进而凝聚成一支政治过硬、作风优良的革命先锋队。

(一)坚定了全党的理想信念

青年是革命的中坚力量，延安时期青年理想信念教育极大地提升了青年的政治素养和思想境界，同时也为在全党范围内筑牢理想信念基石发挥了重要作用。

1. 深化了对共产主义信念的理解

延安时期，中国共产党的领导人和理论家们倾注心血，通过多种形式的教育和宣传，深入浅出地传达共产主义的伟大理想和信念，使得全党同志对共产主义的理论和实践有了更为深刻的理解，更加坚定了为共产主义事业奋斗终生的决心。特别是在抗日战争和解放战争的艰难岁月里，中国共产党领导下的革命队伍面临着敌人的残酷镇压和封锁，物质条件极度匮乏，然而，正是延安时期的青年理想信念教育，为全党注入了强大的精神力量，帮助广大青年树立了坚定的马克思主义信仰，这种信仰不仅为中国共产党领导全国各族人民追求民族独立和人民解放提供了坚实的思想基础，更成为激励全党不断前进的不竭动力。延安时期青年理想信念教育的影响深远而广泛，它不仅坚定了广大青年的

革命信仰，更培养了大批优秀的青年人才，这些青年人才在党和国家的各个领域崭露头角，为推动中国革命和建设事业做出了卓越贡献，他们的奋斗精神和牺牲精神，至今仍然激励着我们为实现中华民族伟大复兴的中国梦而努力奋斗。

2. 坚定了革命到底的必胜信念

通过举办形式多样的教育活动和富有感染力的宣传，党对青年一代进行了全面而深刻的革命历史与传统教育，深刻阐释了革命的理想与目标，这使得全党同志对革命的理论和实践有了更加清晰透彻的认识。同时，严格的军事训练和深入的思想教育，让广大青年在艰苦的环境中接受了考验，在复杂的斗争中历练成长，他们锤炼出了坚定的革命意志，具备了战胜各种困难和敌人的坚强能力。在深入学习和实践的过程中，广大青年更加深刻地认识到革命事业的艰巨性和历史必然性，从而更加坚定了对革命事业的信心。他们立志要为革命事业奋斗终生，积极投身于这一伟大事业中，为实现民族独立和人民解放贡献自己的毕生力量。

3. 培育了艰苦奋斗的革命精神

在艰苦卓绝的环境中，青年们通过革命理想信念的熏陶，深刻认识到只有经过不懈的努力和顽强的斗争，才能实现个人的价值和民族的解放。这种艰苦奋斗的精神，不仅成为中国共产党人的鲜明标识，更熔铸成中华民族坚韧不拔的精神脊梁。在抗日战争时期，由于日军的封锁和自然灾害的侵袭，延安地区的经济面临着严重的困难，为了克服这一困难，中国共产党发起了生产自救运动，鼓励青年们积极参与生产劳动，通过自己的双手克服困难。为了响应生产自救运动的号召，一批又一批的青年奔赴南泥湾开荒生产，他们面对着艰苦的生活环境和繁重的劳动任务，但毫不退缩，坚持到底。无数青年在革命斗争中艰苦奋斗、前仆后继，为国家和民族的解放做出了不可磨灭的贡献。

4. 铸牢了为人民服务的宗旨意识

1944 年 9 月 8 日,毛泽东于延安枣园为因公殉职的中央警卫团战士张思德主持了追悼会,并发表了题为《为人民服务》的演讲。他明确指出,共产党及其领导的军队是真正革命的队伍,始终坚守在人民的一边。同样在这一时期,习仲勋也强调了党与人民的紧密联系,他在绥德地区司法会议上指出,我们要始终与老百姓站在一起,不做官僚,要深入到群众中去,这一观点在他的《贯彻司法工作的正确方向》的讲话中得到了明确的阐述。这些都充分显示了党在延安时期对人民立场的坚守和为人民服务的宗旨。① 通过多样化的教育和宣传手段,中国共产党为人民服务的理念深入人心,广大青年深刻理解了这一理念的理论基础和实践要求,从而更加坚定了为人民服务的决心。在中国共产党领导下,陕甘宁边区实行的是代表最广大人民利益的民主选举制度,选民普遍参加选举活动,使人民群众真正成了国家、社会的主人;各级政权机关的工作人员都是人民的勤务员,"公仆"与"主人"打成一片;干部深入基层,同群众打成一片,一切为了群众,一切依靠群众,"鱼水情""一家亲",密切了党群关系,这种生动活泼的人民民主生活,充分体现了中国共产党人"为中国人民谋幸福、为中华民族谋复兴"的初心使命。正是秉持"从群众中来、到群众中去",与群众打成一片的为人民服务理念,延安时期的青年理想信念教育在增强全党团结统一方面发挥了关键作用,在抗日战争和解放战争的严峻考验下,中国共产党领导的革命军队面临着巨大的内部矛盾和外部压力,通过接受理想信念教育,广大青年深刻认识到个人利益与集体利益的紧密联系,养成了大局意识和全局观念,这种团结协作的精神成为全党的重要力量源泉,促进了党员干部与军民之间的紧密合作,为革命事业的胜利提供了坚实的组织保障。

(二)促进了抗日战争和解放战争的胜利

延安时期,中国共产党对广大青年进行深入而系统的理想信念教育,在坚

---

① 孙杰:《延安时期"只见公仆不见官"的生动写照》,《学习时报》2023 年 2 月 10 日。

定青年们革命理想信念的同时，也为后来的抗日战争和解放战争的胜利提供了重要支撑。

1. 提供了充沛的人才支持

延安时期，中国共产党通过创办各类干部学校，吸引了大量有志青年前来学习，如抗日军政大学在极端艰苦的抗战岁月中，坚持边学习、边生产、边战斗，共培养了 10 多万名德才兼备的优秀军政干部，不仅为夺取抗日战争和解放战争的伟大胜利提供了可靠的人才保证，也为中华人民共和国成立后党全面执政储备了大批治党、治国、治军的栋梁之才。这些学校在课程设置上注重马列主义理论教育，使学员们具备了坚定的共产主义理想信念和高尚的道德品格，经过学习和培训，广大青年不仅掌握了丰富的知识和技能，也成长为具有坚定革命信仰和优秀品质的战争后备力量，在抗日战争和解放战争中，他们勇敢投身于战斗，为战争的胜利做出了巨大贡献。

2. 激发了强大的精神动力

延安时期的理想信念教育强调了对马克思列宁主义理论的学习，使广大青年深刻认识到共产主义是解决中国社会问题的根本出路，这种教育深化了青年对共产主义信仰的理解。在抗日战争的背景下，延安时期的教育工作不仅强调共产主义理想，还深入推广爱国主义和民族主义思想，通过演讲、话剧、歌曲等形式，激发了青年的爱国热情和斗争意志，使他们明白只有团结一致，共同抵抗外侵，才能实现民族的繁荣和国家的独立。延安的生活环境十分艰苦，但正是这种环境锻炼了青年的吃苦耐劳精神，通过生活和工作中的实际体验，青年们学会了在逆境中成长，明白了只有付出艰辛的努力，才能为实现革命事业的胜利做出贡献。在延安时期，集体利益高于个人利益，青年们为集体的利益而奋斗，这种集体主义教育也使广大青年深刻理解到只有团结一致，才能战胜一切困难。

3. 奠定了坚实的组织基础

通过强调共产主义的远大理想和抗日救国的紧迫任务，青年们形成了共同的价值观和使命感，这极大地增强了党的组织凝聚力和战斗力。党在延安设立了抗日军政大学等教育机构，培养了大批政治坚定、业务精湛的革命干部，他们成为斗争中的中坚力量。理想信念教育也激发了广大青年的爱国热情和牺牲精神，他们纷纷投身抗战，为战争胜利贡献自己的力量。特别值得一提的是，延安时期的理想信念教育深入群众，赢得了广泛的社会支持，为战争胜利提供了坚实的群众基础。同时，党通过强调抗日民族统一战线的重要性，成功联合了各阶层、各民族、各党派的力量，形成了广泛的抗日民族统一战线，为抗日战争的胜利提供了重要的政治保障。延安时期青年理想信念教育融合了工农兵学商等社会各界人士的力量，共同构筑了坚实的组织基础，为中国革命和建设事业注入了强大的动力。

4. 锻造了强大的人民军队

延安时期的青年理想信念教育为中国共产党建立一支强大的人民军队提供了有力支撑。面对艰苦的环境和匮乏的资源，党领导的大生产运动在延安如火如荼地开展，这一运动不仅要求人民军队在战场上英勇杀敌，更要在日常生活中自力更生，通过劳动生产满足自身需求。青年士兵们积极响应号召，他们一边学习军事技能，一边投身到农田、工厂和手工业中，用自己的双手创造生活必需品，甚至制造武器装备。这种生产方式不仅锻炼了他们的体魄，提高了军队的战斗力，更重要的是培养了青年士兵们艰苦奋斗、自力更生的革命精神。与此同时，中国共产党高度重视军队的政治建设，通过深入开展理想信念教育，人民军队的政治素质得到了显著提升，青年士兵们系统学习了马克思列宁主义理论和中国共产党的路线方针政策，深刻认识到自己是为人民利益而战的战士，是实现民族解放和国家独立的先锋队。这种教育使人民军队始终保持坚定的政治立场和高度的政治觉悟，无论在战场上还是在日常生活中，他们都能坚决执行党的命令，忠实履行自己的职责。

5. 铸就了稳固的民心基石

中国共产党始终坚持与人民群众同呼吸、共命运，将人民的利益放在首位。在延安及各个根据地，党领导开展了广泛的土地改革，确保了农民的土地权益，减轻了他们的赋税负担，让广大农民真切感受到共产党带来的翻天覆地的变化。这些实实在在的惠民措施，使中国共产党在人民心中树立了崇高的威望。中国共产党还注重在人民群众中开展理想信念教育，通过宣传党的方针政策，普及革命道理，人民群众逐渐认识到只有中国共产党才能领导他们摆脱压迫和剥削，走向光明和幸福。这种深入人心的教育，使人民群众自发地团结在中国共产党的周围，形成了坚不可摧的革命力量。历史也充分证明了这一点，在几年后的淮海战役中，正是数以万计的支前民工用小车、扁担、挑子等简陋工具，肩挑背负，将大量的粮食、弹药等军需物资运送到前线，为解放军的胜利提供了有力的后勤保障。人民群众的这种无私奉献和巨大牺牲，正是对中国共产党理想信念教育的最好回应，也是对中国共产党领导的革命事业的最坚定支持。

(三)运用革命理论武装青年

延安时期，中国共产党通过创办高等学府、发行报刊、开展革命实践活动等多种途径和方法，全方位、多层次地教育和引导青年，使他们在理论上更加坚定，在实践中更加成熟，在精神上更加昂扬。

1. 通过革命理论的学习与宣传，筑牢青年信仰之基

在延安时期，中国共产党高度重视革命理论的学习与宣传。通过创办抗日军政大学、陕北公学等高等学府，为广大青年提供了系统学习马克思列宁主义的机会，这些学校不仅教授文化知识，更重要的是进行政治教育和思想改造，青年们在这里深入学习马克思列宁主义的基本原理，以及中国革命的具体实践

和党的路线方针政策。中国共产党还通过创办《解放日报》《新华日报》等报刊，以及开展各种形式的宣传活动，广泛传播革命理论，这些报刊和宣传活动不仅揭露了国民党反动派的黑暗统治和帝国主义的侵略罪行，还大力宣传了中国共产党的主张和解放区的新气象，通过这些宣传，广大青年受到了深刻的革命教育，他们的思想觉悟和政治觉悟得到了极大的提高。

2. 通过革命实践的锻炼与成长，砥砺青年前行之路

延安时期的青年不仅通过学习革命理论来树立理想信念，更在革命实践中不断锻炼和成长。他们积极参加土地改革、大生产运动、整风运动等各项革命工作，以实际行动践行共产主义理想。在土地改革中，广大青年深入农村，发动群众，斗地主、分田地，实现了农民的土地梦。他们在这场斗争中深刻认识到封建剥削制度的罪恶和土地改革的必要性，更加坚定了自己的革命信念，许多青年在斗争中成长为优秀的革命干部和领导者，为后来的革命胜利做出了巨大贡献。在大生产运动中，广大青年响应党的号召，开展生产自救，发展经济，打破了敌人的经济封锁，他们在劳动中培养了艰苦奋斗的精神和自力更生的能力，更加坚信在党的领导下能够战胜一切困难。这场运动不仅为解放区提供了必要的物资支持，也为后来的社会主义建设积累了宝贵的经验。在整风运动中，广大青年积极参与学习和讨论，认真对照标准检查自己的思想和行为，开展批评与自我批评，青年们更加清醒地认识到了自己的不足和需要改进的地方，也进一步坚定了他们跟党走的决心。

3. 通过革命精神的塑造与传承，激励青年奋进之魂

在延安时期，中国共产党注重革命精神的塑造与传承，围绕五四运动、党的生日等标志性事件和节日，以开展纪念活动、举行文艺演出等形式，歌颂革命先烈的英勇事迹和高尚品质，回顾革命历程，让青年们深刻体会到革命先烈为国家和民族做出的巨大牺牲，坚定青年们继承先烈遗志、继续革命斗争的决心；创作歌剧《白毛女》、话剧《雷雨》等大量反映革命斗争和人民生活的优秀作品，通过生动的艺术形象，展现革命者的崇高理想和坚定信念，激发青年们的爱国热情和革命斗志；通过开展劳动竞赛、技术革新等活动，培养青年的创新意识和实践能力，鼓励青年积极投身生产劳动，以勤劳和智慧为革命事业贡献力量；通过建立互助组、合作社等组织，培养青年的集体主义观念和团结协作精神，让青年们在共同的劳动和生活中学会相互帮助、相互支持。这些革命精神的传承活动为延安时期青年的奋发向上提供了强大动力。

4. 通过革命理论的创新与发展，引领青年思想之航

延安时期是马克思主义中国化的关键时期。这一时期，以毛泽东为代表的中国共产党人不仅深入研究了马克思主义经典著作，更将其紧密地与中国革命实际相结合，形成了一系列具有中国特色的理论创新成果。毛泽东思想作为这一时期的理论结晶，强调了党的领导、人民战争、统一战线等革命原则，并创新性地提出了新民主主义革命的理论和策略，这些创新理论不仅为中国革命的实践提供了强有力的思想武器，也深刻影响了广大青年的思想。通过学习毛泽东思想，青年们得以明确革命的方向和目标，坚定地投身于抗日救亡和民族解放的伟大事业中去。毛泽东在延安时期撰写的《实践论》和《矛盾论》等著作，对马克思主义的认识论和辩证法进行了深入的阐述和发展，这些著作强调了实践在认识过程中的决定性作用，揭示了矛盾在事物发展中的根本动力，青年们在学习了这些著作后，逐渐注重将理论与实践相结合，运用辩证唯物主义和历史唯物主义的观点来分析和解决问题。青年们通过学习和掌握这些创新理论，不断开阔视野、更新观念，成为引领时代潮流的先锋力量，不仅提升了自身的理论素养和实践能力，也培养了创新意识和探索精神。这种思想转变为青年个人的成长奠定了坚实的基础，也为后来的社会主义建设培养了一批杰出的人才。延安时期的理论创新与发展，为中国革命提供了有力的思想支持，为青年思想的发展指明了方向，逐渐形成了具有中国特色的革命理论体系，为后来的社会主义建设奠定了坚实的人才和思想基础。

（四）造就了一支政治过硬、作风优良的革命队伍

延安时期青年理想信念教育的成功实践，不仅坚定了广大青年的革命理想信念，也培育了大批德才兼备的革命骨干和军事人才，这些人才在抗日战争和解放战争中发挥了重要作用，他们有的担任军事指挥员，运用高超的军事技巧指挥革命战斗；有的担任政治工作干部，将共产主义的思想传播给全党全军；有的成为优秀的军事专业人才，为抗战的胜利做出重大贡献。

1. 造就了一支思想纯洁的队伍，这支队伍能够坚守初心、勇于自我革命

延安时期的青年理想信念教育是革命队伍建设的重要组成部分，它强调用马克思主义理论武装青年头脑，引导他们坚守初心，勇于自我革命，自觉抵制各种非无产阶级思想的侵蚀，始终保持坚定的革命立场和正确的政治方向。通过深入学习《共产党宣言》《矛盾论》《实践论》等经典著作，青年深刻认识了社会发展的客观规律，深刻理解了革命的目标和意义，政治立场和理想信念更加坚定，坚信只有通过革命斗争才能实现民族独立和人民解放，这种坚定的信仰和信念，成为革命队伍勇往直前的强大精神动力。

2. 造就了一支组织严密的队伍，这支队伍纪律严明、团结统一

党的组织和军事组织的健全与效能发挥，是延安时期党的自身建设的重要内容。中国共产党通过一系列切实有效的措施，成功打造了一支具有强大凝聚力和战斗力的革命队伍，这支队伍不仅在组织上严密有序，更在思想上与党保持高度一致，形成了坚不可摧的战斗集体。通过青年理想信念教育，党培养了一批又一批严守纪律、服从指挥的优秀分子，他们深入基层，发动群众，使得革命队伍不断壮大。同时，党在组织架构和职责划分上进行了明确规定，从中央到地方，从军队到地方武装，都有一套完整的组织体系，确保了党的决策能够迅速传达并得到贯彻执行。延安时期，党的纪律建设也取得了显著成效，"三大纪律八项注意"作为重要的军事纪律和行为准则，被广大党员和干部严

格遵守，这些纪律和准则不仅规范了军队的行为，更体现了党对人民群众的深厚情感和对革命事业的坚定信念，在这样的纪律约束下，党员和干部们自觉维护党的形象，积极履行职责，为革命胜利做出了巨大贡献。此外，延安时期党的思想建设也取得了重要成果，毛泽东等党的领导人强调实事求是、理论联系实际的思想路线，要求全党必须把马克思主义理论同中国的具体革命实践结合起来，通过批判教条主义和自由主义等不良作风，党确立了马克思主义中国化的第一个理论成果——毛泽东思想在全党的指导地位，① 这一思想成果为抗日战争和解放战争的胜利奠定了坚实的思想基础。

3. 造就了一支勇于担当的队伍，这支队伍敢于斗争、不怕牺牲

延安时期，中国共产党的青年理想信念教育独具匠心，成功塑造了一大批志存高远、勇于担当的革命青年，他们不仅在理论上深谙马克思主义真谛，更在实际行动上展现了坚定的革命意志和无私的奉献精神。通过系统的思想政治教育，广大青年逐渐明确了革命的目标和方向，坚定了为共产主义事业奋斗终生的信念。在革命实践中，他们不畏艰险，不惧牺牲，勇敢地站在斗争的最前线，为中国人民的解放事业做出了巨大贡献。据历史记载，延安时期参加革命队伍的青年数量庞大，参加八路军、新四军的青年据不完全统计多达 20 万人，仅抗大这一所学校，在延安时期就培养了十余万名学员，他们中的许多人后来都成为中国革命和建设事业的中坚力量。狼牙山五壮士英勇无畏的壮举，张思德、董存瑞等同志的感人事迹，都充分展现了这支队伍的担当精神与斗争意志。这些青年在革命斗争中表现出的高度政治觉悟和牺牲精神，为革命的胜利奠定了坚实基础，也充分体现了延安时期青年理想信念教育的丰硕成果。

4. 造就了一支心系群众的队伍，这支队伍全心全意为人民服务

在延安的革命熔炉里，青年们接受了党的教育和革命实践的洗礼。他们深

---

① 王锦霞：《延安时期怎样从严治党》，《学习时报》2022 年 6 月 10 日。

刻理解了"人民群众是历史的创造者"这一真谛，并不仅仅是停留在口头上，而是将其内化为自己的行动准则，深入基层与群众同呼吸、共命运，形成了党与人民之间的血肉联系。广大青年不仅是革命的积极参与者，更是党的群众路线的忠实践行者。许多党干部以身作则，深入田间地头、工厂矿山，与群众面对面交流，了解他们的疾苦和需求，为群众解决实际问题。青年们紧随其后，他们学习并践行党的群众路线，将革命的理念与群众的实际需求紧密结合，用实际行动解决群众最关心、最直接、最现实的问题。在抗日战争和解放战争时期，延安的青年们积极响应党的号召，英勇杀敌，在战场上浴血奋战，展现了他们的革命斗志和牺牲精神，同时在后方他们也广泛开展了群众工作，帮助群众搞生产自救，组织合作社、互助组，发展生产，提高群众的生活水平。他们走村串户，向群众宣传党的政策，引导群众理解并支持革命，帮助群众争取合法权益。这些实际行动让群众真切地感受到了革命带来的好处，极大地增强了群众对革命队伍的信任和支持。延安时期的革命队伍之所以能够深入人心，赢得群众的广泛支持，正是因为广大青年始终坚持党的群众路线，全心全意为人民服务，深入基层、了解群众需求、解决群众问题、发动群众参与革命，有力地巩固了革命队伍的群众基础。

(五)积累和丰富了理想信念教育经验

延安时期，中国共产党紧密结合革命实际，通过多种形式对青年进行深入的共产主义理想信念教育，强调理论与实践相结合，注重培养青年的革命精神和实践能力，这些教育经验不仅具有鲜明的时代特色，而且深刻反映了青年成长成才的规律，为后来的青年教育工作提供了重要借鉴。

1. 紧密结合革命实践，创新教育方法

党的教育工作者们清醒地认识到单纯的理论教育很难触动青年的心灵，更难以使他们真正领会共产主义理想的深远意义，因此，在实际教学过程中，教员们不仅注重课堂讲授，更辅以案例分析、实地考察等生动多样的教学手段。

案例分析是延安时期教学的一大特色，教员们精心挑选与共产主义理想紧密相关的实际案例，如抗日根据地建设的成功实践、减租减息带来的社会变革等，引导学生进行深入分析，通过案例学习，青年们不仅加深了对理论知识的理解，更从中感受到共产主义理想的伟大力量。实地考察则是另一种非常有效的教学方法，一方面，在抗日根据地的学校中，教员们经常组织学生走出课堂，深入农村、工厂、部队，通过亲眼所见、亲耳所闻，青年们对共产主义理想有了更加直观、深刻的理解，这种社会调查活动让青年们有机会直接接触到人民群众，了解他们的生活和思想，从而更加坚定了为实现共产主义理想而奋斗的信念；另一方面，青年们不仅在学校的课堂上学习马列主义理论，更在广阔的抗日根据地，通过直接参与减租减息、大生产运动等实际工作，深化对理想信念的理解。许多青年学生在参与根据地建设的过程中，亲身体验到了革命带来的社会变革和人民生活的改善，从而更加坚信共产主义理想的正确性。这种理论联系实际的教学方法，不仅极大地提高了青年们的理论素养和实践能力，也使青年们更加深刻地认识到共产主义理想与现实生活的紧密联系，从而更加坚定地走上革命道路。

2. 注重全面性和系统性，丰富教育内容和形式

除了政治理论教育外，延安时期的青年理想信念教育还包括文化知识教育、军事技能教育、劳动习惯教育等多个方面，这种全面性的教育使得青年们具备了较为完善的知识结构和较高的综合素质。在教学中，注重引入英模事迹，发挥榜样的示范作用，张思德同志全心全意为人民服务的精神，白求恩同志毫不利己、专门利人的国际主义精神等，革命时期涌现的众多革命英雄成为最好的教学内容，这些先进人物的事迹生动、形象，是广大青年身边的故事，自然而然成为激励青年们奋发向上的强大动力，这种榜样教育也在青年中营造出一种崇尚英雄、学习先进的良好氛围。在教育形式上，中国共产党建立了包括学校教育、在职教育、社会教育等在内的多层次、多形式的教育体系。为了保障教育活动顺利实施，尽管当时环境艰苦，中国共产党还是调动各方力量，

加强对教育资源的整合和利用，为青年教育提供必要的条件和保障。例如党利用各种渠道筹集教育经费和物资，建立学校、图书馆等教育设施，为青年提供学习和成长的场所；在抗日根据地中广泛开展冬学运动，因地制宜地采用政治教育与文化知识教育相结合的形式，使广大农村青年学习、农忙两不误，不仅学到文化知识，也受到深刻的政治启蒙和思想洗礼。

3. 提高针对性和实效性，满足青年实际需求

针对不同青年群体的思想状况和实际需求，教育工作者们不落下一人，因人施策、因材施教。对于思想动摇的青年，通过深入的谈话和耐心的引导帮助他们重新找回信仰；对于缺乏实践经验的青年，则通过组织参加实际工作来提高其实践能力，培育其革命精神。这种颇具针对性和实效性的教育使青年们能够真正从教育中受益并成长为坚定的共产主义战士。许多青年学生在经过一段时间的学习和锻炼后，被派往基层担任领导职务或从事群众工作，他们凭借在学校中学到的知识和在工作中积累的经验，很快适应了新的工作环境并取得了显著的成绩。

延安时期青年理想信念教育之所以能够取得显著的成效并积累丰富的经验，也离不开当时特定的历史条件和社会环境。那一时期，中国共产党面临着艰苦的斗争环境和复杂的革命任务，但正是这种艰难困苦的环境激发了广大青年追求真理、献身革命的热情和决心。延安时期青年理想信念教育的历史经验对于今天加强和改进青年思想政治教育工作具有重要的借鉴意义，今天的教育者应该深入研究这些经验并结合新的时代条件和实践要求不断创新青年思想政治教育的方式方法，为培养更多有理想、有道德、有文化、有纪律的新时代青年贡献智慧和力量。

二、延安时期青年理想信念教育的当代启示

延安时期青年理想信念教育的丰富实践与深厚积淀，为今天的青年教育工

作提供了深刻的启示。在当下多元纷呈、瞬息万变的新时代，青年一代正面临前所未有的挑战与机遇，其思想动态、价值取向都受到了广泛而深远的影响，青年理想信念教育的重要性更加凸显。如何确保新时代青年能够坚守共产主义理想、站稳人民立场，是开展青年理想信念教育必须深入思考和长期实践的课题。

（一）政治引领：坚持党的领导，筑牢青年理想信念教育的政治基石

党的领导是青年理想信念教育的根本保证，延安时期的青年理想信念教育之所以取得巨大成功，根本原因在于始终坚持了党的领导。党通过制定正确的教育方针和政策，确保了青年理想信念教育的正确方向，同时，党通过加强自身建设，赢得了青年的信任和拥护，使青年自觉接受党的领导和教育，这种相辅相成的关系，为青年理想信念教育提供了坚实的政治基础。当今社会，各种思想文化交流交融交锋更加频繁，青年思想活动的独立性、选择性、多变性、差异性明显增强，面对这些新情况新挑战，必须更加坚定地坚持党的领导，确保青年理想信念教育始终沿着正确的方向发展，只有坚持党的领导，才能引领青年在纷繁复杂的社会现象中明辨是非，保持清醒的头脑。

1. 坚持党管青年：确保青年理想信念教育的正确方向

要始终坚持党管青年原则，充分发挥党的领导核心作用。在延安时期，中国共产党将青年工作视为党的工作的重要组成部分，党在延安时期成立了青年工作委员会等专门机构，负责领导和协调青年工作，还建立了各种青年组织和团体，如抗日军政大学、鲁迅艺术学院等，为青年提供了学习和锻炼的平台，精心制定了相关政策和方针，并借助多样化的组织机构和渠道，全面加强对青年的引领与培育。在新时代，要继续坚持党管青年原则，完善青年工作领导体系和工作机制，确保党的路线、方针、政策在青年工作中得到贯彻落实；要加强对青年的教育和引导，确保他们始终与党中央保持高度一致，使青年理想信念教育始终沿着正确的政治方向前进；要深入学习贯彻习近平新时代中国特色

社会主义思想，把握好这一重要思想的丰富内涵和实践要求，结合延安时期青年理想信念教育的宝贵经验，继续完善青年工作领导体系和工作机制，为青年工作提供科学指导和行动指南，确保党的路线、方针、政策在青年教育中得到贯彻落实。

2. 深化青年思想引导：把握新时代青年思想脉搏

在新时代的征途上，青年作为国家和民族的未来，其思想动态和理想信念的坚定与否，直接关系到国家和民族的前途命运，因此加强党对青年思想动态的把握和引导，成为新时代青年理想信念教育的关键所在。延安时期，中国共产党将青年视为革命的重要力量，面对复杂多变的斗争环境，党始终紧密关注青年的思想动态，然后通过理论教育、革命实践、生产劳动等相结合的方式，让青年在亲身参与中感受革命的伟大力量，极大地提高了青年的思想觉悟和战斗力。青年是时代的晴雨表，他们的思想动态往往能够反映出社会的热点和焦点问题，延安时期党能够及时了解青年的思想状况，使教育工作与青年所需同频共振，在新时代我们更要继承和发扬这一优良传统，建立健全信息收集和分析系统，通过多种渠道收集青年信息，理解青年的所思所想所为，只有这样，才能更加准确地把握青年的思想脉搏，进而有针对性地开展教育引导工作。此外，当下各种社会思潮和价值观念对青年的影响日益加深，开展理想信念教育工作要在把握青年思潮的前提下，坚持用习近平新时代中国特色社会主义思想武装青年头脑。习近平新时代中国特色社会主义思想是新时代中国共产党的指导思想，是引领青年前进的灯塔，要通过系统的理论教育和实践锻炼，引导青年深入学习领会这一重要思想的丰富内涵和实践要求，增强"四个意识"，坚定"四个自信"，做到"两个维护"，从而起到思想引领作用。

3. 强化组织建设：筑牢青年成长的战斗堡垒

延安时期，中国共产党面对艰苦卓绝的革命环境，克服万难，通过创办学校、建立青年团体等方式，将广大青年紧密团结在党的周围。这些青年组织不仅为青年提供了学习、交流的平台，更成为他们锻炼成长、投身革命的摇篮。在党的领导下，青年组织蓬勃发展，为革命胜利贡献了巨大力量。进入新时代，面临着更加复杂多变的国内外形势和各种挑战，青年作为国家和民族的未来，其组织化程度和组织活力直接影响到国家的发展和社会的进步。因此，加强党对青年组织的建设和管理，提高组织的凝聚力和战斗力，显得尤为重要。高校、企业、农村等基层党组织是青年最为集中的地方，也是青年理想信念教育的前沿阵地，要加强这些基层党组织的建设，使之成为引领青年思想、服务青年成长的重要力量，通过加强组织建设、完善工作机制、创新活动方式等措施，激发基层党组织的活力，提高它们在青年中的影响力和感召力。同时，还要加强对青年组织的指导和帮助，青年组织在发展过程中难免会遇到各种问题和困难，需要党的及时指导和有力支持，要建立健全与青年组织的联系机制，及时了解青年的动态和需求，提供必要的帮助和支持。制度保障是加强青年理想信念教育的关键一环，要建立健全相关制度和机制，确保教育工作的长效性和稳定性，通过制定教育规划、完善课程体系、加强师资队伍建设、改进教育方式方法等措施，突出实践育人，引导青年在亲身参与中感受党的领导和社会主义制度的优越性。

4. 坚定社会主义道路：践行青年的时代使命

回望延安时期，青年理想信念教育在党的领导下取得了显著成效，面对艰苦的革命环境，广大青年以"为有牺牲多壮志，敢教日月换新天"的革命豪情，为了实现民族独立、人民解放和国家富强、人民幸福而不畏牺牲、勇往直前，这种豪情壮志正是来自信念的力量，来自青年对自己所坚守的道路的自信。中国共产党在革命时期就立下了建设共产主义社会的宏伟目标，如今这一目标已经初步实现，并带领全国人民迈入了新的历史时代，这一伟大成就不仅从侧面反映了中国共产党在领导国家和人民发展中的重要作用，也深刻凸显了坚定党领导理想信念教育的重要性。在新时代的背景下，坚持社会主义道路不仅是历史的必然选择，也是实现伟大成就的必要条件，社会主义的优越性已经通过历史的洗礼和验证，展现出其强大的生命力和广阔的发展前景，只有坚定不移地走这条道路，才能最大程度地满足人民群众对美好生活的向往和追求。

(二)思想熏陶：坚持理论武装，巩固青年理想信念教育的思想根基

延安时期的青年理想信念教育深刻表明，思想熏陶能够帮助青年真学、真懂、真信、真用理想信念。学习虽然是理想信念的基石，但思想熏陶却能帮助青年更透彻地领悟所学，把握其精神内核，领会其深邃要义，这种熏陶使青年将理想信念内化于心、外化于行，实现内心的真诚认同与行为的自觉遵循。更重要的是，思想熏陶还增强了青年的政治、思想和情感认同，让他们更坚定地认识到马克思主义的科学性和中国特色社会主义的真理性，增强对中国特色社会主义道路、理论、制度、文化的自信，有助于青年站稳政治立场、坚定政治方向，激发他们为党和人民事业不懈奋斗的热情和动力。在实践中，思想熏陶同样不可或缺，它帮助青年将理论转化为实际行动，通过不断尝试和挑战，更加坚定地信仰自己的理想信念，积累宝贵的经验，增长才干，不断增强前行的信心和勇气。因此，延安时期的经验告诉我们，思想熏陶是新时代青年理想信念教育中不可或缺的一环。

1. 强化理论武装：筑牢青年理想信念的基石

历史的车轮滚滚向前，新时代赋予新的使命。在新的历史条件下，仍然需要加强理论武装，坚持用马克思主义理论教育青年，引导他们深入学习马克思主义基本原理和中国特色社会主义理论体系，这不仅是对历史的传承，更是对未来的担当。要建立系统化的理论教育体系，确保青年能够全面、系统地学习马克思主义和中国特色社会主义理论体系，通过开设必修课、选修课、专题讲座等多种形式，满足青年的不同学习需求，使他们在学习中不断深化对马克思主义和中国特色社会主义的理解；要创新教育方式方法，灵活运用在线教育、多媒体教学等现代化的教育技术手段，使理论学习更加生动、形象、有趣，提

高青年的学习积极性和参与度，使青年在轻松愉悦的氛围中接受理论熏陶；要结合实践深化理论学习，理论来源于实践，又指导实践，要组织青年参与社会实践活动，将理论学习与实际工作、生活相结合，帮助青年深化对马克思主义和中国特色社会主义理论体系的理解和认识，提高运用理论指导实践的能力；要加强教育过程中的组织引导，共青团等青年组织是青年学习、交流、展示的重要平台，通过加强青年组织建设，发挥其在理论学习中的引领和带动作用，将有助于形成浓厚的学习氛围，推动理论学习走深走实；要加强师资队伍建设，培养一支高素质、专业化的马克思主义和中国特色社会主义理论体系教育师资队伍，能够为青年提供更好的学习资源和指导，确保学习效果和质量；要建立有效的评估和反馈机制，对青年的理论学习情况要进行定期考核和评价，及时发现问题和不足，调整和改进教育方案，从而形成良性循环，推动理论学习不断取得新的成效。新时代加强理论武装、引导青年深入学习马克思主义基本原理和中国特色社会主义理论体系是一项长期而艰巨的任务，需要以史为鉴、多管齐下为青年的理论学习营造良好的教育环境。

2. 树立青年榜样：以优秀典型引领青年前行

延安时期，中国共产党特别重视发掘和培养身边的优秀青年典型，他们以实际行动诠释了共产主义理想信念，成为广大青年争相学习的榜样，通过广泛的宣传和教育活动，这些典型的勇敢、坚韧、无私、奉献等品质深深地烙印在青年一代的心中，激发了广大青年的爱国热情和革命精神，坚定了为共产主义事业奋斗终生的信念，同时也为延安时期青年思想道德水平的提升和革命精神的培育树立了正确的价值观和行为准则。无论时代如何变迁，榜样对于青年的引领作用始终不变，在新的历史条件下，依然需要采取系列积极举措，以发挥榜样的力量，激励青年向优秀典型学习，这不仅是对历史的传承，更是对未来的担当。首先，注重评选并表彰优秀青年代表，让他们成为广大青年学习的榜样。这些优秀青年是各行各业的佼佼者，他们在自己的岗位上默默奉献、成绩卓著，通过授予他们荣誉称号并广泛宣传其先进事迹，可以让更多的青年了解并学习他们的优秀品质和精神风貌。其次，收集和整理各行各业中的优秀青年典型事迹，建立青年榜样库。榜样库可以为青年提供丰富的学习资源，让他们随时了解不同领域、不同行业的优秀人物和先进事迹，通过学习这些成功经验，青年们可以汲取智慧和力量，为自己的成长和发展找到正确的方向。此外，开展青年榜样宣讲活动也是一种非常有效的方式，可以组织优秀青年典型走进校园、社区、企业等场所，与广大青年面对面交流，分享他们的成长经历和心路历程。这种亲身的交流和分享往往能够触动青年的内心，激发他们的学习热情和进取心。定期举办青年榜样论坛也是一个很好的平台，可以邀请各行各业的优秀青年代表参加论坛，围绕特定主题展开交流和讨论，通过论坛的形式，青年们可以有机会与优秀典型进行深入的交流，在思想碰撞中获得启发和灵感。信息时代新媒体平台也是推广青年榜样的重要渠道，可以充分利用微博、微信、抖音等新媒体平台，开设青年榜样专栏或账号，定期发布优秀青年的先进事迹和成长故事，吸引更多的青年关注和学习榜样。同时，要综合以上举措建立青年榜样学习机制，将青年榜样学习纳入青年教育体系，通过制订完善的学习计划、学习课程和学习评估等机制，确保青年能够系统地学习榜样的优秀品质和精神风貌，并将所学知识转化为实际行动。

3. 传承红色基因：用延安精神滋养青年心灵

红色文化，是中华民族的宝贵精神财富，是我们党领导人民在革命、建设、改革过程中创造的先进文化，它蕴含着丰富的革命历史、革命精神和革命传统，对于青年的思想熏陶具有不可替代的作用。延安的红色基因正是通过教育、实践、艺术和创新等多种方式一代代传承的，这些方式不仅使人们对延安精神有了更深刻的理解和认同，也能够使红色基因在新的时代背景下得以继续传承和发扬。要充分利用红色资源，开展形式多样的教育活动，组织青年参观革命圣地、纪念场馆等红色教育基地，让他们亲身感受革命先烈的英勇事迹和革命精神的伟大力量。在延安的革命旧址、纪念馆中，青年们可以亲眼看到革命先烈们为了民族独立和人民解放而英勇奋斗的历史场景，感受到革命前辈坚定的信仰和无私的奉献，这种直观、生动的教育方式，能够让青年们更加深刻地理解延安精神的内涵和价值，从而形成对红色文化的深刻认同。要挖掘红色文化的艺术魅力，开展红色故事会、红色歌曲传唱等红色文化活动，通过讲述革命先烈的感人故事，传唱红色经典歌曲，让青年更加深入地了解革命历史，感受到革命精神的伟大力量，这种寓教于乐的方式，不仅能够激发青年们的学习兴趣，更能够让他们在轻松愉快的氛围中接受红色文化的熏陶。要践行实事求是的精神内核，鼓励青年积极投身改革开放和社会主义现代化建设的伟大实践，关注青年的成长需求，引导青年将个人理想与国家发展、民族振兴紧密结合起来，勇于担当、敢于创新，在奋斗中实现自己的人生价值。

在面向未来的青年理想信念教育中，我们必须持续弘扬延安精神，确保青年一代能够在深刻的理论武装中坚定信仰，在杰出的榜样引领下明确人生方向，并从红色传承中汲取前行的力量，通过这样全方位的思想熏陶，必将培养出更多优秀的新时代青年，以昂扬的姿态为实现中华民族伟大复兴的中国梦贡献青春力量。

（三）立场坚定：坚持人民至上，突出青年理想信念教育的价值导向

人民至上是中国共产党百年奋斗的制胜法宝，也是中国共产党的鲜明特征和政治底色。延安时期的青年理想信念教育始终把人民放在最高的位置，通过组织青年深入农村、工厂、部队等基层单位与人民群众同吃同住同劳动，深入了解人民群众的生活疾苦，亲身体验人民群众的艰辛和不易，体察人民群众的需求和愿望，从而培养起对人民群众的深厚感情和坚定的人民立场，并以此作为革命斗争的出发点和落脚点。经过理想信念教育，广大青年积极响应党的号召，有的青年原本有着个人的文学梦、艺术梦，但在思想觉悟的升华下，他们选择了将笔杆子、艺术才华用于宣传抗日、鼓舞士气，成为人民的文化战士；一些青年知识分子原本可以远离战火，在安全的后方从事学术研究，但他们却毅然选择了前线，成为战地医生、军事科研人员，将个人才智用于挽救民族危

亡。延安时期广大青年用自己的实际行动践行了人民至上的理念，在新时代的理想信念教育过程中，要深刻领悟人民至上的理念，强调个人理想的实现必须建立在为人民服务的基础之上，鼓励青年树立远大的革命理想，通过开展各种形式的学习讨论和实践活动，帮助青年认清个人理想与社会理想的关系，将个人的前途命运与国家和人民的利益紧密联系在一起，激发青年为实现人民利益而努力奋斗的热情和动力。

1. 新时代青年理想信念教育，必须坚持以人民为中心的发展思想

新时代青年是实现中华民族伟大复兴中国梦的重要力量，他们的理想信念、价值追求和行动方向对国家和民族的未来具有决定性影响。然而，新时代青年所处的时代既充满机遇又充满挑战，一方面，他们享受着优越的生活条件和多元的发展机会，这为他们的成长提供了广阔的空间和无限的可能，另一方面，他们也面临着前所未有的复杂社会环境和激烈的竞争压力，这需要他们具备更加坚定的理想信念和更加清晰的价值追求。在这种情况下，坚持人民至上，引导青年将个人理想融入国家和民族的伟大事业中，实现个人价值与国家、人民利益的深度融合，是确保青年在新时代保持正确成长方向的关键。坚持人民至上，意味着青年要始终站在人民的立场上思考问题、做出决策、采取行动，将个人的小我融入国家和人民的大我之中，只有这样，他们才能在纷繁复杂的社会现象中保持清醒的头脑，坚定正确的价值追求，勇敢地承担起时代赋予的使命和责任。在教育实践中，应将为人民服务的宗旨融入课程教育、社会实践和道德培养之中，引导青年深刻理解为人民服务的深刻内涵，树立全心全意为人民服务的理想信念。要紧密结合人民群众的实际需求，"学中做、做中学"，让青年在参与中体验为人民服务的乐趣，提升社会责任感和服务能力，同时，借助道德讲堂、志愿服务等活动，引导青年树立正确的道德观念，培养关心他人、乐于奉献的高尚品质。在推进青年理想信念教育的过程中，还应广泛汇聚民智民力，诚邀人民群众共同参与教育活动的策划与实施，充分聆听他们的声音和建议，以确保教育内容与形式能更紧密地贴近社会实际和群众需求。这样的教育路径，既体现了人民的主体地位，也确保了青年教育的时代性和实效性。

2. 新时代青年理想信念教育，要构建贴近人民实际的教育内容体系

要培养有担当、有责任、有情怀的新时代青年，教育不仅要传授知识，更要帮助青年深入洞察社会现状，全面了解人民群众的真实需求和殷切期望，要引导青年将目光聚焦到人民群众最关心、最直接、最现实的利益问题上，助力青年敏锐地捕捉就业、教育、医疗、住房等民生问题的核心所在，激发青年为实现人民利益而不懈奋斗的热情与决心。教育内容的设计要紧密结合青年的特点和兴趣，青年一代充满活力和创造力，他们渴望新鲜、有趣、有挑战性的知识，因此要通过讲述生动有趣的故事、分享真实感人的案例、设计寓教于乐的互动体验等方式，吸引青年的注意力，让他们在轻松愉快的氛围中接受教育，感受学习的乐趣。教学内容还要理实结合，鼓励青年走出课堂，参与志愿服务、社会调查、实习实训等活动，这些实践活动可以让青年亲身体验人民群众的生活和工作环境，锤炼为人民服务的本领，还要注重培养青年的道德品质、创新创业精神、国际视野等，要通过加强道德教育，引导青年树立正确的道德观念，关心他人、乐于奉献；要通过培养创新创业精神，激发青年的创造力和创新精神，为国家经济发展和社会进步贡献力量；要通过融入国际视野，让青年了解世界多元文化，培养他们的跨文化交流能力，为构建人类命运共同体贡献力量。

3. 新时代青年理想信念教育，要重视并解决教育失衡问题

青年是人民群众中的骨干力量，新时代理想信念教育要坚持人民至上，这要求必须正视并解决教育失衡问题。尽管我国教育事业取得了显著进步，但教育资源在城乡、区域和校际的分配仍存在不均衡现象，这种不均衡状况不仅严重影响了教育的公平性，也剥夺了许多青年接受高质量教育的机会，这与坚持人民至上的理念背道而驰。教育资源均衡是实现教育公平和培养新时代青年的

基石，当教育资源得到均衡配置时，无论青年来自何方，都能平等地获得优质教育，这种公平的教育环境可以为青年提供展示自我、追求梦想的舞台，并激励他们通过努力实现人生价值。同时，均衡的教育资源也有助于青年接触到多元化的知识和思想，形成开放、包容的心态，从而树立正确的世界观、人生观和价值观。然而，当前教育资源的不均衡问题仍然突出，城乡之间、区域之间以及校际的教育资源配置存在明显差距。乡村学校常因师资力量不足和教学设施落后而难以提供与城市学校相当的教育质量；不同地区因经济、文化和发展水平差异导致教育资源分配不均；同一城市或地区内的学校之间也存在资源分配的不失衡现象。这些问题严重影响了教育的公平性和青年的平等发展机会。为了解决新时代的教育失衡问题，需要全社会的共同努力和深化改革，持续推动优质教育资源的均衡分布，消除教育领域内的城乡、区域、校际差距，由此，才能为新时代青年理想信念教育提供坚实的基础，并推动青年的全面发展。

（四）原则明确：坚持实事求是，尊重青年理想信念教育的发展规律

延安时期的青年理想信念教育坚持实事求是，紧密结合当时社会实际和青年生活状况，以青年实际需求为出发点，开展针对性强的教育活动，通过组织青年参与革命实践，知行合一，在增强青年实践能力和社会责任感的同时，也坚定了他们的共产主义理想信念。延安时期的青年理想信念教育尊重青年主体地位，注重发挥青年的主动性，广泛采用启发式、讨论式等教学方法，引导青年自主思考、自我教育，在教育过程中不断调整完善，确保教育的针对性和实效性，使青年在接受教育的过程中深刻感受到理想信念的力量和价值。这种坚持实事求是、尊重教育规律和青年发展特点的教育理念和方法，对新时代青年理想信念教育具有重要的借鉴意义。

1. 把握青年理想信念发展的时代性

青年理想信念教育遵循着独特的内在规律，这些发展规律深刻揭示了不同

历史背景下，青年理想信念教育所受到的深远的时代影响。时代性规律是青年理想信念教育的鲜明特色，每一个时代都有其独特的价值追求和精神风貌，青年作为时代的先锋，他们的理想信念必然与时代背景紧密相连，以抗击新冠疫情为例，青年一代挺身而出，成为战"疫"一线的生力军，他们或白衣执甲、救死扶伤，或坚守社区、服务民众，展现了与时代同步的理想信念。这种时代性不仅体现在对重大事件的响应上，更贯穿于青年的日常生活和工作中。

2. 深化青年理想信念发展的实践性

实践性规律在青年理想信念教育中占据着举足轻重的地位。近年来，我国通过大力推进青年志愿服务、社会实践、创新创业等活动，为青年打造了广阔的实践平台，使他们能够深入社会、了解国情，增长见识与才干。以脱贫攻坚战为例，众多青年志愿者深入贫困地区，与当地民众共同生活、共同劳动，深度体验了贫困的艰辛与发展的迫切，这样的实践不仅让青年深刻领悟了国家发展战略的重大意义，更加坚定了他们为国家富强、人民幸福贡献力量的决心。

3. 激发青年理想信念发展的主体性

主体性规律要求必须充分尊重青年在理想信念教育中的主体地位及个性差异。当代青年群体思想活跃，观念新颖，个性鲜明，他们各自怀揣着独特的价值追求和人生目标。因此，在教育实践中应着重引导青年自主思考、自我教育、自我发展，以激发其内在潜力和创造力。一些高校精心设计的创新创业课程和项目，正是为了培养学生的创新意识和实践能力，鼓励他们勇于自主探索和解决问题，这样的教育方式不仅有助于提升学生的综合素质和能力水平，更促进了他们的全面发展和成长成才。同样，部分高校开展"青年红色筑梦之旅"活动，通过让青年学生亲身走访革命老区，实地体验和感悟历史与现实，进一步引导他们独立思考、深刻理解并珍视革命先烈的理想和信念。这些活动充分体现了主体性规律在青年理想信念教育中的实际应用，也彰显了尊重青年主体地位、促进个性发展的教育理念。

4. 尊重青年理想信念发展的系统性

系统性规律是青年理想信念教育中的重要原则之一，它强调了家庭、学校和社会等在青年理想信念教育中的共同责任和作用。这一规律指出，青年理想信念教育不能仅仅依赖于学校或家庭单一方面的力量，而是要发挥家庭、学校和社会等多个方面的协同作用，凝聚教育合力，共同促进青年的全面发展。在传统的教育模式下，学校是青年接受教育的主要场所，家庭和社会的作用相对较小。然而，随着社会的不断发展，家庭和社会对于青年成长的影响越来越大，家庭教育和社会环境对于青年理想信念的形成和发展具有至关重要的作用。家庭教育是青年理想信念教育的起点和重要组成部分，父母是孩子的第一任老师，家庭是孩子的第一所学校，在家庭中，父母的教育方式、价值观以及行为习惯等都会对孩子的成长产生深远的影响，父母应该注重对孩子的家庭教育，培养孩子正确的价值观、道德观念和理想信念，为他们的未来发展奠定坚实的基础。学校则是理想信念教育的主阵地，在学校中，青年可以通过学习各种课程，掌握专业知识和技能，同时也可以通过参加各种社团活动、文化活动等，培养自己的综合素质。学校应注重对青年的全面培养，不仅注重知识传授和技能培养，更要关注学生的品德教育和理想信念教育，为他们的未来发展作好充分的准备。此外，社会是青年理想信念教育的延伸和实践场所。青年在走入社会后，社会风气、媒体信息、公共政策等都会对青年产生直接或间接的影响，青年的健康发展需要具备坚定的人生信仰和良好的个人素养，社会各界应该关注青年的成长和发展，提供良好的社会环境和实践机会，促进青年的全面发展。系统性规律要求在青年理想信念教育中要构建完善的"家校社"三位一体的教育模式，通过家庭、学校和社会三方面的紧密合作，形成一个覆盖青年生活各个领域的教育网络，使理想信念教育更加系统化、科学化。

5. 正视青年理想信念发展的长期性

理想信念的确立和坚定是一个长期而渐进的过程，具有长期性的规律特征。它要求青年在持续的认知深化、实践探索和反思修正中逐步形成稳固的世界观、人生观和价值观。这一过程的长期性规律表明，教育工作绝非一朝一夕之功，而是需要长期、持续、有计划地推进。认知是理想信念形成的基础。青年需要通过系统的学习和教育，不断深化对社会、历史和人生的理解，从而构建起科学、全面的认知体系，这就要求在教育过程中，注重知识的传授和思想的引导，帮助青年建立起正确的认知框架。实践是理想信念得以巩固的关键。青年需要在实践中检验和修正自己的认知，通过亲身体验和实际操作，将理论知识转化为实践能力，进而加深对理想信念的理解和认同。因此，我们要为青年提供丰富的实践机会和资源，引导他们积极参与社会实践，增强其实践能力和社会责任感。反思是理想信念得以提升的重要环节。青年需要在不断的反思中审视自己的认知和实践，总结经验教训，发现自身的不足和需要改进的地方，从而不断完善和提升自己的理想信念。这就要求在教育过程中，注重培养青年的批判性思维和自我反思能力，引导他们学会自我审视和自我完善。以"社会主义核心价值观"教育为例，这正是一个体现了长期性规律的教育实践，通过长期、持续的教育引导，青年才能够逐步深入理解社会主义核心价值观的内涵和要求，将其内化为自身的价值追求和行为准则，从而树立起坚定的理想信念，这一过程不仅需要教育者的耐心和毅力，更需要青年的积极参与和自主发展。

(五)途径新颖：坚持守正创新，增强青年理想信念教育的实际成效

延安时期青年理想信念教育之所以卓有成效，其关键就在于紧密结合了时代背景与青年特点，进行了一系列创新实践。在教育内容上，延安时期的教育者紧密结合革命斗争实际，向青年灌输共产主义理想的伟大意义和为人民服务的核心价值观，使青年深刻理解了革命的目标。在教育方法上，灵活运用课堂教学、小组讨论、社会实践等多种形式，启发了青年的思维，增强了教育的吸引力和感染力。同时，在教育形式上，延安时期不仅注重学校教育，更将教育

活动延伸到社会各个角落，通过文艺演出、讲座、展览等多样化形式，让青年在轻松愉快的氛围中接受教育。此外，延安时期还特别强调教育与实践的结合，鼓励青年亲身参与革命斗争和社会实践，通过实践来深化对理想信念的理解。这一系列创新举措为青年教育注入了新的活力和动力，使延安时期的青年理想信念教育取得了显著成效，也为后来的青年教育提供了宝贵的经验和启示。

可见，创新在青年理想信念教育中扮演着举足轻重的角色。通过引入新颖、有趣的教育手段，如互动式教学、情景模拟等，可以增强教育的吸引力和实效性，激发青年的学习兴趣和热情，使他们更加主动地接受教育；通过有效拓展教育的内容和领域，将多元化、时代性的元素融入其中，可以帮助青年更好地理解和应对现实生活的挑战。更重要的是，创新能够推动青年理想信念教育与时俱进，紧密跟随时代发展的步伐，不断调整和优化教育策略和方法，确保教育内容与青年的思想观念和行为方式保持同步。

1. 创新青年理想信念教育体系

在新时代背景下，青年理想信念教育正处于历史的关键节点，既承载了深厚的传统，也面临创新的挑战。为了更好地引导青年迈向未来，不仅需要继承和发扬延安时期青年理想信念教育的优良传统，更要构建"全面覆盖、精准滴灌"的创新教育体系，这一体系的核心在于全面又精准地满足每一位青年的成长需求。全面性要求突破传统教育的框架，确保理想信念教育深入青年的日常生活，这并非学校教育单方面的任务，而是需要家庭教育、社会教育和网络教育等多元力量的融合与参与，通过大教育理念的实践，每个社会组成部分都能为青年的成长提供有力支撑。精准性则强调对青年个体的深度理解和尊重。每一位青年都有其独特的梦想和追求，因此，教育体系必须能够洞察他们的内心世界，准确把握其成长需求和个性特点，这要求教育者不仅要具备高超的专业素养，还要有敏锐的洞察力，能够为青年量身定制最适合他们的发展路径。为了实现这一创新教育体系，需要在多个环节进行全面而深刻的改革。

2. 革新青年理想信念教育理念

在新时代的背景下，青年理想信念教育的创新理念应当以习近平新时代中国特色社会主义思想为指引，全面、深入、务实地以青年为中心，以实践为导向，以开放包容为态度，以终身学习为目标，以德育为核心，以科技为支撑，将理想信念教育融入青年成长成才的每个阶段。理念创新不仅代表着对传统教育模式的改革，更体现出对青年一代全面发展的关注，强调以学生为中心，充分尊重青年的主体地位和个性化需求，激发他们的主动性和创造力，让教育真正成为助力青年成长的动力。在实际教育过程中，倡导注入更多实践导向的元素，将理论知识的学习与实践紧密结合，让青年在解决实际问题中锻炼能力、增长才干。同时，突破课堂和教材的局限，以开放、包容的心态接纳多样化的教育资源和方式，无论是线上教育、社区实践还是家庭教育，都为青年提供了丰富的学习体验。创新理念特别强调终身学习的重要性，面对快速变化的社会环境，青年必须树立终身学习的意识，掌握自主学习方法，才能不断适应、不断进步。此外，德育作为教育的核心，一直被置于突出位置，要通过加强思想道德教育和社会责任感教育，引导青年成为有责任、有担当的新时代公民。科技与教育的深度融合也是创新理念的重要组成部分，要运用人工智能、大数据等先进技术优化教育过程、提高教育效率和质量，为青年的全面发展提供强大的技术支持。

3. 拓展青年理想信念教育渠道

新时代青年理想信念教育可以从多元化利用教育资源以及构建全方位教育体系等方面拓展教育渠道，挖掘更多教育资源。首先，多元化利用教育资源是提升教育效果的关键。应当积极与社会各界建立合作关系，共享丰富多样的教育资源，为青年提供实践平台，以便深化他们对理想信念的领悟。同时，还需要充分挖掘革命文化和社会主义先进文化资源，为教育内容注入时代内涵，从而引导青年形成正确的价值观。其次，构建全方位教育体系是确保教育效果的重要举措，践行家庭、学校、社会三位一体的全方位教育体系至关重要，在家庭教育中，应注重德育培养，为青年奠定坚实的道德基础；在学校教育中，应加强德育课程建设，提升教师德育素质，以营造浓厚的校园文化氛围；在社会教育方面，则需提供广阔的实践舞台，让青年锤炼实际能力，通过这三个方面的有机结合，共同推动新时代青年理想信念教育的深入发展。

4. 实施青年理想信念精准教育

青年一代鲜明的时代特征和个性特点要求打破传统单一的教育模式，积极探索更加贴合青年需求的理想信念教育方式。要与时俱进，创新教育载体，积极挖掘互联网等新媒体的优势，为青年理想信念教育搭建一个更宽广的平台，主动借助现代信息技术，打破时间和空间的束缚，建设教育网站和开发教育应用，比如通过"学习强国"软件或在校园官方网站上开设"青年理想信念教育精品课程"等栏目，为青年提供丰富多样的学习资源，推行线上线下相结合的混合式教育模式，实现随时随地的教育，使理想信念教育内容和形式更加生动活泼且易于接受，让青年在互动中深化对理想信念的理解，这种创新教育载体的方式，将极大地提升青年理想信念教育的效果。同时，注重因材施教是提升教育效果的关键，应该针对不同年龄段、不同群体的青年特点和需求，制定个性化的教育方案，通过深入了解青年的思想状况、兴趣爱好和成长需求，为青年量身定制教育内容和方式，使教育更具针对性和实效性。例如，对于大学生群体，可以采用 VR 技术让他们身临其境地感受历史场景，增强对理想信念的感悟；对于职场青年，则可以通过在线课程和实际案例分析，帮助他们将理想信念融入工作和生活之中。此外，强化体验式教育也是激发青年学习兴趣的有效途径，可以采用模拟情境、角色扮演、实地参观等多种形式，比如组织青年参加红色旅游、革命传统教育等活动，让青年在历史的长河中汲取智慧，在亲身体验中感受理想信念的力量。

5. 完善青年理想信念教育评估反馈机制

有效的评估反馈机制不仅有助于全面、准确地了解教育实践的效果，更能为教育决策提供科学依据，确保教育内容与方法始终与青年的发展需求同步。通过收集和分析青年的反馈意见、教育效果等数据，学校可以对教育内容进行定期评估和总结，及时调整和完善教育方法，以更加贴近青年实际需求的方式开展理想信念教育。在教育质量评估机制的构建中，评估目标、内容、方法、主体以及反馈与改进等方面都是不可或缺的要素。明确评估目标能够确保评估工作的方向性和针对性；全面而细致的评估内容有助于全方位地了解教育质量现状；科学有效的评估方法能够确保评估结果的客观性和准确性；多元化的评估主体则能从不同角度提供全面、深入的评估意见；及时有效的反馈与改进则是评估结果得以充分利用、教育质量得以持续提升的关键。此外，还应借助大数据、人工智能等现代技术手段，对教育过程进行实时监测和分析，以便更加精准地把握青年的学习动态和需求变化，为教育策略的调整提供数据支持。这样一个完善的评估反馈机制，将能够确保青年理想信念教育的质量不断提升，真正发挥出其在引导青年树立正确价值观、坚定理想信念方面的重要作用。

(六)行动导向：坚持实践锻炼，彰显青年理想信念教育的本质要求

延安时期，中国共产党深刻领会到理想信念教育的核心在于行动导向和革命实践的结合。党明确认识到，思想教育不能仅仅停留在理论层面和口头宣传上，必须通过具体的实践活动来检验和巩固青年的理想信念，在这一理念的指导下，延安时期的青年理想信念教育特别注重将"知行合一"的原则融入教育过程之中，激励青年将学到的理论知识应用于革命斗争的具体实践。通过参与生产劳动、军事训练和社会调查等一系列实践活动，青年们亲身体验了革命的艰辛与伟大，这不仅增强了他们对革命事业的认同感和归属感，也锻炼了他们的意志、体魄以及实际工作能力和团队协作精神，这样的实践锻炼方式，也为青年未来投身革命事业奠定了坚实的基础，使他们在真实的革命实践中深化对理想信念的认识和理解，从而更加坚定地参加到革命行列中。

1. 发挥实践理念的教育指导作用

在当今社会，青年面临着复杂多变的社会环境和价值观念，单纯的理论教育已经难以满足他们的成长需求。为了提升青年的社会责任感，必须将理论与实践相结合，通过实践锻炼来增强他们的才干和能力。实践是检验真理的唯一标准，也是青年成长成才的必由之路，行动导向的教育理念有助于激发青年的积极性和主动性，让他们在实践中不断探索和创新。通过参与各种实践活动，青年可以锻炼自己的组织协调能力、沟通能力和解决问题的能力，培养团队协作精神和集体荣誉感，增强社会责任感和使命感，积极投身社会公益事业和国家建设。为了更好地继承和发扬"立足行动导向、坚持实践锻炼"这一青年理想信念教育理念，社会各界需要共同努力，高校、社会团体和企事业单位应积极响应，结合各自实际情况，建立实践基地或平台，为青年提供丰富的实践机会，让青年深入了解社会、认识国情，在亲身体验中增长才干、锻炼能力。此外，在实践教育过程中应注重引导青年关注社会现实，通过案例分析、角色扮演、模拟演练等多样化的教育方式，让青年在解决实际问题中深化对理论知识的理解和应用。

2. 发挥志愿服务的教育熏陶作用

提高对志愿活动的认知度和认同感，是引导青年积极参与其中的关键所在。通过广泛且深入的宣传和教育，青年能够深刻理解志愿活动的深远意义和价值所在，进而意识到参与志愿活动既能够为他人带来帮助，又能够提升自身的综合素质，增强社会责任感。同时，要强调志愿活动与个人成长、职业发展的紧密联系，使青年认识到参与志愿活动不仅是一种积极向上的生活态度，更是一种具有深远影响的社会行为，从而发自内心地迸发出强烈的参与热情。为了满足青年的多元化需求和兴趣，设计具有针对性和吸引力的志愿活动项目尤为重要，要深入了解青年的兴趣和需求，并结合实际情况，策划诸如文艺演出、环保行动、扶贫帮困等一系列丰富多彩的志愿活动，这些活动不仅能让青年在参与过程中感受到乐趣和成就感，更能充分发挥他们的特长和才能，进而增强自信心和归属感。为确保志愿活动的顺利进行和志愿者的权益得到充分保障，需要建立完善的组织和管理机制。要设立专门的志愿活动组织机构，全面负责活动的策划、组织、实施和评估，确保活动的每一个环节都能得到细致入微的管理和监控，同时，要建立健全的志愿者招募、培训、管理和激励机制，为志愿者提供全方位的支持和保障，进一步提高他们的积极性和参与度。这些机制的建立，将有力推动志愿服务活动向规范化、专业化、可持续发展的方向迈进。社会对志愿活动的支持和认可，对于推动青年积极参与具有不可估量的重要作用，政府、企业和社会各界应加大对志愿活动的支持和投入力度，提供必要的资金和资源保障，为志愿活动的顺利开展创造有利条件，同时，要广泛宣传志愿活动的先进事迹和奉献精神，提升志愿活动的社会影响力和公信力，营造出全社会共同参与志愿活动的浓厚氛围，这将进一步点燃青年的参与热情，推动志愿活动在青年群体中的普及和蓬勃发展。

3. 发挥社会参与的教育协同作用

政府应出台相关政策，鼓励企业和社会团体为青年提供实践岗位和培训机会；企业应积极参与青年培养工作，为青年提供实习和就业机会；社会各界应组织各类公益活动和竞赛，为青年提供展示自己才华的平台。这些举措能为青年提供更多的实践平台和资源，促进他们的全面发展和成长。在教育实践中，一些高校与企业合作建立的校企合作实践基地，不仅为学生提供了实习机会和就业渠道，还促进了产学研的深度融合；一些社区组织的志愿活动项目，吸引了大量青年参与其中，为社区居民提供了优质的服务和帮助；一些优秀青年代表的成长历程和成功经验分享活动，激发了更多青年的奋斗精神和进取心……诸多成功案例证明了以实践为导向的青年理想信念教育的重要性和可行性，也再次证明了在新时代青年理想信念教育中发动社会广泛参与、密切开展教育协同的重要作用和价值，这些宝贵的工作经验和启示，也为进一步深化新时代青年理想信念教育指明了方向。

延安时期中国共产党对青年开展理想信念教育大事记

（1935 年 10 月至 1948 年 3 月）

1935 年

10 月 13 日 中共中央发表《为日本帝国主义并吞华北及蒋介石出卖华北出卖中国宣言》，号召全国一切愿意抗日的政党、武装部队等联合起来，进行抗日反蒋斗争。

10 月 25 日 《红色中华》复刊。副刊号刊登了毛泽东与红中社记者的谈话，题为《毛泽东同志斥蒋介石荒唐无耻的卖国辩》，揭露蒋介石在国民党五中全会上的所谓对外方针的演说，是为日本帝国主义的侵略政策作辩护。

11 月 28 日 中华苏维埃共和国中央政府和中国工农红军革命军事委员会发布《抗日救国宣言》，提出了十大纲领，号召全国人民团结起来，进行抗日反蒋斗争。

12 月 8 日 毛泽东、彭德怀、刘志丹联合发表《告陕甘苏区劳苦群众书》。

12 月 20 日 中国共青团中央为抗日救国发布《告全国各校学生和各界青年同胞宣言》，呼吁一切爱国的青年同胞和青年组织在抗日救国的旗帜下联合起来，宣布共产主义青年团改变成为抗日救国青年团，欢迎一切赞成抗日救国的青年加入。

12 月 23 日 中共中央政治局讨论并通过《关于军事战略问题的决议》。

12 月 25 日 中共中央在瓦窑堡召开政治局会议，通过了《关于目前政治形势与党的任务决议》，决定建立抗日民族统一战线。

12 月 27 日 毛泽东在瓦窑堡党的活动分子会议上作《论反对日本帝国主

义的策略》的报告,从理论上对党的抗日民族统一战线的策略方针作了深刻的论述,批评了党内存在的"左"倾关门主义错误。

1936 年

1 月 15 日 西北革命军事委员会主席毛泽东及副主席周恩来、彭德怀发布《关于红军东进抗日及讨伐卖国贼阎锡山的命令》。

1 月 25 日 毛泽东、彭德怀、叶剑英、聂荣臻等红军将领发出致东北将士书,愿同东北军团结一致、共同抗日。

4 月 9 日 周恩来与张学良在延安就联合抗日问题进行会谈。

7 月 16 日 毛泽东在保安县接见美国记者斯诺,对未来的中日战争形势和中共的抗日方针、政策等问题发表了谈话。

8 月 25 日 中共中央发出致国民党书,再次呼吁停止内战、一致抗日,建立国共两党共同抗日的坚固的统一战线。

9 月 1 日 中共中央书记处发出《关于逼蒋抗日问题的指示》,决定放弃"抗日反蒋"的口号,采取"逼蒋抗日"的方针。

10 月 5 日 毛泽东、周恩来写信给张学良,提出只要国民党军队不向红军进攻,"我们首先停止对国民党军队的攻击",并请张学良转告蒋介石即速决策互派正式代表谈判停战抗日的具体条件。

11 月 1 日 中共中央政治局召开会议讨论青年团工作。会议历时 2 天,通过了《中央关于青年工作的决定》。指出苏区和红军中的青年团,必须把教育训练青年,当作自己的基本任务,使全苏区的青年,成为全中国广大青年群众的模范。要善于根据青年群众自身的经验,善于采取一切适合于青年心理的方法,来提高青年群众的觉悟程度,引导他们走向共产主义的道路。

11 月 7 日 共青团中央在陕北创办鲁迅青年学校。该校的任务是培养从事青年工作的干部。第 1 期有学员 80 余人。次年 1 月,第 1 期学员毕业,编为 6 个工作队,分赴陕北各地开展青年工作。

11 月 11 日 中共中央发布《关于青年工作的决定》,决定将中国共产主青年团组织进行根本改造，把这个先进青年的共产主义组织改造为能团结各界青年群众的广泛的抗日救国组织。

12月19日　中华苏维埃中央政府及中共中央发出对西安事变的通电。同日，中共中央对党内发出《关于西安事变及我们任务的指示》。

12月底　毛泽东在中国抗日红军大学作《中国革命战争的战略问题》的讲演，总结了土地革命战争时期我党领导武装斗争的经验，系统阐述了中国革命战争的特点、人民战争的思想和战略方面的诸问题。

1937 年

1月13日　中共中央进驻延安城。从此，延安成为中国人民革命的指导中心和总后方。

1月21日　中国人民抗日军事政治大学举行开学典礼。毛泽东出席并讲话。本月中旬，"中国抗日红军大学"改称"中国人民抗日军事政治大学"，简称"抗日军政大学"或"抗大"，仍由林彪任校长，刘伯承任副校长，罗瑞卿任教育长。本期抗大仍分为大学部和步兵学校两部分。大学部有学员1362人，分为14个队。全面抗战爆发后，本期学员相继毕业，分赴抗日战场。

1月27日　延安青年救国会正式成立，简称"青救会"。在青救会召开的第一次会议上，讨论了实行国难教育的问题。

1月29日　为了适应国共合作抗日和建立抗日民族统一战线的新形势，中共中央决定将《红色中华》改为《新中华报》，社长为向仲华。

2月2日　鲁迅师范学校在延安成立。该校是陕甘宁革命根据地建立的第一所中等师范学校，在西北办事处教育部举办的第2期新文字扫盲班（即扫盲师范）的基础上创办，校长和教师只有王志匀一人。最初学员23人，学习课程主要是扫盲识字和时事政治。4月，鲁迅师范学校迁址延长县城。

3月21日　在延安干部群众开展的"延安城市卫生运动周"中，毛泽东等中央领导同志参加了大扫除劳动。他对参加大扫除的群众说："注意卫生，健康身体，就是增强国防力量！""卫生运动不是一个人的事，要大家来做。"

3月27—31日　中共中央在延安召开政治局扩大会议,对张国焘的机会主义错误和分裂党、分裂红军的行为进行批评。

3月29日　《新中华报》发表《目前教育的几个根本问题》一文,指出:目前在民族统一战线的条件下,要继续进行马克思列宁主义教育。儿童教育不分男女、成分、阶级。职业技术教育和劳动教育应与谋求中国独立与统一的政治任务联系起来。新生活教育应与民族解放相联系。根据这些原则决定以下教育方针:以民族解放运动为教育的根本内容;消灭文盲,提高大众文化政治水平,是教育的中心标准;小学校免收学费和书籍费。

4月12日　西北青年救国会第一次代表大会在延安召开。会议历时6天。河北、东北、山西、陕西、甘肃、宁夏等地代表三百余人参加。毛泽东希望大家把共产党建立民族统一战线策略口号向全国青年解释清楚。洛甫指示要把苏区青年救国运动发展成为全国青年救国运动,周恩来告诫大家认真考虑全国政局中的五件大事。大会通过了一系列决议,决定成立西北青年救国联合会,以领导西北各救亡团体,在全国青年救国联合会成立前暂作为全国青救团体最高领导机关。

4月16日　西北青年救国会第一次代表大会通过了《全国青年救国纲领草案》等文件。文件指出:青年是中华民族的儿女,我们爱护我们的祖国,要用热血与头颅保卫祖国,战到最后一滴血。青年参加民族解放斗争,应当在斗争中学习。学习的目标,应当是国防教育。文件指出:在民族解放斗争中,学生是一支巨大的力量,他们在民族解放中起了发动者的作用。现在学生的一个中心任务,是全国学生统一起来,应以建立全国学生救国联合会为统一的目标。代表大会还通过了《目前政治形势与青年救亡运动任务的决议》,指出:教育是各青年团体的基本任务,我们学习的目标,应当是国防教育。要求用活的例子、实际的经验、民族革命的精神来教育青年,在民族解放斗争中学习知识。

4月　为克服党内教条主义思想的影响,毛泽东开始在抗大讲授马克思主义哲学。从本月起一直讲到七七事变以后,有3个多月。每星期二、星期四上午讲课,每次讲4小时,下午还参加学员讨论,共讲课110个小时。他在讲课中用通俗易懂的语言，系统阐述了马克思主义哲学的一些基本内容，并且运用马克思主义辩证法，总结中国共产党的历史经验与教训，揭露和批判了党内的错误，为中国共产党确定了正确的思想路线与工作方法，丰富和发展了马克思主义哲学思想。

5月2—14日　中共中央在延安召开党的苏区代表会议，毛泽东作《中国共产党在抗日时期的任务》的报告和《为争取千百万群众进入抗日民族统一战线而斗争》的结论。刘少奇作了《争取全国民主统一与党在统一战线中的领导权》的发言。

5月25日　周恩来、林伯渠携带中共方面起草的《国共合作抗日救国共同纲领草案》，离开延安去洛阳同蒋介石进行谈判。

5月　国共谈判期间，国民党派中央考察团（又名西安考察团）到延安和陕甘宁边区进行考察。考察团到延安后，受到毛泽东、朱德等中央领导的接见，中共中央派叶剑英、陈赓陪同考察。

5月　延安新文字促进会成立，徐特立等当选为理事。6月13日，理事会召开会议，通报延安开展新文字运动情况：原有新文字识字班15处，近日增加3处。现有新文字高级补习班1处，新文字讲习班1处。抗大四队有1个新文字识字班。财政部有1个新文字识字班，1个读书会。

7月8日　中共中央为日军进攻卢沟桥发表通电，号召全国人民和抗日军队紧急动员起来，抵抗日寇的侵略。

7月15日　西北青年救国联合会发出致全国青年的通电和给全体青救会会员的紧急通告。号召实现全国青年大联合，誓死不让日本侵占中国的一寸土地。同时，号召各地青年动员起来，组织战地服务团、抗战后援会、战地看护队等，援助前线战士；扩大抗战宣传活动；在"全体青年武装起来"的口号下，组织学生进行军事训练，动员千百万青年到抗日部队中去；组织青年缉私队、监察队，协助政府打击日本间谍、特务和汉奸亲日分子的活动。

7月15日　中共中央将《中国共产党为公布国共合作宣言》交给国民党。宣言提出了团结抗日、实行政治民主为国共合作的基本纲领。

7 月　为了开展全民抗战，最快地培养抗战人才，中共中央决定创办陕北公学，调派中央党校教务主任成仿吾担任校长。

7—8 月　毛泽东在延安抗日军政大学讲哲学课，撰写了《辩证法唯物论(讲授提纲)》，《实践论》和《矛盾论》是其中的两节。

8 月　毛泽东接见抗日军政大学全体教职工，称赞抗大的艰苦创业精神，勉励全体教员为党的教育事业做出贡献，并为该校教员杨兰史题词："忠诚党的教育事业。"

8 月 22—25 日　中共中央在陕北洛川冯家村召开政治局扩大会议，毛泽东作关于军事问题和国共两党关系问题的报告。会议通过了《关于目前形势与党的任务的决定》和《抗日救国十大纲领》。

9 月 10 日　中共中央政治局常委会议讨论宣传教育工作。毛泽东就教材和教学法等提出了意见，强调教学要理论联系实际，军事理论应讲战略思想、战术原则；指出有的高级军事干部对战略问题毫无兴趣，上不联系战略，下不联系红军实际，变成外国教条主义；教学法要研究，旧的考试方法要改变，现在的教学法多是注入式，要注意启发式。

9 月 14 日　延安《新中华报》报道，陕甘宁边区在定边创办回族、蒙古族学校。办学宗旨是使汉族、回族、蒙古族变得更加亲密团结，提高其文化政治水平。

9 月 25 日　毛泽东在延安党的活动分子会议上作《上海太原失陷以后抗日战争的形势和任务》的报告。张闻天在延安党的活动分子会议上作《关于西路军失败的教训与反张国焘路线的斗争》的报告。

10 月 10 日　毛泽东就判处黄克功死刑问题致信陕甘宁边区高等法院院长雷经天。5 日，抗日军政大学第六队队长黄克功因逼婚未遂，开枪打死陕北公学女学员刘茜，事发后被逮捕审讯。毛泽东在信中说：黄克功过去斗争历史是光荣的，但他犯了不容赦免的大罪，"如为赦免，便无以教育党，无以教育红军，无以教育革命者，并无以教育做一个普通的人。因此中央与军委便不得不根据他的罪恶行为，根据党与红军的纪律，处他以极刑"。次日，陕甘宁边区高等法院判处黄克功死刑。

10 月 13 日　陕甘宁边区政府教育部发布《关于冬学的通令》，指出，冬学是特区的经常学制之一，是成年补习教育的一种形式，也是普及教育、消灭文盲的办法之一。规定冬学在本年 11 月底开学，下年 2 月初结束，共办 80 天。设置军事、政治、文化 3 个方面的课程，每天上午上军事课和国语课，下午上政治课和唱歌、珠算、抗战常识等，星期日上午开会，下午军事演习或其他自由活动。教材由特区政府教育部发给。学员生活费由群众自己解决。要求冬学办学地点在群众容易集中的地方，学员应大部分留宿校内。

10 月 19 日　毛泽东在陕北公学纪念鲁迅逝世 1 周年大会上发表讲话。他指出鲁迅具有政治远见、斗争精神和牺牲精神，这三个特点形成了伟大的"鲁迅精神"。我们纪念鲁迅，就是要学习鲁迅的精神，把它带到全国各地的抗战队伍中去，为中华民族的解放而奋斗，并提出，陕北公学主要的任务是培养抗日先锋队。

10 月 23 日　毛泽东为陕北公学题词："要造就一大批人，这些人是革命的先锋队。这些人具有政治远见。这些人充满着斗争精神和牺牲精神。这些人是胸怀坦白的，忠诚的，积极的，与正直的。这些人不谋私利，唯一的为着民族与社会的解放。这些人不怕困难，在困难面前总是坚定的，勇敢向前的。这些人不是狂妄分子，也不是风头主义者，而是脚踏实地富于实际精神的人们。中国要有一大群这样的先锋分子，中国革命的任务就能够顺利的解决。"

10 月 25 日　毛泽东会见英国记者贝特兰并发表谈话，指出八路军政治工作的基本原则有三个：第一，官兵一致的原则。这就是在军队中肃清封建主义，废除打骂制度，建立自觉纪律，实行同甘共苦的生活。因此全军是团结一致的。第二，军民一致的原则。这就是秋毫无犯的民众纪律，宣传、组织和武装民众，减轻民众的经济负担，打击危害军民的汉奸卖国贼。因此军民团结一致，到处得到人民的欢迎。第三，瓦解敌军和宽待俘虏的原则。我们的胜利不但是依靠我军的作战，而且依靠敌军的瓦解。瓦解敌军和宽待俘虏的办法虽然现在收效尚不显著，但在将来必定会有成效的。此外，从第二个原则出发，八路军的补充不采取强迫人民的方式，而采取鼓动人民上前线的方式。这个办法较之强迫的办法收效大得多。

11月1日　陕北公学在延安举行开学典礼。毛泽东在会上做关于目前时局的讲话，号召造就大批有革命理论、富于牺牲精神的民族革命干部，他们是革命的先锋队。陕北公学的教育方针为：坚持抗战，坚持持久战，坚持统一战线，实现国防教育，培养抗战干部。在短期内给青年学员以抗战的必要知识，教育的实施以理论和实践的统一为基本原则。在教学方法上，注重自学辅导和集体讨论，做到"少而精"，教员与学生一致。

11月14日　抗日军政大学举行新校舍落成典礼。抗大第3期学员入学后，人多房少。为了解决住房问题，全校1000多名师生从10月22日开始，在凤凰山同心协力挖窑洞。经过半个月突击，挖成175个新式窑洞，修建了一条3000多米长的盘山"抗大公路"，顺利完成建设新校舍任务。毛泽东手书横匾"我们的伟大事业"，参加大会并讲话，指出："在这次伟大的事业中获得成功的原因，把它总结起来说，就是能够克服困难和联系群众。"他还鼓励大家说："你们现在已经有克服困难与联系群众的精神，只要在这个基础上，经你们的天才把它继续发扬和发挥起来，驱逐日本出中国是完全可能的。"

11月24日　《新中华报》刊登中共陕甘宁特区党委提出的《陕甘宁特区施政纲领》。其中第13条规定：实行国防教育，实施普及的义务的免费的教育，提高人民民族觉悟的程度，实行学生的武装训练，普遍设立日校夜校及补习学校，实行消灭文盲运动，改善教员职员待遇。

12月4日　《解放》杂志发表《特区抗战动员工作经验介绍》。指出特区(即陕甘宁边区)决定本年冬季要办400个冬学。冬学教育的中心是实施国防教育，旨在使大家了解抗战形势与共产党的十大纲领。在文化方面，要使冬学学员在3个月内识500个字。为了完成本年冬学任务，要求做到：第一，动员大多数劳苦人民和失学青年、成年在秋收、秋耕完毕后加入冬学；第二，把冬学的进行和目前的抗战动员联系起来；第三，冬学的课程应包括抗战内容，但必须完成消灭文盲和提高人民文化水平这个基本任务；第四，各地共产党员和各地政府必须领导冬学工作，配备适当的干部，切实解决教员以及各种困难问题。

12 月 4 日　陕北公学部分师生发起组织国防教育研究会。成仿吾为主任，吕骥为副主任。其宗旨是研究抗战教育方针、政策和实施情况，帮助政府开展国防教育。国防教育研究会成立后，曾在延安举行冬学学生大检阅。后来，改属陕甘宁边区政府领导。

12 月 15 日　毛泽东致信抗日军政大学第九队。信中说："庆祝你们成立了救亡室，这'救亡'二字就是你们及全国人民在现阶段唯一的总目标。达到这个目标的道路是抗日民族统一战线，希望你们学习这个统一战线的理论和方法，唯有统一战线才能达到救亡之目的。"

1938 年

1 月 1 日　对部分抗大同学反映的在校学习时间太短等问题，毛泽东答复说，我们应该"学习一个方向，学习一个作风"。抗大现设科目是针对目前需要的，这是把理论具体地配合于实践的结晶，时间不许可我们去学习高深的理论，虽然那些理论也是重要的。

1 月 1 日　毛泽东参加延安供给工作训练班第 1 期开学典礼并发表讲话，要求学员克服困难，努力学习，特别是要学好政治，提高思想觉悟。之后，他在该班毕业典礼上指出：供给工作一定要勤俭。供给干部是部队的当家人，一针一线、一分一文都要用之得当。供给干部每天和钱打交道，一切手续都要清清楚楚，不能有丝毫马虎。

1 月 13 日　毛泽东在陕北公学就时局发表讲话，指出中国抵抗日本侵略者的办法，应以运动战为主，游击战、阵地战为辅。应该普遍地发展游击战，游击战使敌人灭亡不了中国。和是没有出路的。困难虽然多得很，但进步是会到来的，因为战争能够改变一切，改变人，改变全国不良状况。世界上没有比战争更大的能够改变人的力量。

1 月 29 日　陕甘宁边区各界抗敌后援会在延安举行成立大会。会议推举毛齐华、成仿吾、艾思奇、沙可夫、谭政等 21 人为执行委员，一致通过并公布抗敌后援会的章程和宣言。不久，抗敌后援会召开第一次执行委员会，推选毛齐华为抗敌后援会主任。1943 年，抗敌后援会更名为"陕甘宁边区抗敌救国联合会"。

1 月 30 日　陕北公学举行第 2 期毕业典礼。毛泽东给毕业生题词："勇敢向前，牺牲一切，为着驱逐日寇，解放中国而斗争!"

2 月 2 日　毛泽东答《新中华报》记者问，批驳所谓"一党专政"的谬论。

2 月 25 日　《新中华报》发表成仿吾《中国教育的危机与出路》。文章指出，在中国教育面临危机的时候，只有少数地区用了短期训练班等新的教育形式发展了抗战教育。号召边区的教育工作同志加倍努力，争取做抗战教育的模范，并在抗战中建立起革命的三民主义教育。

3 月 1 日　成仿吾撰写《半年来的陕北公学》。文章说，陕北公学半年来把 1000 多个热情的青年在思想上武装起来，分发到各个方面工作去了。他们初来时，入学测验的政治问答许多人是不及格的，毕业时多数人得 90 多分。在培养民主精神与锻炼集体生活习惯方面，很多"少爷"与"小姐"是带着浓厚的小资产阶级的习气来的。一两个月中间过惯了集体生活，紧张起来了，能够吃苦了。没有劳动过的肯劳动了，能够在风雨中学习与劳动，能够上山下岭，能够很愉快地进厨房服务了。总之，在很短时间内，陕北公学给了学员充分的革命理论与精神，加强了他们的工作能力，养成了吃苦耐劳的作风，提高了他们的民族自信心。希望大家明白：战时教育是可能的，战时教育是特别重要的，战时教育是可以这样实施的。

3 月 15 日　中共中央发布《关于大量发展党员的决议》，提出要大胆地向积极的工人、雇农、城市中与乡村中革命的青年学生、知识分子，以及坚决的勇敢的下级官兵开门，要特别注意在战区、在前线大量吸收新党员。

3 月 19 日　毛泽东在抗大第 4 期第五大队开学典礼上发表讲话，指出在抗大要学习打仗，也要学习政治，更着重于军事。政治是管着军事的，二者又要统一地配合起来。在抗大要学到正确的政治方向、艰苦奋斗的革命作风和灵活机动的战略战术。

3月　安吴青训班设立职工队，招收有志抗日的青年工作者进行训练，训练目标是在最短时间内给予学员各种最低程度的战时军事政治训练，使学员结业后能够从事抗日救亡工作。

4月10日　鲁迅艺术学院（简称"鲁艺"）在延安隆重举行成立大会。沙可夫报告了学校创建的经过。其教育方针是以马列主义的理论与立场，在中国新文艺运动的历史基础上，建设中华民族新时代的文艺理论与实际，训练适合于今天抗战需要的大批艺术干部，团结与培养新时代的艺术人才，使鲁艺成为实现中共文艺政策的堡垒与核心。

4月初　毛泽东在凤凰山麓接见白求恩大夫。

4月15日　延安《新中华报》发表毛泽东为西北青年救国联合会成立1周年题词："青年是抗日战争的生力军，目前青年团体的任务是团结全国一切阶层的青年男女，大批地走上抗日战争的战场去，充实正规军的战斗力，发展广泛的游击战争。在后方的青年人，也是一切为着战争胜利而工作。中国的解放主要依靠青年人。"

4月18日　中共中央做出《关于开除张国焘党籍的决定》。

4月28日　毛泽东在鲁迅艺术学院作题为《怎样做艺术家》的讲演，指出艺术作品要有内容，要适合时代的要求、大众的要求。鲁迅艺术学院要造就具有远大的理想、丰富的斗争经验和良好的艺术技巧的一派艺术工作者，这3个条件缺少任何一个便不能成为伟大的艺术家。青年艺术工作者应到大千世界中去，到实际斗争中去，使艺术作品具有充实的内容。

5月5日　中共中央在延安创办马克思列宁学院（简称"马列学院"），其是中国共产党创办的第一所学习和研究马克思主义理论的干部学校，任务主要是培养理论工作干部和宣传工作干部。张闻天兼任院长，副院长为王学文。学员一般都有较高的文化水平，且从事过实际工作。开设课程有政治经济学、哲学、马列主义基本问题、党的建设、中国现代革命运动史、西洋革命史等。1941年5月，马列学院改组为马列研究院。不久，又改名为延安中央研究院。

5 月 5 日 中共中央发布《关于组织青年工作委员会的决定》。指出，为了发展全国青年运动与集中统一党领导下的各个青年群众团体，县以上各级地方党部直至中央，成立青年工作委员会。青委内至少有一个不兼别的工作而专做青年工作的人。同时，吸收青年团中的负责党员参加青委，隶属同级党部领导。上级青委对下级青委应给以经常性的指导，下级青委应向上级党委及青委作工作报告。各地党部应把青年工作作为主要工作之一。

5 月 毛泽东发表《抗日游击战争的战略问题》和《论持久战》。

6 月 1 日 为了纪念抗日军政大学成立 2 周年，罗瑞卿撰写《"抗大"的过去和现在》。文章回顾了抗大办学经过，指出经过两年苦斗，抗大已经培养了 3000 多个忠于革命的、坚强的领导骨干，得到许多宝贵的教育工作经验，组织机构更强大起来。以上这些，决定了抗大能够更有力量担负起时代给予它的更艰巨、更伟大的使命。该文刊载在《解放》第 48 期。

6 月 10 日 延安《新中华报》开辟《国防教育》栏目。由陕甘宁边区国防教育会主办，其任务是交换、整理开展国防教育的经验，并把这些经验整理成为系统的知识，以帮助各地的教师和教育工作人员解决当前教育工作中出现的具体问题。

6 月 28 日 延安举行盛大集会，热烈欢迎世界学联代表柯洛满、傅洛德、雷克难和雅德来访。八路军代表滕代远、中共代表李富春、边区抗敌后援会齐华等到会，青年领袖高朗山致欢迎词，国际学联代表致答词，宾主共表团结抗敌、援华制日的决心。

6 月 为了迎接"七七"抗战 1 周年，抗日军政大学掀起"创造抗战突击队员"革命竞赛运动。运动中，队与队、班与班、个人与个人之间展开热烈的挑战应战，提出"向学习突击，向工作突击，向生活突击"，"突击向前，突击向前，我们要做一个突击队员"的歌声响彻全校。竞赛运动历时 1 个月，全校涌现 520 名突击队员和一批模范单位。总结授奖大会上，毛泽东亲临讲话，勉励大家再接再厉，争取更大成绩。

7 月 2 日 毛泽东接见世界学联代表团成员。在回答他们提出的问题时指出：中国青年的任务可以分为一般的和特殊的。一般的任务就是坚持抗战，坚持统一战线，坚持持久战，驱逐日本帝国主义，建立自由平等的民主共和国。特殊的任务就是争取自身的特殊利益，例如改良教育与学习，在学习中有参加救亡运动的权利，有组织学生与青年团体及组织救亡团体的权利，18 岁以上的青年有选举权和被选举权，贫苦学生有免费入学权，青年应大批上前线等。他希望世界学联代表团把中国伟大抗日战争的真相带给世界各国的学生与人民，希望大家团结起来，为中国的自由平等而战，为世界的永久和平、永久幸福而战。7 月 4 日，世界学联代表团一行离开延安。

8 月 1 日　抗日军政大学第 4 期第一、二大队学员毕业。毛泽东在毕业证书上题词："努力奋斗，再接再厉，光明就在前面"，并在毕业典礼上发表讲话，指出：我们要全国民众团结起来，用团结的力量去打倒日本帝国主义，用团结的力量去建立一个新中国。然而这不是一件短时期的工作，所以我们必须继续努力，以求成功。

8 月 22 日　毛泽东在中央党校发表讲话，强调指出：学校以外是一个大学校。那里的东西多得很，学之不尽，用之不竭。孙中山关于民族民主革命的一套，不是从学校里来的，而是在大学校里学的。马克思的马克思主义也不是从学校里来的，而是在大学校里学的。列宁也是在学校外面创造了列宁主义。学校学习是第一章，出去以后是大规模的学习。要不断地学下去，活到老，学到老。在学校学得了一个方法，出了学校还是学习。在实际斗争中，在工作中，尤其要老老实实当学生。

9 月 11 日　延安青年举行国际青年节纪念大会，并发表宣言，向祖国和西班牙前线英勇牺牲、浴血奋战的青年战友表示慰问，向刚刚闭幕的世界青年大会致以热烈的庆贺。

9 月 29 日至 11 月 6 日　中共中央在延安桥儿沟举行扩大的六届六中全会。会议批准了中央政治局的路线，通过了《中共中央扩大的六中全会政治决议案》《关于中央委员会工作规则与纪律的决定》等文件，这次会议基本克服了王明右倾投降主义的错误。

10月2—7日　陕甘宁边区青年代表大会在延安开幕，到会代表314名。高朗山致开幕词，贺龙、林伯渠到会发表演说，号召全国青年联合、统一、共同御敌。冯文彬作了《目前形势与青年任务》的报告。大会通过致国共两党、致蒋委员长、致全国青年的电文。

10月10日—11月2日　西北青年救国会第二次代表大会在延安开幕。全国各地各阶层、各青年团体的代表314名到会。大会发表了给全国青年的宣言，通过了《抗日少年先锋队章程》《儿童团组织章程》。

12月　中共中央召开全国党的青年工作会议。中共中央青委负责干部、中国青年抗日团体联合办事处主任冯文彬作《中国青年运动现状及任务》报告。指出在青年运动中，必须重新训练干部。青年工作在抗日根据地的任务之一是开展文化教育工作，应普遍设立义务小学、午学、夜校、训练班等。

1939 年

1月28日　抗日军政大学总校第5期在延安开学。招收学员4962人，大部分来自陕西、山西、河北、河南、山东5省。总校和分校学员相加，已超过万人，比第4期增加1倍多。罗瑞卿副校长在开学典礼上说："抗大抗大，越抗越大!"本期抗大开学后，根据中共中央指示，深入开展工作大检查，发扬民主，全面地评估抗大的优缺点，总结经验教训，在此基础上制定了30种工作条例，大大推动了学校建设。与此同时，开展大生产运动，掀起群众性的生产热潮。

2月2日　中共中央召开延安党政军干部生产动员大会。毛泽东在大会上发表讲话，说：陕甘宁边区有200万居民，还有4万脱离生产的工作人员，要解决这204万人的穿衣吃饭问题，就要进行生产运动。生产运动还包含一个新的工农商学兵团结起来的意义。这204万人中，有学生、军人、老百姓等。本年都要种田、种菜、喂猪，这是农；要办工厂，织袜做鞋等，这是工；要办合作社，这是商；全体都要学习，老百姓要开展识字运动，这是学；最后是军，八路军自然是军，学生要受军训，老百姓要组织自卫军。这样，工农商学兵都有了，聚集在每一个人身上，叫作工农商学兵团结起来，也叫作知识与劳动团结起来，消灭过去劳心与劳力分裂的现象。

3月3日　中共中央妇委发出《关于目前妇女运动的方针和任务的指示信》，要求各地扩大党在妇女群众中的影响，经常不断地用马列主义教育妇女，大量吸收觉悟较高、工作积极的女工农妇及女知识分子入党，并把这个工作作为各级党部日常重要工作之一。

3月18日　西北青年救国联合会确定5月4日为本组织成立纪念日，并向全国青年提议定该日为中国青年节。

4月16日　《中国青年》在延安复刊。

5月4日　毛泽东在延安青年纪念"五四运动二十周年"大会上作题为《青年运动的方向》的讲演，肯定了青年在革命运动中的作用，指出了运动的方向。

6月1日　抗日军政大学举行建校3周年庆祝大会。毛泽东在大会上讲话，指出抗大办了3年了，抗战快两年了。抗大是抗日的，抗大的目的是要打倒日本帝国主义，彻底解放中华民族。"反对投降，抗战到底"，这就是抗大的政治方针。刘少奇在讲话中指出，为了中华民族的彻底解放，一定要把抗大办下去，一定要把抗大办好。朱德从前方寄来题词："号召千万青年，走上革命战场。高举抗大旗帜，插遍整个中国!"抗大全体人员由教育长许光达率领，举行庄严的宣誓仪式，还举行了隆重的阅兵式。

7月7日　中共中央发表《为抗战两周年纪念对时局宣言》，提出"坚持抗战、反对投降，坚持团结、反对分裂，坚持进步、反对倒退"三大政策口号。

7月8日　刘少奇应张闻天的邀请，在延安马列学院作《论共产党员的修养》的讲演。讲稿经整理后在延安《解放》周刊上发表。

8月13日　陕甘宁边区学生救国联合会在延安召开第一次代表大会。抗日军政大学、鲁迅艺术学院、中国女子大学、马列学院、中共中央党校、八路军卫生学校、八路军通讯学校、陕甘宁边区师范学校等校的学生代表出席大会。选举陶端予为陕甘宁边区学生救国联合会主席。

10月4日　毛泽东为党内刊物《共产党人》写发刊词，总结中国共产党的历史经验,指出"统一战线、武装斗争、党的建设"是战胜敌人的三个主要法宝。

10 月 5 日　毛泽东为安吴青训班 2 周年纪念题词:"带着新鲜血液与朝气加入革命队伍的青年们,无论他们是共产党员或非党员,都是可宝贵的,没有他们,革命队伍就不能发展,革命就不能胜利。但青年同志的自然的缺点是缺乏经验,而革命经验是必要亲身参加革命斗争,从最下层工作做起,切实地不带一点虚伪地经过若干年之后,经验就属于没有经验的人们了!"

12 月 1 日　中共中央发出毛泽东起草的《大量吸收知识分子》的决定。

12 月 9 日　延安举行纪念"一二·九"运动 4 周年大会。毛泽东出席大会并讲话,指出共产党从诞生之日起,就是同青年学生、知识分子结合在一起的;同样,青年学生、知识分子只有跟共产党在一起,才能走上正确的道路。知识分子不跟工人、农民结合,就不会有巨大的力量,是干不成大事业的;同样,在革命队伍里要是没有知识分子,那也是干不成大事业的。只有知识分子跟工人、农民正确地结合,才会有攻无不克、无坚不摧的力量。

12 月 25 日　延安自然科学研究院召开科学讨论会,历时 7 天。与会人员除本院全体人员外,还有延安各机关学校和军工局科技人员,共 100 余人。

1940 年

1 月 4—12 日　陕甘宁边区文化协会举行第一次代表大会,毛泽东亲临大会并作了《新民主主义论》的讲演。这个讲演最先发表在《中国文化》杂志创刊号上。

1 月 15 日　中共中央为吴玉章 60 诞辰举行庆祝大会。毛泽东致辞:"一个人做点好事并不难,难的是一辈子做好事,不做坏事,一贯地有益于广大群众,一贯地有益于青年,一贯地有益于革命,艰苦奋斗几十年如一日,这才是最难最难的啊!""我们的吴玉章老同志就是这样一个几十年如一日的人。他今年六十岁了,他从同盟会到今天,干了四十年革命,中间颠沛流离,艰苦饱尝,始终不变,这是很不容易的啊!"

2月1日　延安民众举行讨汪大会，毛泽东到会作了《团结一切力量，反对反共顽固派》的讲演。大会通过了毛泽东起草的《向国民党的十点要求》的通电。

3月6日　中共中央发出关于《抗日根据地的政权问题》的指示，指出抗日民主政权必须实行"三三制"的原则。

3月11日　毛泽东在延安党的高级干部会议上作《目前抗日统一战线的策略问题》的报告，阐述了"发展进步势力，争取中间势力，孤立顽固势力"和坚持"有理、有利、有节"的策略方针和原则。

5月3日　在安吴青训班基础上，泽东青年干部学校在延安成立。陈云兼任校长，冯文彬任副校长。其任务是培养具有青年运动技能和特长、具有独立工作能力的青年工作干部。

6月6日　中共中央干部教育部召开延安在职干部教育周年总结大会。

6月21日　延安新哲学学会举行第一届年会。毛泽东、朱德、张闻天、艾思奇、周扬等50多人参加本届年会。毛泽东发表讲话，指出："理论这件事是很重要的，中国革命有了许多年，但理论活动仍很落后，这是大缺憾。要知道革命如不提高革命理论，革命胜利是不可能的。过去我们注意得太不够，今后应加紧理论研究。"

7月7日　中共中央发出《关于目前形势与党的政策的决定》。

9月1日　中共中央青委发出《关于开展国民教育工作的决定》，指出青年的责任在学习，青年组织的责任在教育。

9月1日　延安自然科学院举行开学典礼并正式上课。其任务为：培养既通晓革命理论又懂得自然科学的专业人员，理论与实践统一的人才，要求学生既是技术的专家，又是革命的通才。院址在延安南门外杜甫川。初由李富春兼任院长，后由徐特立接任院长，陈康白为副院长。按照学科性质和陕甘宁边区实际需要，设置了大学部和中学部。

9月26日　《新中华报》发表朱德的《扩张百团大战的伟大胜利》。

11月5日　《中国青年》第3卷第1期发表徐特立《我对于青年的希望》一

文。文章提出，青年需要向各方面发展，应该保持他天真活泼进取的态度永远不衰。青年要使自己的生活更复杂化、活泼化，向一切方面发展，一切事业、一切学说、一切前人的遗产摆在你们面前，你们都不拒绝都欢迎，但那都不是神圣的，都要经过你们的头脑来分析，经过你们的手来试验。检查的标准不是成规，而是你们革命的大多数人的行动。你们应该遵守决议案，服从组织，尊重他人的意见，尤其是接受群众的意见，接受一切人的批评。同时一切要经过自己的头脑，不是盲目地服从，而是自觉地服从。

11 月 7 日　陕甘宁边区新文字协会在延安举行成立大会。吴玉章作报告，强调要建立一个新民主主义的国家，如果全国满是文盲，是建立不起来的。要使愚昧无知的中国人变成过去，要扫除文盲，只有用新文字才有可能。

12 月 30 日　延安新华广播电台首次播音。

1941 年

1 月 1 日　八路军军政学院在延安举行开学典礼。该校是党中央和八路军总政治部直接领导的高级军政干部学校。

1 月 8 日　中共中央发言人对皖南事变发表谈话。18 日，中共中央发出《关于皖南事变的指示》。20 日，中央军委发布重建新四军的命令，任命陈毅为代理军长，刘少奇为政治委员。

1 月　陕甘宁边区在新文字教员训练班的基础上，创办新文字干部学校。校址在延安清凉山北一个山湾里。吴玉章任校长，景林(后为王志匀)任副校长。有教员 14 人，学员 100 多人。学制 2 年。1943 年 4 月，奉命并入延安大学。

3 月 17 日　毛泽东为《农村调查》一书作序，指出出版这本书"是为了帮助同志们找一个研究问题的方法"。

3 月 18 日　中共中央发出《打退第二次反共高潮后的时局》的指示。

5 月 1 日　陕甘宁边区政府颁布经过中共中央政治局批准的《陕甘宁边区施政纲领》。

5月8日　延安《新中华报》发表陈云为中共中央起草的《关于党员参加经济和技术工作的决定》。

5月16日　《新中华报》与《今日新闻》合并，出版《解放日报》。

5月19日　毛泽东在延安干部会议上作《改造我们的学习》的报告。

6月4日　中共中央通过《关于青年工作的决议》，指出党在青年运动中的总任务仍然是团结整个青年一代。青年工作的中心任务应该是根据统一战线方针，继续发展与充实青救会的组织与工作。青救会还是有很大发展前途的。

7月1日　中共中央做出《关于增加党性的决定》。

7月　延安马列学院改组为马列研究院，仍以张闻天为院长。在马列研究院成立大会上，毛泽东作了《实事求是》的报告。

8月1日　中共中央青委发布关于纪念国际青年节的通知，号召中国青年与世界青年团结一致，共同反对法西斯。通知规定了在根据地内应做的五项工作。

8月2日　陕甘宁边区自然科学研究会在延安举行第一届年会。历时3天，189位科学工作者和200多位来宾参会。

9月8日　中共中央书记处工作会议决定，马列研究院改名为延安中央研究院，成为用马列主义方法研究中国历史与现实问题的公开学术机关。院长仍由张闻天担任，副院长为范文澜。延安中央研究院的研究工作，采取分科设室、专家指导原则。

9月10日　中共中央政治局举行扩大会议，讨论和总结党的历史上，特别是第二次国内革命战争时期的路线问题。

9月22日　延安大学举行开学典礼。延安大学由陕北公学、中国女子大学、泽东青年干部学校合并成立，校长为吴玉章，副校长为赵毅敏。

9月26日　中共中央决定成立高级学习小组，研究马克思列宁主义理论和党的历史经验，克服主观主义、形式主义等错误思想。

11月27日　中国青年反法西斯大会筹备会发表致世界青年团体书，表示声援世界青年的反法西斯斗争。

12 月 9 日 中共中央发表《中国共产党为太平洋战争宣言》。

12 月 中共中央做出《关于中央党校计划》的决定。中央党校进行改组，对学员条件、学习时间和内容进行改革。

12 月 毛泽东主持编辑的《六大以来》正式出版。此书收入 1928 年 6 月至 1941 年 11 月党的重要历史文献 557 篇。

1942 年

1 月 4—6 日 中国青年反法西斯大会在延安举行，大会发表告世界各国青年书。

1 月 26 日 张闻天等出发到绥德、米脂、神府及晋西北进行农村调查。1943 年 3 月 3 日返回延安，并向中央写了《出发归来记》的报告。

2 月 1 日 中共中央党校在延安举行开学典礼。毛泽东作《整顿学风党风文风》报告。

2 月 27 日 延安中央研究院中国教育研究室举行陶行知教育思想讨论会。

2 月 28 日 中共中央政治局通过《关于在职干部教育的决定》与《关于党校组织及教育方针的决定》。

3 月 31 日 毛泽东在杨家岭中央办公厅召集座谈会，座谈《解放日报》改版问题。4 月 1 日，《解放日报》发表社论，宣布从即日起，报纸版面彻底改革，使之"成为真正战斗的党的机关报"。

4 月 3 日 中共中央宣传部发出《关于在延安讨论中央决定及毛泽东同志整顿三风报告的决定》。

5 月 2—23 日 中共中央宣传部召集延安文艺工作者座谈会。毛泽东到会并作了重要讲话。

6 月 2 日 为指导整风运动的开展，中共中央成立以毛泽东为主任的总学习委员会。

6 月 8 日 中共中央宣传部发出《关于在全党进行整顿三风学习运动的指示》，整风运动在全党开展。

9 月 21 日　延安大学师生在校大礼堂举行成立 1 周年纪念大会。吴玉章校长勉励全体师生在 22 个整风文件指导下，努力改造思想意识。

10 月 9 日　刘少奇《论党内斗争》在延安《解放日报》上发表。毛泽东在按语中指出："刘少奇同志 1941 年 7 月 2 日在中共中央华中局党校作的这个演讲，理论地又实际地解决了关于党内斗争这个重大问题。"

10 月 23 日　延安大学举行反对自由主义讨论大会。讨论的主要问题有：校风校纪问题，群众利益问题，学习上、工作上、生活上的自由主义和非组织批评等问题。在讨论过程中，全校师生和工作人员依据整风精神，把问题和党性、思想方法、实际工作联系起来，大胆发言，不拘态度。通过大讨论，全校师生和工作人员受到了一次深刻的党风教育。

10 月　中共中央书记处编辑的《六大以前》出版。此书收入 1921 年 3 月至 1928 年 6 月党的历史文献 197 篇。

1943 年

1 月 1 日　《解放日报》发表《新年献词》，指出在陕甘宁边区这个比较处于后方的抗日民主根据地，"发展生产，加强教育"将是 1943 年的中心任务。

2 月 26 日　中共中央发出《关于各抗日根据地目前妇女工作方针的决定》。

3 月 20 日　中共中央总学委发出《关于整风学习总结计划》。

4 月 3 日　中共中央发出《关于继续开展整风运动的决定》，要求从 1943 年 4 月 3 日到 1944 年 4 月 3 日，继续开展整风运动。整风运动的主要目标是纠正干部中的非无产阶级思想与肃清党内暗藏的反革命分子。

5 月 26 日　毛泽东在延安干部会上作《关于共产国际解散问题的报告》。

7 月 8 日　《解放日报》发表王稼祥的《中国共产党与中国民族解放的道路》一文，第一次明确指出和使用了"毛泽东思想"这一科学概念。

7 月 9 日　延安各界群众举行大会，发出呼吁团结、反对内战的通电。12 日，毛泽东为《解放日报》写了《质问国民党》的社论。

8 月 5 日　中共中央总学委发出通知，要求有系统地进行一次关于国民党的本质及对待国民党的正确政策的教育。这是在整风中，尤其是在反对国民党顽固派发动的第三次反共高潮的斗争中，进行的一次很深刻的思想政治教育。

9月　毛泽东、任弼时、彭德怀等到南泥湾视察三五九旅屯垦情况，高度赞扬指战员自力更生、艰苦创业的革命精神。

10月1日　中共中央发出《开展根据地的减租、生产和拥政爱民运动的指示》。

10月10日　中共中央决定党的高级干部重新学习和研究党的历史和路线是非问题。整风运动进入总结提高阶段。

11月7日　中央党校大礼堂落成。礼堂建筑期间毛泽东写了"实事求是"的题字，镌刻在礼堂正面的墙上。

11月29日　中共中央在杨家岭中央大礼堂招待出席边区劳动英雄大会的全体代表。毛泽东在招待会上作了《组织起来》的讲话。

1944年

3月3—4日　周恩来在中央党校作《关于党的"六大"的研究》的报告。

4月12日　毛泽东在延安高级干部会议上作《学习和时局》的报告，报告传达了中央政治局关于研究党的历史经验采取何种态度等几个问题的结论。

5月5日　《解放日报》发表《边区青年运动中的一个基本问题》社论。

5月21日　中共六届七中全会在延安召开。历时11个月，1945年4月20日结束，通过了《关于若干历史问题的决议》。会议高度评价了毛泽东运用马克思主义理论解决中国革命问题的杰出贡献，指出在全党确立毛泽东领导地位的重大意义。

6月12日　毛泽东在杨家岭中央大礼堂小舞厅接见中外记者参观团，并回答了记者们提出的问题。

6月22日　叶剑英在王家坪军委礼堂对中外记者参观团作中共抗战一般情况的介绍。

7月1日　中共中央发出《关于整训军队的指示》。

8月8日　新华社英文广播开始试播。根据中共中央决定，新华社成立了英文广播部。周恩来根据毛泽东的指示，协助新华社进行英文广播部的创建工作。

9月8日　毛泽东发表《为人民服务》的著名讲话。

10月10日　周恩来在延安双十节庆祝大会上作题为《如何解决》的讲演，阐述了中共中央对抗战形势、国共关系等问题的主张。

10月11日　毛泽东为新华社写了《评蒋介石双十节的演说》的评论。

11月8—9日　毛泽东同美国总统私人代表赫尔利在枣园进行了会谈，签署了关于同国民党成立联合政府等五点协议草案。

11月10日　周恩来同赫尔利一起离开延安去重庆同蒋介石谈判。中共的五点建议被蒋介石无理拒绝。

11月16日　陕甘宁边区文教大会通过《关于培养知识分子与普及群众教育的决议》，指出培养大量的知识分子，是边区头等重要任务之一。

11月21日　毛泽东致信郭沫若。信中说，你的《甲申三百年祭》，我们把它当作整风文件看待，"小胜即骄傲，大胜更骄傲，一次又一次吃亏，如何避免此种毛病，实在值得注意"。

12月4日　陕甘宁边区二届二次参议会开幕。会上，毛泽东作了《一九四五年的任务》的讲话。

12月8日　毛泽东在枣园会见美军驻延安观察组组长包瑞德，阐述了中国共产党关于同国民党谈判的原则立场。

12月9日　刘少奇在延安青年纪念"一二·九"运动大会上发表讲话，指出单纯的学生革命运动是不能获得胜利的，而且也不可能在反动统治之下长期坚持。革命的青年学生必须与广大的工农兵相结合，必须在共产党领导之下，才能达到革命的目的。

1945 年

1月10日　毛泽东在边区劳模会上作《必须学会做经济工作》的讲话。

3 月 28 日　西北青年救国联合会、陕甘宁边区青年救国联合会和陕甘宁边区学生联合会共同召开青年工作座谈会。座谈会决定，由上述三团体联名致电各解放区的青年团体，提出成立解放区青年联合会的建议，并就这个问题征求各地青年组织的意见。

4 月 20 日　中共中央扩大的六届七中全会通过了《关于若干历史问题的决议》。

4 月 23 日至 6 月 11 日　中国共产党第七次全国代表大会在延安举行。毛泽东、朱德、刘少奇分别向大会作了《论联合政府》的政治报告,《论解放区战场》的军事报告和《关于修改党章的报告》。周恩来作了《论统一战线》的重要发言。大会制定了党的路线，通过了新党章，选举了新的中央委员会。

5 月 3 日　中国解放区青年联合会筹备会在延安召开成立大会。

8 月 9 日　毛泽东发表《对日寇的最后一战》的声明。

8 月 13 日　朱德、彭德怀致电蒋介石，坚决拒绝其错误命令。同日，毛泽东在延安干部会议上作《抗日战争胜利后的时局和我们的方针》的报告。

8 月 25 日　中共中央发表《对目前时局宣言》，提出了和平、民主、团结三大口号，阐明了中国共产党争取和平民主、反对内战独裁的方针。

8 月 28 日　毛泽东、周恩来、王若飞离开延安赴重庆同国民党进行谈判。

10 月 10 日　国共两党在重庆经过 43 天的谈判，谈判双方代表签订了《会议纪要》，即《双十协定》。

10 月 17 日　毛泽东在延安干部会上作《关于重庆谈判》的报告。

10 月 25 日　毛泽东在抗大七分校作报告，欢送即将上前线的学员。他指出：我们的总任务，是为全国和平而奋斗，把敢于进攻我们的反动派打垮，取得和平。希望扩大队伍，巩固队伍，一定要把官兵关系搞好。要和老百姓搞好关系，关心他们，解决他们的困难。我们的军队要和全体人民团结起来。

12 月 9 日　延安各界青年举行纪念"一二·九"十周年大会。周恩来在大会上发表重要讲话，号召全国青年争取实行和平民主。同日，《解放日报》发表《纪念"一二·九"十周年》社论。

1946 年

3 月 4 日　周恩来与军事三人小组马歇尔、张治中及军调部叶剑英、郑介民、罗伯逊等由归绥到延安视察。

3 月 8 日　延安各界妇女 2000 余人集会纪念三八妇女节。

5 月 4 日　中共中央发出由刘少奇起草的《关于土地问题的指示》，决定把抗战时期的减租减息政策，改为没收地主土地分配给农民的政策。

7 月 20 日　中共中央发出由毛泽东起草的《以自卫战争粉碎蒋介石的进攻》的指示。

7 月 23 日　延安各界人士举行"欢迎脱险抵延的李敷仁"大会。李敷仁是陕西著名教育家。他于当年五一被国民党特务绑架，后由当地群众营救，于当月 17 日抵达延安。

8 月　毛泽东在延安杨家岭会见美国记者安娜·路易斯·斯特朗，提出"一切反动派都是纸老虎"的著名论断。

10 月 30 日　延安大学召开备战动员大会。李敷仁校长号召全体师生抓紧时间学习，加强战备力量。

12 月 5 日　延安各界青年召开"一二·九"和"一二·一"纪念大会。大会痛斥蒋介石独裁卖国，要求严惩签订《中美友好通商航海条约》这个卖国条约的罪魁。

12 月 18 日　周恩来在延安干部会议上就一年来国共谈判情况作了报告。

1947 年

1 月 7 日　陕甘宁边区青年救国联合会和妇女联合会召开延安地区学生代表座谈会，抗议美军强奸北平女大学生暴行，声援国民党统治区的爱国学生运动。

1 月 10 日　延安各界召开声援全国学生运动和政协成立周年纪念大会。大会通电全国学生，表示延安各界誓为学生运动的后盾。此后，各解放区学生和群众纷纷集会抗议美军暴行。

2 月 1 日　中共中央发出毛泽东起草的《迎接中国革命的新高潮》的指示。

3 月 8 日　延安各界举行保卫边区、保卫延安的群众动员大会。朱德、周恩来、彭德怀、林伯渠等出席大会并发表讲话。

9 月 1 日　中共中央发出《解放战争第二年的战略方针》的指示，规定我军第二年作战的基本任务是：举行全国性的反攻，即以主力打到外线去，将战争引向国民党区域，大量歼敌。

10 月 10 日　中国人民解放军总部发布了《中国人民解放军宣言》，提出"打倒蒋介石，解放全中国"的口号。同时，重新颁布了《三大纪律八项注意》。

12 月 25—28 日　中共中央在米脂县杨家沟举行会议。毛泽东在会上作《目前形势和我们的任务》的报告。

1948 年

1 月 20 日　西北野战军第一次前委扩大会议在党中央驻地米脂杨家沟召开。毛泽东、周恩来、任弼时等出席会议并作了重要讲话。彭德怀作关于西北解放军转入外线作战的基本任务和进入蒋管区的各项政策等问题的报告，贺龙作关于后方动员与供应问题的讲话。

1 月 30 日　毛泽东为中央军委起草《军队内部的民主运动》的指示。

3 月 7 日　毛泽东以人民解放军总部发言人名义，发表《评西北大捷兼论解放军的新式整军运动》的评论。

后　记

　　延安时期青年运动的历史，是一部光辉的历史。延安青年在中国共产党的领导下，为民族的解放和祖国的富强，为了实现共产主义的远大理想，在反对帝国主义、封建主义和官僚主义的斗争中，不怕困难，不怕牺牲，不屈不挠，艰苦奋斗，英勇斗争，对新民主主义革命的胜利，对中华人民共和国的建立，做出了重大的贡献。我们党在延安的13年，不过是弹指一挥间，然而就在这伟大的瞬间，造就了一代新人，为中国革命的胜利发挥了巨大的作用。为充分发掘延安时期党在青年中开展理想信念教育的历史经验和发展规律，回应现实需要，我申报了"延安时期党在青年中开展理想信念教育的基本经验和当代价值研究"项目，获批教育部人文社科研究规划基金项目。

　　如果说工作是美好的，那么伴随工作的理论研究更是美好的。提笔为这本书写后记，总有一些记忆无法抹去……

　　我申报的这个课题受益于湖北省教育厅思政处为我提供的平台，更离不开我的科研引路人——中南民族大学李资源教授。还清楚地记得自己刚入行时，我的课堂一直存在着两个问题：一个是课堂秩序不佳，课堂管理软弱，师生间合力不强；一个是教学生硬，不能润物细无声，课堂吸引力不强。自己为此常常苦恼不已，有一种有心无力的感觉。正当我迷茫的时候，我有幸参加了教育厅思政处举办的一系列教师成长工程培训活动：新教材培训会、社科骨干暑期培训班、思政课教师暑期社会实践考察等，这就像冬天里的一把火，不仅让我感受到集体的温暖，也点燃我理论学习的热情。站得高了，眼界就宽了，渐渐地我也能在课堂上游刃有余了，这越发激起我对教学的热爱。这期间也遇到我人生的导师——李资源教授，他兼任湖北省高校马克思主义理论教育研究会的秘书长，也是每次集体活动的精心组织者。他总是在每次交流过程中结合自己申报课题的切身体会毫无保留地分享科研心得，总是鼓励我教学科研相长，科研是教学的源头活水，搞好科研才能提升教学水平，要积极申报科研课题。最初也是每次申报均石沉大海，面对一次次失败，他又给我鼓劲打气，说不要怕失败，没有谁天生就会的，要学会吸取经验教训，要坚持不懈，不申报连机会都没有，并指出我的主要问题是研究方向不集中，东一榔头西一棒子，还把科研成果生动形象地比喻为一根藤上要结几个瓜。也正是在李资源教授一次次的激励下，我屡败屡战，知道该如何去努力，走哪个方向，该如何自我完善。

选择这个选题，也与我这么多年的暑期社会实践的学习思考分不开。不懂得历史，就不能正确地面对现实。从 2008 年参加湖北省教育厅组织的延安社会实践考察开始，走过看过很多红色文化教育基地，我一直在思考，我们在新长征的过程中，要继承和发扬哪些光荣的革命传统呢？我应该怎样把自己的学习体会更好地传授给青年朋友们？青年是祖国的未来，民族的希望，青年精神面貌总是鲜明地反映着一个民族、一个国家的精神面貌。因此，能否做好青年的思想政治工作，直接关系到青年朋友的成长。

习近平总书记强调："如果青年一代不能坚定理想信念，不能坚持中国特色社会主义，不能接好我们的班，那无数革命先辈换来的成就就可能付之东流！"把培养青年工作作为全党的一件大事来抓，是我们党的革命传统。为了把更多青年引导到革命道路上来，我们党在任何情况下，都没有放松青年的思想政治工作。对青年进行理想信念教育，使青年胸怀全局，把个人所做的每一项事情同党的事业联系起来，提高对自己所做事情意义的认识，这样，教育就会落到实处，青年的认识也不断在实践中逐步提高。

延安时期的青年运动之所以能成为近现代中国青年运动历史上最伟大、最活跃、最生动的一个发展阶段，就是因为当时的青年继承和发扬热爱祖国，坚信马克思主义，为实现共产主义而英勇斗争的光荣传统；继承和发扬革命前辈艰苦奋斗、不怕困难、勇于献身的革命传统；继承和发扬信赖党、永远跟党走的光荣传统。他们深信，跟着党走就是胜利。他们无限信任党，坚定不移地跟着党走。广大青年把参加中国共产党看成是自己最大的光荣，即使在反革命势力猖獗的时候，在革命受到挫折的情况下，他们也是一心向着党，跟着党前进。他们总是最热烈地响应党的号召，党叫干啥就干啥，党指向哪里就奔向哪里。

抚今追昔，在教育强国的今天，培养什么人的问题是一个根本性问题。青年人在青年时期解决人生的这个根本性问题，对一生具有重要意义。更好地继承和发扬中国青年的光荣革命传统和更好地总结延安时期党对青年理想信念教育的成功经验，必须紧密结合革命传统和青年思想的实际，不断用马克思主义和党的创新理论武装青年，进一步加强新时代青年大学生的理想信念教育，引导青年在实践中学习、成长，同时要处处严格要求自己，不断加强理论武装，做青年的表率和知心朋友，带领青年前进，便是我们撰写《延安时期青年理想信念教育研究》的愿望和目的。

本书是教育部人文社科研究规划基金项目"延安时期党在青年中开展理想信念教育的基本经验和当代价值研究"和湖北省教育科学规划重点项目"技能型社会视域下高职学生'三生'技能体系构建与培养策略研究"的研究成果。本书由李资源拟定全书写作大纲。参加本书写作的有（按章节为序）：第一章（郑敏）、第二章（李志雄）、第三章（郑敏）、第四章（郑敏）、第五章（方朝阳）、第六章（方朝阳）。

本书在研究以及写作过程中，基于较翔实地掌握史料的基础上，广泛参考了学术界研究的成果，参考的相关研究成果我们在注释中都尽可能列出。特别要提到的是武汉大学出版社的领导和编辑，他们为本书的出版付出了辛勤的劳动，在此一并表示衷心的感谢！由于时间较紧，水平有限，书中还有不少的缺点和不足，真诚地期待看到本书的专家和同行多提宝贵意见。

郑　敏

2024 年 4 月 8 日